Fred Sterling

Kiraël

Der große Wandel

Fred Sterling

Kiraël

Der große Wandel

Botschaften aus der siebten Dimension

Die amerikanische Originalausgabe
erschien 1998 unter dem Titel
»The great shift«
Copyright © by Fred Sterling

Deutsche Ausgabe: © Assunta
im KOHA-Verlag GmbH Burgrain
Alle Rechte vorbehalten – 1. Auflage: April 2005
Aus dem Englischen von Nayoma de Haën
Lektorat: Delia Rösel
Satz: Satjana's (www.satjanas.de)
Umschlag: Chiaradina (Email: chiaradina@vienna.at)
Gesamtherstellung: Karin Schnellbach
Druck: Bercker, Kevelaer
ISBN 3-936862-55-9

Inhalt

Danksagung	7
Vorwort	9
Einleitung zur neuen Auflage 2005	10
Einleitung zur Original-Ausgabe 1998	13
Meine Begegnung mit Kiraël	16
1. Willkommen zum Großen Wandel	18
2. Die Reise von der Angst zur Liebe	37
3. Das Wiedererwachen zum Christus-Bewusstsein	76
4. Photonen-Energie	104
5. Evolution der Seele	123
6. Die Verbindung der galaktischen Bruderschaft	142
7. Die vergessenen Ursprünge der Erde	165
8. Drei Tage Dunkelheit	180
9. Der Aufstieg	195
Prinzipien der bewussten Erschaffung	213
Programmieren des Schlafzustandes	214
Masterminding	216
Glossar	220
Über Meister Kiraël	233
Über den Autor	235

Danksagung

Ich danke von Herzen allen, die dazu beigetragen haben, dieses Geschenk der Heilung erscheinen zu lassen. Danke, dass ihr so hundertprozentig da wart. Danke für eure Wahrheit, euer Vertrauen und eure Leidenschaftlichkeit. Danke für eure Bereitschaft, eine Erfahrung zu machen. Bei der Rückkehr zu ihrem Schöpfer werden alle den ganzen Umfang ihres Beitrags zur Heilung von Mutter Erde erkennen.

Das Team der Original-Ausgabe bildeten:
Lance Agena, Karen E. Boyle, Lori Domingo, Gerald Hugh de Heer, Roscoe O. Ford, Bruce Gorst, Hokuau, Sherri-Anne M. Q. Kamaka, Phillip M. K. Lau, Donn Marutani, Mel Morishige, Valerie Moriwaki, Akihiro Moriwaki, Weilynn R. Omori, Lisa Ann Quizon, Rick Sterling, Vicky, Dennis Shipman, Sue Afaga Bowman, Linda R. Carlson, Tracey H. Edmundson, Mahina Gipaya, Kehau Handa, Gail Jan Kaneshiro, Stacie T. Lau, Gail M. Lum, Mia Sai, Marissa Paulino, Marni Suu Reynolds, Paul Wayne Richard, Pame L. Romano, D. F. Sanders, Christopher S. Tourtellot, Loretta J. Walter, Karen Yue, Lauren.
Die neue Auflage bearbeiteten:
Lance Agena, David Bower, Lori Domingo, Barbara Miyashiro, Kendra Robinson, Rebecca Whitecotton.

Mein besonderer Dank gilt Carol Morishige, die in der letzten Überarbeitung die wahre Essenz der Zentrierung in Liebe fand. Dein Beitrag war entscheidend.

Zuletzt danke ich meiner Frau Patty, die seit mehr als 30 Jahren meine Lebenspartnerin ist. Ich bin davon überzeugt, dass unsere magischen Leben gemeinsam endlich einen Sinn ergeben. Dein Vertrauen und deine Führung entfalten nun ihr Licht.

Aloha,
Fred Sterling

Vorwort

Das, was du jetzt gerade in der Hand hältst, nenne ich ein »Heilwesen«, denn es wird dich zum Nachdenken bringen, deine Fragen beantworten und die Möglichkeiten deiner Realität erweitern. Vor allem jedoch wird es dich dazu bringen, dich nach innen zu wenden und tiefer als je zuvor zu suchen. Es wird dein Herz in Einklang bringen mit den Schwingungen von Wahrheit, Vertrauen und Leidenschaftlichkeit.

Die Reise meines Lebens, von den Tiefen der Verwirrung hin zu den Prinzipien der Wahrheit, des Vertrauens und der Leidenschaftlichkeit, war ein Erwachen zum Großen Wandel im Bewusstsein. Indem wir zur Heilung der Mutter Erde und der Menschheit beitragen, erfüllen sich viele meiner Träume. Wenn jeder von uns sich entscheidet, in Liebe zu heilen, sind die Möglichkeiten unbegrenzt.

Beginnt dein Herz bei einigem, was in diesem Buch steht, in Resonanz zu schwingen, so erzähle anderen davon und reiche das Buch gegebenenfalls weiter. Doch vielleicht verleihst du es eher, als dass du es verschenkst, denn dieses Buch kann man sehr oft lesen. Je weiter deine Suche geht, desto mehr Bedeutung wird der Text für dich gewinnen.

Begib dich auf die Reise, prüfe dieses Werk und vor allem: Erwecke jene innere Quelle in dir, die dich in Kontakt mit dieser Schwingung brachte. Lass die Liebe fließen und lies mit dem Herzen. Mein Herz ist offen wie dieses Buch. VERTRAUE.

Fred Sterling

Einleitung zur neuen Auflage 2005

Als dieses Buch vor sieben Jahren zum ersten Mal veröffentlicht wurde, wussten wir, dass wir die Welt an dieser Vision, die Meister Kiraël vor uns ausbreitete, teilhaben lassen mussten. In der Zwischenzeit wurde diese Vision von vielen ganz herzlich aufgenommen und spiegelt sich auch in den Lehren anderer metaphysischer Lehrer wider.
Als dieses Buch entstand, war ich einfach ein Suchender, der die Worte begreifen wollte, die durch mich hindurch geflossen und in diesem Buch zusammengefasst waren. Wie viele andere stellte ich die Fragen, die sich uns aufdrängen: War dies das Ende aller Zeiten oder erlebten wir gerade geheimnisvolle Ereignisse, die unsere Zukunft scheinbar ohne besonderen Sinn und Zweck formten? Gab es an dieser unglaublichen Energie, die wir den Großen Wandel nennen, etwas Positives? Würden alle unsere bekannten Wirklichkeiten aufgelöst und zu etwas ganz Neuem zusammengesetzt werden?
Die für mich wichtigste Frage war, wie dieses kleine Werk neben den Massen an negativen, düsteren und apokalyptischen Informationen bestehen und uns als »die Menschheit« daran erinnern sollte, dass der Schlüssel in uns liegt. Wer war ich schon, zu glauben, dass dadurch, dass ich Meister Kiraël auf diese Ebene brachte, Antworten zum Wohle aller entstehen würden?
Nun, meine Freunde, ich habe über diese Fragen viel nachgedacht und bin auf einige Wahrheiten gestoßen. Während ihr dieses Buch in euren Händen haltet, befinden wir uns bereits tief in

einem der für unsere Psyche segensreichsten und bedeutendsten Ereignisse, seit jenem vor etwa zweitausend Jahren, als Meister Jesus versuchte uns zu helfen, zurück in die Liebe zu heilen. Dies ist eine Zeit großen Erwachens und wir, »die Menschheit«, sind die Stars in diesem kosmischen Abenteuer.

Meister Kiraël sagte zu Beginn dieses Buches, dass in ihm sieben Bewusstseinsebenen enthalten seien und dass der Inhalt dieser Seiten von zeitlosem Wert sei. Das gehört zu dem Wahrsten, was ich von diesem Lichtwesen je gehört habe. Immer wieder erzählen mir Leser von den neuen Informationen, die sie in diesen Seiten finden. So mancher hat sein Buch schier zerlesen. Ich war einmal bei einer Lesung und signierte Bücher, als eine Frau mit einem Buch vor mich trat, welches wirklich am Auseinanderfallen war. Ich war so berührt davon, dass ich ihr ein neues im Austausch anbot. Sie erwiderte jedoch höchst respektvoll, dass sie sich um nichts in der Welt von diesem heiß geliebten Buch trennen würde und ob ich es bitte signieren könnte. Sie meinte, sie würde gerade erst anfangen, es zu verstehen und sei zutiefst zufrieden damit, so wie es war.

Ich bin kein Träumer, meine Freunde. Tatsächlich bin ich immer mein härtester Kritiker. Ich kann jedem, der sich auf die Reise des großen Erwachens begeben will, nur sagen: Ihr könnt über dieses ehrfurchtgebietende Erwachen sehr, sehr viel von Meister Kiraël lernen. Ihr braucht die Wahrheit seiner Worte nur in eurem Herzen zu überprüfen, dann wisst ihr, dass er nicht von einem Traum spricht – es ist vielmehr eine wunderschöne Wirklichkeit, die wir gemeinsam erschaffen können.

Es kommt der Zeitpunkt, an dem wir unsere erlernten Ängste beiseite legen und den Status quo in Frage stellen müssen. Es kommt der Zeitpunkt, an dem wir erkennen müssen, dass wir als Menschen vielleicht nicht auf alles eine Antwort haben. Auf den Seiten dieses Buches wird eine Welt vor uns ausgebreitet, die uns nicht nur Mut und Hoffnung gibt, sondern uns auch helfen kann, uns auf eine Zeit zu freuen, in der wir alle kollektiv zusammenkommen. Keine Hautfarbe, Augenform oder persönliche Geschichte kann uns davon abhalten, in einer Kraft zusammenzukommen, die uns zur nächsten Stufe des Erwachens führt.

Vertraut darauf, wenn ihr diese Worte lest, dass ihr zu einem Buch geführt worden seid, welches vor einigen Jahren geschrieben wurde und doch heute noch sinnvoller erscheint als zur Zeit seiner Entstehung. Es ist klar, warum! Wir befinden uns bereits in dem Großen Wandel. Ihr könnt in dieser Welt nicht wach sein, ohne zu sehen, wie die Kräfte am Werke sind. Ihr könnt nicht eure fünf Sinne verwenden, ohne den sechsten zu spüren. Es ist eine großartige Zeit, meine Freunde! Es ist »Der Große Wandel« und ich freue mich, dass ihr den Mut habt zu erkennen, dass wir diesen Bewusstseinswandel gemeinsam leichter gestalten können. Lasst uns gemeinsam gehen.

Öffnen wir unsere Herzen für das Wissen, dass wir alle teilnehmen müssen. Wir wollen uns nicht auf irgendwelche Zeitangaben fixieren, sondern unsere Energie der Liebe auf das Ergebnis richten, welches wir uns wünschen. Bereiten wir uns darauf vor, eines Tages aufzuwachen und festzustellen, dass Frieden die Welt erobert hat. Wir machen diese Reise zusammen, lasst uns also gemeinsam den Berg besteigen.

Kahu Fred Sterling

Einleitung zur Original-Ausgabe 1998

Als dieses Werk sich zu entfalten begann, wurde ich zu seinem stärksten Kritiker. Das Potential dieses Materials schien über mein Begriffsvermögen zu gehen. Ich hatte erst zehn Jahre Erfahrung auf diesem Gebiet. Ich fragte mich, ob es zu früh sei, dieses aufregende Ereignis an die Öffentlichkeit zu bringen, und ob ich vielleicht lieber weiter in meinen »sicheren vier Wänden« bleiben sollte. Ich mühte mich eine Weile mit dieser Entscheidung ab, doch bald wurde deutlich, dass es die Menschheit in ihrem Ringen um ein Verständnis der Reise des Lebens nur in positiver, hilfreicher Weise unterstützen würde, wenn ich dieses Werk veröffentlichen würde.

An diesem Punkt stand ich einer weiteren Schwierigkeit gegenüber: Wie sollte ich Kiraël ganz die Regie über dieses Projekt überlassen und gleichzeitig sicherstellen, dass es in die Hände all der Menschen gelangen würde, denen Folgendes bewusst ist:

Bei dem heutigen Zustand der Welt stellen viele von uns unser Leben, unsere Zukunft und unsere Existenz in Frage. Was wir in den Medien erfahren führt oft zu einer Informations-Überfrachtung, die Verwirrung und Chaos auslöst. Es ist äußerst wichtig für unser Leben, Informationen zu erhalten, doch vieles von dem, was wir empfangen, spiegelt nur die turbulente Welt wider, in der wir leben. In dieser Zeit müssen wir lernen, unseren inneren Gefühlen und unserer inneren Führung zu vertrauen, denn nur so können wir unser Bedürfnis nach der inneren Reise erkennen.

Viele scheinen dazu geleitet zu werden, langsamer voran zu gehen und sich auf das Wichtige zu besinnen. Fragst du dich, warum du an dieses Buch geraten bist und wunderst du dich über deine eigene Neugierde? *Ihr seid hierher geführt worden, meine Freunde, und diese Reise soll Raum schaffen, so dass die evolutionäre Reise zur Erleuchtung führen kann.*
Lasst uns also zunächst den Begriff »Führung« klären. Woher kommt sie und wie erhält man sie? Wie könnt ihr unterscheiden zwischen euren eigenen komplexen Gedanken, eurer Intuition, eurem inneren Wissen und äußeren Einflüssen? Das sind keine einfachen Fragen, doch ich bin davon überzeugt, dass wir eine gewisse Ebene von Klarheit und Verständnis brauchen, um dieses Werk in seiner Tiefe zu erfassen.
Als ich das Manuskript zum ersten Mal dem Oughten House Verlag zusandte, rieten sie mir sehr, diese Informationen der allgemeinen Öffentlichkeit zukommen zu lassen. Das Material sollte so aufbereitet sein, dass der »normale« Leser es annehmen und sich mit Freunden darüber unterhalten könnte.
Ein großer Teil meiner Arbeit gilt bei gewöhnlichen Leuten, die einfach nur jeden Morgen aufstehen, zur Arbeit gehen und sich in dieser Gesellschaft einordnen, als »jenseits des Akzeptablen«. Sie glauben, dass sie nur intensiv genug »so tun« müssen, um das ganze Durcheinander verschwinden zu lassen.
Genauso wie ich selbst, bis vor nicht allzu langer Zeit, sind viele Menschen nicht bereit, ihre Glaubenssätze über diese Welt, so wie sie sie wahrnehmen, in Frage zu stellen. Es bietet eine gewisse Sicherheit, sich der Überzeugung der Masse anzuschließen. Teil der Mehrheit zu sein verleiht falschen Mut, das ist das eigentliche Problem. Die so genannten »Großmächte« haben ein vehementes Interesse daran, diese Massen-Illusion aufrecht zu erhalten, denn ihre Kontrolle ist von der damit verbundenen Angst abhängig. Das Material in diesem Buch findet sicher nicht ihre Zustimmung.
Ich will hier keine Verschwörungstheorien entwickeln, denn Kiraël hat in seinem Werk einfach nur Möglichkeiten dargestellt, über

die jeder Leser für sich nachdenken kann. Das Schreiben dieses Buches hat meine eigenen Glaubenssysteme auf eine Weise erweitert, die ich mir nie hätte träumen lassen. Bleibt also noch ein paar Abschnitte lang dabei, ich will erklären, wo all dies herkam. Es entspricht dem Wunsch all der wunderbaren Wesen, die der Menschheit liebevoll zur Seite stehen wollen.

Jedes Individuum empfindet die menschliche Reise anders. Nur wenige sind sich überhaupt bewusst, was diese so genannte menschliche Erfahrung eigentlich bedeutet. Dieses Buch ist ein Ratgeber für alle Menschen auf ihren eigenen spirituellen Reisen.

Es gibt einen Grund dafür, warum du dir heute Zeit genommen hast, in dieses Buch zu schauen. Es ist kein Zufall. Diese Worte sind nicht für eine bestimmte Sorte von Menschen gedacht, sondern für alle, die mit offenem Herzen zuhören wollen. Wenn deine Hände dieses Buch berühren, wenn deine Augen dies lesen, wenn dein Herz schneller schlägt und du eine Wärme um dich herum spürst, so wisse, dass dein innerer Geist am Wiedererwachen ist. Wir alle streben nach mehr Licht und Liebe in unserem Leben, daher ist es wichtig, diese Wachstumschance zu erkennen und willkommen zu heißen.

Bitte lies diese Worte mit einem liebevollen Herzen und einem offenen Geist. Manches von dem Material mag dir unverständlich sein, doch tief in deinem Inneren wird die Erinnerung geweckt. Durch dieses Wiedererwachen werden in deinem jetzigen Leben mehr Liebe, Klarheit, Fülle und Verständnis fließen als je zuvor.

Es ist eine Ehre und ein Privileg an einem Punkt im Leben angekommen zu sein, wo der Wert dieser Informationen begreiflich wird. Meinem eigenen Bewusstsein haben die Worte in diesem Buch zu großer Klarheit verholfen. Ich hoffe, ihr werdet mich auf dieser wunderbaren Reise von der Angst zur Liebe begleiten, so dass die Heilung beginnen kann.

Meine Begegnung mit Kiraël

Zu Beginn der achtziger Jahre ging ich auf das Drängen meiner Frau, unter Protest und mit großen Widerständen, zu einer Reihe von metaphysischen Seminaren. Der Grund für meinen Widerstand war einfach: Meine Überzeugungen beruhten auf dem, was meine fünf Sinne wahrnahmen. Wenn ich etwas sehen, anfassen oder sonst wie mit meinen fünf Sinnen wahrnehmen konnte, war es real für mich und diese Seminare befassten sich mit Dingen, die nach meinen Maßstäben etwas seltsam waren. Ich nahm an Sitzungen zum Tischerücken teil, empfing Antworten von einem Stein, der an einer Schnur herabhing und war Zeuge bei Sitzungen von Trance-Medien.
Nachdem ich mein anfängliches Unbehagen überwunden hatte, verwandelte sich mein »Das glaube ich nicht« in ein unersättliches Verlangen nach mehr von diesen Erfahrungen. Das Trance-Channeling und die aus der »anderen Wirklichkeit« kommenden Informationen faszinierten mich.
Eines Nachmittags, während ich an einer Sitzung teilnahm, döste ich ein. Nach einer Weile öffnete ich meine Augen wieder und alle im Raum starrten mich äußerst merkwürdig an. Zum Glück gab es einen Kassettenrekorder mit dem Beweis dafür, dass ich soeben völlig unerwartet in die Welt der Trance-Arbeit eingetreten war.
Das war meine erste Erfahrung, als Trance-Medium für ein höheres Wesen oder energetisches Schwingungsmuster aus einer ande-

ren Dimension oder Wirklichkeitsebene zur Verfügung zu stehen. Das Wesen, welches einen deutlich schottischen Akzent hatte, wollte von uns als »Kiraël« angesprochen werden. In der folgenden Zeit machte Kiraël sich mit der physischen Welt der dritten Dimension vertraut und wir gewöhnten uns rasch aneinander.
Das war der Anfang einer langen, wunderbaren Beziehung, die vielen half, die nach Antworten suchen, welche sonst in dieser Dimension schwer zu erhalten sind.
Im Laufe der Jahre habe ich die unterschiedlichen rationalen Erklärungen für Trance-Channeling gehört – von gespaltener Persönlichkeit bis zu Besessenheit. Manche Menschen brauchen es, diese Erfahrung in ihr lineares Denken einzugliedern. Doch um die Erfahrung ganz genießen zu können, muss man sich über die Begrenzungen der physischen Realität hinausbegeben. Die Informationen von Kiraël über vergangene und zukünftige Ereignisse haben eine höhere Schwingung als die sonst, in der Dichte der dritten Dimension, mögliche.
Kiraël hat immer wieder darauf hingewiesen, dass sich für jeden, der wirklich bereit ist ihm zu begegnen, auch die Gelegenheit ergeben wird. Ihr seid alle eingeladen Kiraël zu rufen, während ihr dieses Buch lest, um euch seine Lichtenergie zu vergegenwärtigen und die Heilung beginnen zu lassen. Wenn du seine Energie herbeirufst, wird Kiraël mit dir sein.
Erlaube deinem höheren Bewusstsein, dich durch dieses Leben zu führen. Erfahre die reine Liebe eines Wesens aus einer anderen Dimension, welches den Großen Wandel nicht als ein Schrecken erregendes Durcheinander darstellt, sondern als etwas Wunderbares und Aufregendes, was uns allen neue Hoffnung geben wird. Diese Welt ist bereit zur Heilung. Lasst uns gemeinsam beginnen.

Fred Sterling

EINS

Willkommen zum Großen Wandel

Es sind spannende und aufregende Zeiten! Es ist an der Zeit, euch auf die wundersame Reise zur Wiedererweckung eurer Wahrheits-Essenz zu machen. Es ist an der Zeit, die Angst loszulassen und die Freiheit anzunehmen. Doch was ist Freiheit? Ganz einfach. Es ist die Erkenntnis, dass ihr hier auf Erden auf einer Mission seid, auf der Mission, alles zu erleben, was die Dritte Dimension zu bieten hat. In dieser Zeit, da sich die Dritte Dimension ihrem Ende zuneigt, gehen Gerüchte von einem Großen Wandel um, der alle Aspekte der irdischen Ebene betreffen soll. Veränderungen der Erde stehen unmittelbar bevor. Praktisch alle eure jetzigen Ansichten bedürfen der Anpassung. Es hat ein Bewusstseinswandel begonnen, der so umfassend ist, dass er als das größte Ereignis in der Geschichte der Menschheit gelten wird. Ihr dürft also gespannt sein, meine Freunde! Kommt durch dieses Buch mit uns auf eine Reise, auf der wir die Möglichkeiten der Selbst-Stärkung, der Rückkehr zur Ganzheit und der Erfüllung eures höchsten Potentials sich entfalten lassen.

Ich möchte, dass jeder weiß, dass es dabei keine Rolle spielt, ob ihr eure Reise gerade beginnt oder ob ihr schon einen großen Teil eurer spirituellen Evolution durchlaufen habt. Dieses Buch enthält Wahrheiten für jeden. Oft klafft eine große Lücke zwischen dem, was ihr hört und dem, was ihr fühlt. In den Worten, die ihr hier lesen werdet, geht es mehr um das, was ihr fühlt, als um das, was ihr »hört«. Manche der hier verwendeten Worte haben eine ganze Reihe von Bedeutungen und die darin enthaltenen Informationen stellen vielleicht so manches eurer Glaubenssysteme in Frage.

Einige haben vielleicht das Gefühl, dass das Ende der Welt nahe ist. Ich möchte euch jedoch versichern, dass Mutter Erde noch sehr lange hier sein wird, wenn auch vielleicht nicht so, wie ihr sie kennt. Während ihr dieses Buch lest, ist der Wandel, der das wunderbarste Bewusstsein mit sich bringt, welches je erfahren wurde, schon längst im Gange. Man könnte also sagen, *dass das Ende der euch bekannten Welt* nahe ist, denn sie wird ersetzt durch eine Welt, die ihr euch in euren kühnsten Träumen nicht vorstellen könnt.

Diese neue Welt wird für euch ganz neue Erfahrungen mit sich bringen, wie zum Beispiel das Kommunizieren ohne Stimme, das Reisen ohne den physischen Körper und das Lieben ohne Angst. Die Wahrheit in den Worten »Brüder und Schwestern« wird Realität werden. Mächtige Regierungen, Weltordnungen, Chaos und Kriege werden der Vergangenheit angehören. Lebt also in Angst, sofern ihr das braucht, doch dieses Werk hier soll euch darüber hinaus bringen. Es soll ein Quell der Informationen sein, die euch zeigen, wie ihr mit dieser neuen Energie mitschwingen könnt. Es ist ein Reiseführer, der diese Reise für euch zu der stärksten Erfahrung all eurer Leben machen soll.

Ihr habt auf eurer evolutionären Reise viele Leben gelebt. Nicht eines dieser Leben war umsonst, denn ihr habt es gewählt, um alles Mögliche zu erfahren. Diese »Dritte Dimension« genannte Reise wird ein abruptes Ende finden, wenn wir uns in die Möglichkeiten der Vierten Dimension begeben. Hast du es gewählt, dich ohnmächtig zu fühlen, völlig absorbiert von der zunehmenden Hektik hier auf der Erde, so fordere ich dich auf, dich zu stärken. Triff eine neue Wahl. Lass die Angst los, nimm die Schönheit an und liebe alles, was diese neue Reise bietet. Dieses Buch wird es dir zeigen und dir die Türen dafür öffnen, dich zu stärken.

Seit Tausenden von Jahren seid ihr auf einer Reise der Selbstentdeckung. Diese Reise hat euch durch die Dritte Dimension geführt und jetzt geht es weiter in eine völlig neue Erfahrung, eine neue Ära. Deswegen wird es auch New Age genannt, Neues Zeitalter.
Seit der Morgendämmerung der Menschheit gab es immer die Angst, den Weg zurück zum Schöpfer nicht zu finden. Die Angst diente dazu, euch auf der Reise daran zu hindern, zu schnell voran zu stürmen. Dies hat jahrtausendelang funktioniert, doch jetzt kann die Angst nicht länger dazu verwendet werden, die Beschleunigung der Reise zu bremsen. Anders ausgedrückt, ihr könnt den Vorwand: »Ich weiß nicht«, nicht mehr benützen, denn euer Wissen erwacht und ihr werdet die Reise hundert Prozent genießen.
Erinnert euch bitte, Evolution bedeutet auf dem Weg zu sein. Daher empfehle ich euch in diesem Buch immer wieder: »Genießt diese Reise«. Das Ergebnis aller linearen Gedankenmuster ist vormanifestiert und wartet darauf, zur festgesetzten Zeit von der Vierten Dimension in die Dritte zu manifestieren. Bitte seid euch im Klaren darüber, dass jede Aktivität des menschlichen Bewusstseins tatsächlich eine Entscheidung ist. Jede Entscheidung, die ihr trefft, bildet einen Weg für eine neue Reise. Wählt mit Bedacht, denn wenn ihr einen Gedanken denkt, ist es nur eine Frage der Zeit, bis er sich in eurer Realität manifestiert.
Ich bin hierher zu euch gekommen, um euch viele neue, teilweise schwierige Ideen mitzuteilen, von denen manche mit euren derzeitigen Glaubenssystemen kollidieren mögen. Auf jeden Fall könnt ihr euch darauf verlassen, dass ich immer aus der Wahrheit spreche. Ich sage vielleicht nicht immer das, was ihr gerne hören wollt, doch ich garantiere euch, ich sage das, was ihr hören müsst. Mit großer Entschiedenheit werde ich geführt, bei diesen Lehren der Liebe und der Heilung dem Weg der Christus-Energie zu folgen.
Ich bin mit Sicherheit nicht hier, um euer Lehrer zu werden oder euch zu irgendetwas zu bekehren. Ich habe die Absicht, euch viele verschiedene Möglichkeiten anzubieten, die euch nicht nur

durch diesen Großen Wandel helfen, sondern euch zeigen, wie ihr euch darauf vorbereiten und wie ihr sogar voll Freude daran teilnehmen könnt. Und während ihr über diese Möglichkeiten nachsinnt:
> Haltet euch an die Teile, die ihr mögt und freut euch an ihnen. Was ihr nicht mögt, legt einfach zur Seite, denn es wird zu seiner Zeit von selbst in Erscheinung treten.

Historisch anerkannte Wandlungen

Die Erde durchläuft ungefähr alle zweitausend Jahre eine große Veränderung. Vor etwa sieben bis auchttausend Jahren enthüllte der Schöpfer* einen Plan, der eine gründlichere Reise ermöglichte, damit ihr euch alle entfalten und zum Schöpfer zurückkehren könnt. Durch eure Inkarnation auf der irdischen Ebene habt ihr sozusagen den Luxus des Lebens in höheren Erfahrungsebenen aufgegeben. Ich sage »sozusagen«, weil die Erfahrung dieser Dritten Dimension eigentlich eine Ehre ist, die das Selbst dem Selbst erwiesen hat. Es ist klar, dass das Einzige, was wirklich zwischen der erdgebundenen menschlichen Existenz und der Essenz des Schöpfers steht, ein Schleier der Wahrnehmung ist. Die Geschichte der menschlichen Existenz ist ein evolutionärer Prozess der Erhöhung eurer Schwingung, damit ihr euch voller Anmut durch diesen Schleier hindurch begeben könnt.
Die Periode der ägyptischen Pharaonen begann vor etwa sechstausend Jahren und endete, als Moses begann, seine Anhänger um sich zu scharen. Es war eine Zeit großer Unruhe, die im Erhalten der Zehn Gebote gipfelte. Die Ereignisse entwickelten sich dann im Laufe der nächsten zweitausend Jahre zu einer neuen Gedankenfreiheit weiter, bis der Meister Jesus der irdischen Ebene eine neue Wirklichkeit brachte. Wieder scheint eine große Unruhe den evolutionären Plan begleitet zu haben. Wie ihr merkt, hat

---

* Die männliche Form wird hier nur der Sprachgewohnheit wegen verwendet, im englischen Original ist das Geschlecht nicht festgelegt.
Anm. d. Übersetzerin

jede dieser Perioden ungefähr zweitausend Jahre gedauert. Und sind die Ähnlichkeiten zwischen der Situation zu Jesu Lebenszeit und heute nicht verblüffend?

Das Neue Zeitalter

Das Neue Zeitalter begann eigentlich vor zweitausend Jahren, als das Christus-Bewusstsein die Evolution durchdrang. Einer der Gründe, weshalb manche Menschen den Begriff »New Age« nicht mögen, ist, dass dieser Wandel eigentlich damals schon hätte stattfinden sollen. Auch wenn es ihnen nicht bewusst wurde, hatten viele doch eine größere Veränderung erwartet als dann geschah. Das erzeugte ein Gefühl der Unerfülltheit. Bis zum heutigen Tag haben diese Seelen eine Abneigung gegen den Begriff »Neues Zeitalter«. Doch ich versichere euch, meine Freunde, diesmal werdet ihr nicht enttäuscht sein.

Das Ende der Zeit

Eigentlich ist die Zeit, so wie ihr sie kennt, eine Illusion. Diese Illusion verliert gerade ihre Kraft, deswegen erscheint die Zeit komprimiert. Ihr seid Energie des Schöpfers, die in Form von Gedanken ausgesandt wurde, um sich zurück zur Liebe zu entwickeln. In diesem evolutionären Prozess wurde euch eine gewisse Anzahl von Jahrtausenden gegeben, um eure Reise in die Dritte Dimension durchzuspielen und alle Möglichkeiten auszuschöpfen. Anschließend sollt ihr in vollkommener Fülle zum Schöpfer zurückkehren. Also müsst ihr jetzt die Erfahrungen der Dritten Dimension vervollständigen und euch auf die Erleuchtung der Vierten Dimension vorbereiten. Aus dem gleichen Grunde ist es so wichtig, die verbleibende Zeit zu nutzen, um diese Erfahrungen der Dritten Dimension abzuschließen und nichts von der wunderbaren Essenz der Vierten Dimension zu verschwenden.

Wie die meisten von euch wissen, entspricht es dem Willen des Schöpfers, dass alle lebendigen Wesen durch die so genannte »Evolution« zur Vollendung gelangen. Dies ist ein manchmal chaotischer Prozess, in dem die Erde genauso wie alle anderen Lebewesen ihre eigene Bestimmung erfüllen muss. Die Zeit und der Raum für die Erde in der Dritten Dimension neigen sich schnell dem Ende zu. Alles, was auf dieser Ebene schwingt, muss sich daher zu neuen Höhen transzendieren, um in der neuen Essenz funktionieren zu können. Daher die Reise von der Dritten in die Vierte Dimension.

Große Veränderungen stehen bevor

Das als »Photonen-Energie« bekannte Phänomen wird kurz nach der Jahrtausendwende mit der Erde in Kontakt kommen, doch das genaue Datum ist schwer zu bestimmen.* Während die Menschheit erwacht, wird Mutter Erde ihre endgültigen Entscheidungen fällen. Ihr müsst wissen, dass ihr Tempo und ihr vollständiges Wissen auch zum Timing dieses Prozesses beitragen. Je wacher ihr werdet, desto größer wird euer leidenschaftliches Streben, eure Erfahrungen zu vollenden. Bitte glaubt mir, wenn ich euch sage, dass die Zeit in diesem Fall nicht für euch arbeitet. Wacht auf, meine Freunde, wacht auf!

Ihr nehmt vielleicht an, dass die kommenden Zeiten zu hart sein werden, je nach eurem evolutionären Entwicklungsstand zum Zeitpunkt des Wandels. Mutter Erde wird auf jeden Fall einige

---

* Ein großer Teil dieser Informationen bezieht sich auf das Erwachen des Bewusstseins von: »Wir sind die Menschheit«. Aus dieser Sicht sind konkrete Daten fast unmöglich vorherzusagen. Meister Kiraël hat uns vor kurzem mitgeteilt, dass im Herbst 2008 die größte Wahrscheinlichkeit für diese Ereignisse besteht, doch dass es auch gut davor oder danach geschehen könnte. Anscheinend ist es zur Beschleunigung dieses Prozesses notwendig, dass das erleuchtete Bewusstsein der Menschheit einen gewissen Grad der »Wachheit« erlangt. Ein Teil dieses Bewusstseins geht mit einer Art Weltfrieden einher. Wenn wir, die Menschheit, nicht aufwachen, wird der Prozess nicht anhalten, aber es wird ein bisschen schwerer für uns werden, uns hindurch zu finden. (Fred Sterling, Sept. 2004)

Anpassungen durchlaufen. Zum Beispiel wissen eure Wissenschaftler durchaus, dass die magnetischen Pole der Erde bereits in Bewegung geraten sind und dass sich ihre Rotationsgeschwindigkeit ändert. Auch ihre Landmassen scheinen sich zu verändern, was große Druckveränderungen erzeugt. Die Kontinentalplatten schieben sich zusammen und übereinander, was zu mehr als hundert Erdbeben pro Tag führt, von denen ihr manche wahrnehmt und manche nicht. Schon der gesunde Menschenverstand sagt euch, dass sich damit auch die Gestaltung der Landmassen verändert. Die missbräuchliche Art, wie die Menschheit mit den Ressourcen von Mutter Erde umgeht, zerstört die Ozonschicht, wodurch der atmosphärische Druck der Erde zunimmt.

Außerdem beginnen die Einflüsse der Photonen-Energie Druck auf die Erdoberfläche auszuüben. Die Photonen-Energie schwingt in einer ganz anderen Frequenz als ihr sie gewohnt seid und trägt zu dem beunruhigenden Gefühl der Zeitbeschleunigung bei.
Es gibt keinen Zweifel: Die Erde wird komprimiert und verschoben und verändert, daher muss auch alles andere – inklusive der Zeit – Kompressionen und Veränderungen durchlaufen. Selbst eure menschlichen Körper verändern sich. Deswegen spürt ihr Druck auf euren physischen Körpern. Der Druck, der zurzeit auf Mutter Erde einwirkt, verursacht, zusammen mit Ihren Bemühungen sich diesem Druck anzupassen, die Kompression.
Lasst uns einen Augenblick lang von den hawaiianischen Inseln sprechen. Diese Inseln sind eigentlich die Bergspitzen des alten Kontinents von Lemurien. Ihr habt davon vielleicht noch nichts gehört, denn eure Geschichtsschreibung beginnt erst nach Atlantis. Meine Freunde, es gibt noch eine Menge Geschichte, die bald enthüllt werden wird, denn die Informationen aus den Kammern der Großen Pyramide werden der Öffentlichkeit zugänglich gemacht werden. Im Zuge dieser Umwälzungen und Veränderungen auf der Erde werden die Inseln von Hawaii an Landmasse gewinnen, während andere Teile der Welt ihre gegenwärtige Gestalt verlieren werden. Ich will keine Panik auslösen,

sondern alle darin unterstützen, ihre eigenen Vorbereitungen für den Großen Wandel zu treffen.
Auch was das Chaos betrifft, will ich euch keine Angst einjagen, sondern Klarheit geben, denn Chaos ist ein Bestandteil des Wandels. Ihr braucht auf das Chaos auch nicht zu warten, ihr erlebt es bereits in geringerem Maße. Durch das Fernsehen erfahrt ihr zum Beispiel von schrecklichen Ereignissen, doch sie sind nur das Vorspiel für das, was kommt. Die Lektüre dieses Buches wird euch helfen, nicht zu einem Teil des Chaos zu werden. Mit diesem Wissen und einem echten Verständnis des Prozesses werdet ihr nicht nur durch den Wandel hindurch finden, sondern auch eine den Weg ebnende Klarheit erlangen.

Der Schöpfer hat einen göttlichen Plan, der alle umfasst, die die Einheit wahrnehmen. Viele werden den alten Weg wählen und versuchen, sich in die neue Ära zu drängeln und zu drücken. Das wird nicht funktionieren. Je mehr ihr das Zusammenarbeiten durch Liebe und Heilung begreift, desto schneller wird eure Klarheit sich auf gegenseitige Unterstützung konzentrieren. Durch diesen Prozess werden viel mehr Menschen in das Neue Zeitalter hineinwachsen.

Jetzt wollen wir uns das aus dem Blickwinkel von Mutter Erde betrachten. Auf eurer langen Entdeckungsreise habt ihr ihre Wirklichkeit mit solch undenkbaren Taten wie dem Abholzen ihrer wunderbaren Wälder, der Vergiftung ihrer einst reinen Gewässer und der Verschmutzung Ihrer einst strahlend blauen Himmel zerstört. Glaubt ihr tatsächlich, dass das Göttliche diesen Schrecken noch lange so weitergehen ließe, ohne einzugreifen?

Diese Dinge werden also alle vorübergehen, darüber gibt es keinen Zweifel. Bitte macht es euch klar: Alles, was ich bis jetzt gesagt habe, und noch viel mehr, wird sich ereignen, doch der Schöpfer beabsichtigt nicht, eure Zivilisation zu beenden, sondern euch die Möglichkeit von Schönheit, Gelassenheit und liebevoller Anmut zu eröffnen. Lest beherzt weiter. Was euch offenbart wird, soll eure Reise nur bereichern, denn alle, die dieses Buch lesen sind diejenigen, die der wunderschönen Mutter Erde in Ihrer Evolution zur Seite stehen werden.

Manche »Propheten« verkünden: »Das Ende der Welt ist nahe«, doch so wird es nicht geschehen. Der Große Wandel ist nicht das Ende der Welt, meine Freunde. Wir wollen das ganz klarstellen. Doch die euch bekannte Welt wird enden. Der Wandel *wird* nicht kommen, meine Freunde, mitnichten, *er ist bereits* da. Während wir sprechen, ist der Wandel bereits in euch. Seid euch darüber im Klaren. Der Große Wandel kommt nicht! Der Große Wandel ist da! Ihr seid bereits mitten drin!

Die galaktische Bruderschaft

Ihr habt vielleicht schon von der galaktischen Bruderschaft gehört. Sie werden oft als Außerirdische bezeichnet. Bitte betrachtet sie nicht als Bedrohung. Sie sind wirklich vollkommen friedlich und ungefährlich, denn sie haben sich dazu entschieden, der Menschheit durch den Wandel zu helfen.
Dank dem Hubble Weltraum Teleskop wisst ihr, dass es in der Milchstraßen-Galaxie – das ist eure – ungefähr hundert Milliarden Sonnen mit Planetensystemen gibt. Und eure Galaxie ist nur eine von zweihundert Milliarden Galaxien im Universum. Denkt einmal da-rüber nach! zweihundert Milliarden Galaxien mit hundert Milliarden Sonnen pro Galaxie! Hallo, aufwachen: Glaubt ihr wirklich, ihr seid die Einzigen da draußen? Das wäre ausgesprochen hochmütig. Macht es einen Sinn, dass der Schöpfer in all Seiner Herrlichkeit in all den zweihundert Milliarden Galaxien nur einen Planeten mit Lebewesen erschaffen sollte? Wenn ich wüsste, wie man gedruckt lachen kann, würde ich es an dieser Stelle tun!
All denjenigen, die mit diesem Konzept Mühe haben, möchte ich

an dieser Stelle sagen, dass ich nicht von eurer irdischen Ebene stamme. Ich bin noch nicht einmal aus eurer Galaxie. In Wirklichkeit komme ich aus der Siebten Dimension, während ihr in der Dritten lebt. Die Vierte ist die Dimension der Gedanken und die Fünfte ist das Reich der Nicht-Dualität, der reinen Liebe. Danach kommt dann die Sechste, Siebte und so weiter, wir werden das in zukünftigen Büchern weiter beschreiben.
Im Verlauf dieses Buches beziehe ich mich auf viele Zivilisationen der Galaktischen Bruderschaft, zum Beispiel die Sirianer, die Plejader und die Andromedaner. Sie alle haben Einfluss auf eure irdische Ebene und sie alle tragen zu dem Ergebnis eurer zukünftigen Realität bei. Es gibt unter euch Menschen, die glauben, die Galaktische Bruderschaft sei von dem Erd-Bewusstsein getrennt. Ich will es ganz klar sagen: Sie kommen nicht – sie sind bereits da! Durch ihre hoch entwickelte Technik können sie in eurer Atmosphäre existieren, ohne dass ihr es bemerkt. Ich werde später noch mehr dazu sagen.

Drei Tage Dunkelheit: Nur keine Panik!

Einer der mit dem Wandel verbundenen Prozesse ist der Eintritt in die Photonen-Energie durch den Photonen-Gürtel, ihren äußeren Bereich. Dieser Übergang wird die »Drei Tage Dunkelheit« genannt. In dieser Zeit wird die Erde eine Dunkelheit durchlaufen, wie ihr sie noch nie erlebt habt. So werdet ihr in dieser Dunkelheit zum Beispiel nicht einmal die Hand vor den Augen sehen können. Es ist schwer zu beschreiben, weil es noch nie zuvor geschehen ist. Meine Freunde, in dieser Zeit müsst ihr ganz in eurer Mitte bleiben, denn die Furcht wird zu dieser Zeit am größten sein. Doch wenn ihr erst das 8. Kapitel gelesen habt, werdet ihr voller Vertrauen dieser Zeit beinahe erwartungsvoll entgegensehen.
Sobald die Dunkelheit eintritt und die Temperatur sinkt, sorgt ihr euch vielleicht um diejenigen eurer Familienmitglieder, die

wenig darüber wissen, was geschieht. Seid euch einfach bewusst, dass jede Seele als Individuum ihren eigenen Heimweg gewählt hat. Wenn eure Liebsten in ihrem Bewusstsein hinterher hinken, kann ich euch nur sagen: Versucht euer Bestes. All die Seelen, die von den gegenwärtigen Ereignissen auf der Erde ziemlich unbeeindruckt zu sein scheinen, sind nur einen Herzschlag von dem Begreifen entfernt. Lasst sie einfach eure Version hören. Es geht nicht darum, sie zu überzeugen, sondern einfach Samen des Wissens und des Vertrauens auf den Schöpfer in sie hinein zu pflanzen, gerade genug, dass sie die Notwendigkeit des Erwachens erkennen können.

Drei Entscheidungen im Zusammenhang mit dem Wandel

Es gibt drei Arten, wie ihr den Großen Wandel erfahren könnt. Zunächst könnt ihr euch dafür entscheiden, nach Hause zu gehen – manche nennen das »Sterben«. Dabei kehrt ihr zu eurem Ursprung zurück und habt keinen weiteren Kontakt mit der irdischen Ebene. Zum Zweiten könnt ihr euch auch in die so genannte »holographische Welt« begeben – darüber werden wir in einem zukünftigen Buch noch mehr erzählen. Und zum Dritten könnt ihr euch für die »Evolution« entscheiden, nämlich einfach das Verlangen und die Fähigkeit, euch von der Dritten in die Vierte Dimension zu begeben – manche nennen das den »Aufstieg«.
Und dass ihr dieses Buch so weit gelesen habt, ist ein deutlicher Hinweis darauf, dass ihr euch höchstwahrscheinlich bereits für den Aufstieg entschieden habt. Willkommen beim Wandel!

Die Bedeutung von Erfahrung

Durch Schönheit, große Liebe und die Fähigkeit der Fokussierung ließ der Schöpfer die irdische Ebene entstehen. Die menschliche

Existenz begann in dem, was wir »die Schule der schöpferischen Evolution« nennen. In Wahrheit war diese Existenz einfach ein Gedanke, der zu dem Leben wurde, welches ihr heute kennt, denn Gedanken sind die herrlichen Reisen zu den Wundern der Erfahrung. Der energetische Fokus des Schöpfers unterstützt die menschliche Erfahrung, wir wollen also klarstellen, dass es kein Versagen gegeben hat. In Wahrheit befindet sich die Evolution in der göttlichen Ordnung.

Manche haben die Tendenz, den Großen Wandel zur Vermeidung von Erfahrung zu benutzen. Sie fragen sich vielleicht, warum sie noch langfristige Verträge abschließen sollen, wenn in wenigen Jahren das Neue Zeitalter beginnt. Meine Freunde, es wäre ein schwerer Fehler so zu denken, denn damit würdet ihr verleugnen, was ihr auf eurer Reise zu lernen habt. Ich will es betonen: *Wer Abkürzungen nimmt, wird nach dem Wandel mit den Konsequenzen umgehen müssen.*

Ihr könnt diese Sache nicht abkürzen, meine Freunde. Wenn es darum geht, eine Hypothek mit dreißig Jahren Laufzeit zu unterschreiben, unterschreibt sie. Ihr solltet jede Möglichkeit verfolgen, das zu lernen, was für die Evolution eurer Seele nötig ist. Vielleicht gehört es zu eurem Plan, eine langfristige Verschuldung zu erfahren. Wenn ihr den Wandel als Entschuldigung nehmt, um euch davor zu drücken, wird es euch auf eurer Reise zurückwerfen.

Ein anderes Beispiel könnte der Kauf eines neuen Autos sein. Ihr fragt euch vielleicht: »Warum sollte ich es kaufen? Nach dem Wandel wird es kein Benzin mehr geben, warum also jetzt mein Geld dafür verschwenden?« Wenn es nicht zu dem Plan für euch gehören würde, diese Erfahrung zu machen, wäre das Thema nie in eurem Leben aufgetaucht.

Ein letztes Beispiel bevor wir weitermachen. Ihr fragt euch vielleicht: »Warum soll ich jeden Monat all diese Rechnungen bezahlen, wenn Kiraël Recht hat? Wenn der Wandel vorüber ist, wird es für unser gegenwärtiges Geld-System ohnehin keinen Bedarf mehr geben. Warum also damit weitermachen?« Es ist ganz einfach, meine Freunde. Was glaubt ihr denn, wo es im Plan des Schöpfers steht, dass ihr euren Verpflichtungen nicht nachkommen sollt? Nirgends, meine Freunde. Schon der gesunde Menschenverstand sagt euch, dass unvollständige karmische Geschichten bestimmt nicht das sind, was ihr auf dieser Reise braucht, also sorgt dafür, dass ihr sie auf dieser Seite abschließt.

Einfach ausgedrückt, ihr habt noch einige Jahre, um durch eure Erfahrungen niedriger Schwingung hindurchzugehen und sie zu heilen. Bitte lasst diese Gelegenheit nicht ungenutzt verstreichen. Lernt eifrig und bereitet euch darauf vor, die Vierte Reise in das höchste Licht mit so wenig Gepäck wie möglich anzutreten. Wenn ihr ganz im Jetzt lebt, erfahrt ihr alles in Vollständigkeit.

Denkt daran, als ihr diese Reise in die irdische Ebene angetreten habt, habt ihr euch vorgenommen, über einen bestimmten Zeitraum einen vollen Satz von Erfahrungen zu machen. Schon damals war klar, dass ihr den Wandel erleben würdet, doch das hatte wenig Einfluss auf euren umfassenden Plan. Euer Erfolg ist euch also nur sicher, wenn ihr eure gegenwärtigen Erfahrungen ganz durchlebt.

Angenommen, ihr seid in diesem Leben das vierte Mal verheiratet. Vielleicht wart ihr in eurem letzten Leben mit einem Menschen harmonisch verheiratet und habt euer ganzes Leben mit diesem einen Menschen verbracht. Bei eurer Wiederkehr auf die Erde habt ihr beschlossen, diesmal mehrere Partner zu erfahren. Deshalb durchlebt ihr drei, vier, fünf Ehen. Andere sagen vielleicht: »Du hast das in diesem Leben echt nicht hingekriegt, weil du so viele Ehen eingegangen bist.« Doch du hast nicht versagt, sondern musstest um deiner selbst willen in demselben Leben mehrere Ehen erfahren.

Ihr seht, alles ist Evolution. Ich weiß, manche von euch tun sich schwer damit, vor allem meine wissenschaftlichen Freunde. Sie zählen gerne A und B zusammen, teilen es durch sieben und multiplizieren es mit zwei. So einfach geht es nicht immer. Die Wahrheit ist, dass ihr schon mehrmals hier auf der Erde wart und noch ein paar Mal hier sein werdet, und jedes Mal mit einem Plan. Es gab eine Zeit, als ihr den Luxus genossen habt, eure Lektionen öfter zu wiederholen. Doch die Zeit-Kompression der irdischen Ebene erzeugt eine Beschleunigung eurer Erfahrungen. Das bedeutet, dass ihr mehrere Lektionen gleichzeitig durchlebt. In der Vergangenheit gab es für euer Höheres Selbst keinen Grund zur Eile, weil alle sich entwickelnden Seelen viele Leben hatten, um ihre Erfahrungen zu erkunden. Das ist natürlich nicht länger möglich, weil sich die Dritte Dimension schnell ihrem Ende zuneigt.

Als jede Seele sich ihre Reise auf der Erde zurechtgelegt hat, konnte sie sich viel Zeit für lange, ausgedehnte und wiederholte Erfahrungen nehmen. Sie konnte es sich sogar leisten, mittendrin in eine neue Erfahrung zu gehen, in dem Wissen, dass sie ihre Projekte auch in zukünftigen Leben vollenden kann. So sollte dieses Buch eigentlich schon vor einiger Zeit geschrieben werden. Alle Personen, die zurzeit an diesem Projekt beteiligt sind, hatten schon in einem vergangenen Leben Gelegenheit dazu. Viele von ihnen fingen damit an, doch zu einem gewissen Zeitpunkt erschien es ihnen überwältigend und sie haben es aus dem einen oder anderen Grund fallen gelassen. Doch jetzt sind all diese Menschen wieder zusammengebracht worden, um das Projekt zu vollenden. Natürlich wurde die Aufgabe jetzt erweitert. Statt einem Buch ist es jetzt eine ganze Reihe von Büchern, denn das ist notwendig, um die Menschheit auf den Wandel vorzubereiten.

Widerstand

Viele Menschen werden anfangen, die Kompression der Erfahrungen wahrzunehmen und sie werden wie in der Vergangenheit sagen: »Ich schaffe das nicht.« Ich will euch sagen, warum das dieses Mal nicht funktionieren wird.
Jene von euch, die sich auf dieser neuen Reise entwickeln, müssen sich von ihren alten Erfahrungen so frei wie möglich machen. Niemand will kostbare Zeit mit dem Wiederholen alter Programme verschwenden, während alle anderen in diesem phänomenalen Tempo vorwärts eilen. Das ist, als ob du in der Schule

sitzen bleibst, während deine Freunde in die nächste Klasse weiterziehen. Sie sind dann immer noch deine Freunde, aber es ist nicht mehr dasselbe. Manche werden jammern, dass es von Tag zu Tag schlimmer wird. Ich sage euch: Ändert zuerst einmal euer Denken. Stimmt nicht in die allgemeine Auffassung ein, die die irdische Ebene durchdringt. Jeder sollte sich auf das konzentrieren, was getan werden kann, statt auf das, was als unmöglich erscheint.

Euch wird nicht nur geholfen, diese Hilfe steht eurem Bewusstsein so nahe, dass ihr nur in euren Gebeten zu bitten und während euerer Meditationen zu lauschen braucht. Die meisten von euch merken bereits, wie schnell sich ihre Gedanken manifestieren. Achtet einfach auf alles, was sich in eurem Leben ereignet und erlebt so viel ihr nur irgend könnt.

Die Wichtigkeit von Meditation

Niemand wird dem Großen Wandel entgehen, denn er entspricht dem evolutionären Plan des Schöpfers. In Wahrheit ist er bereits da! Begleitet wird er von der Photonen-Energie (siehe Kap. 4), deren Auswirkungen wir bereits spüren. Bald nach der Jahrtausendwende wird die ganze Erdebene damit in Resonanz treten. Diejenigen, die auf der Erde bleiben wollen, müssen jetzt anfangen, ihr Körpersystem auf den Aufstieg vorzubereiten.

Was kann man euch raten, um diesen Prozess nicht nur angstfrei, sondern auch spannend zu gestalten? Beginnt, indem ihr die Grundlagen beherrscht, so wie Meditation und Meditation und Meditation. Dies ist kein Tippfehler! Durch die Einfachheit der Meditation erkennt ihr eure wahre innere Kraft, mit der ihr euch auf die höher schwingenden Wirklichkeiten einstellen könnt. Ohne diese Fähigkeit geratet ihr in Resonanz mit dem Chaos, welches die Mutter Erde durchmacht.

Ihr müsst geistig ganz klar bleiben, denn viele wird die Angst überwältigen. Wie ich bereits gesagt habe, gilt es, diese Angst

unbedingt zu vermeiden, denn die Angst blockiert den Weg der Evolution. Erinnert euch daran, wir sprechen hier nicht über das Ende der Welt, auch wenn manche dieser Veränderungen sehr groß sein werden. Ihr müsst bereit sein, die Schönheit in dem Wandel zu erkennen.
Von hier an ist euer Fundament die Meditation, meine Freunde. Meditation ist alles, was es wirklich gibt. In ihr findet ihr das Forum, um mit euren Geistführern und/oder eurem Höheren Selbst in Kontakt zu gehen. Fragen ist das Gebet und das offene Lauschen in der Meditation öffnet euch für die Antworten – nicht einfach nur hören, sondern genau und klar zuhören.
Es gibt viele Missverständnisse darüber, wie Meditation funktioniert. Meditation ist die wahre Verbindung zwischen euren vier Körpern. Die Verbindung beginnt mit eurem physischen Körper, welcher sich mit eurem Emotional-Körper verbindet. Von da aus geht es weiter zum Mental-Körper und vollendet sich dann beim spirituellen Körper. Jeder dieser Körper spielt in eurem Wachstum eine besondere Rolle, doch um vollständig zu wachsen, müsst ihr lernen, alle vier Systeme in völligem Einklang zu verbinden. Durch Meditation beginnt ihr, den wahren Sinn des Lebens zu erfassen.

Die Vorbereitung der Kinder

Ich spreche jetzt über die Kleinen, die, während wir hier sprechen, in die Erdebene geboren werden. Sie bringen Informationen mit. Sie kommen sozusagen von Zuhause. Sie kommen nicht nur hierher, um es zu genießen und an dem Wandel teilzunehmen, sondern bringen auch sehr viel Wissen mit. Hört auf, in der Babysprache mit ihnen zu reden. Sprecht mit ihnen wie mit richtigen Menschen, dann werden sie euch sagen, was sie wissen.
So wie die Delfine, Wale und andere hohe Wesen brauchen sie nicht viele Worte, um ihre Botschaft zu vermitteln. Ihr braucht bloß ein kleines Kind zu fragen: »Was willst du uns sagen?« und

dann setzt euch entspannt hin und hört zu. Ihr werdet überrascht sein, was sie zu sagen haben. Die Älteren, die um 1985 geboren wurden, müssen sich genauso vorbereiten wie die Erwachsenen. Das Problem ist, dass die erwachsene Bevölkerung nicht schnell genug vorwärts kommt, deswegen müssen wir von unserer Seite aus ein bisschen »anschieben«.

Sorgt euch nicht um die Kinder, meine Freunde. Sie werden sich viel schneller darein finden, weil sie sich nicht schon dreißig, vierzig oder fünfzig Jahre in der Dritten Dimension verstrickt haben. Sie werden sich direkt in den Wandel begeben. Sie überbringen Botschaften, die gehört werden müssen, und teilweise setzen sie eine Menge ein, um sich Gehör zu verschaffen. Wenn ihr euch wirklich einlassen wollt, fragt die Kleinen, wo Gott herkommt und was die Wahrheit ist. Ihr werdet euch über die Antworten wundern.

An einem der offenen »Abende mit Kiraël« fragte ein junger Mensch: »Kiraël, hat Gott auch eine Mama und einen Papa? Die sind sicher sehr stolz auf ihn, oder?« Das ist eine der typischen Fragen der Kinder, die euch zum Nachdenken bringen können. Lernt einfach mit den Kleinen auf einer etwas höheren Ebene zu kommunizieren und ihr werdet Wichtiges lernen.

Ich beglückwünsche all diejenigen, die es gewählt haben, Lehrer zu werden, denn mit dieser Ermutigung werden die Kleinen den Aufstieg schaffen.

Ihr seid die Schöpfer

Ich will euch jetzt ein einfaches Konzept mitteilen. Bevor die Zeit gemessen wurde, betrachtete der Schöpfer jene Schöpfung, genannt Erde, und stellte fest, dass Er in all der Schönheit ein Element übersehen hatte. Selbst in all Seiner unendlichen Weisheit war der Schöpfer nicht in der Lage, Seine eigene Totalität zu erfahren. So begann der Schöpfer damit, Seine ganze Gedankenkraft darauf zu fokussieren, wie das bewerkstelligt werden könnte. In diesem Fokus entstand der Mensch. Die Schöpferessenz konnte ihre eigene Schöpfung erfahren, indem sie einfach ihre Identität vor sich selbst verbarg. Auf diese Weise, meine Freunde, begann die Evolution.

Seit ihrer Erschaffung reist die menschliche Essenz, in ihrer reinsten Gedankenform, auf einem einzigen Weg, um wieder eins zu werden mit ihrem Schöpfer, in alle Ewigkeit. Jeder von euch ist ein Produkt dieses Gedankenmusters.

Genauso wie die Essenz des Schöpfers, mit der ihr eins seid, verfügt ihr über die Fähigkeit zur Manifestation. Innerhalb dieses Prozesses können alle Menschen Wirklichkeit erschaffen, indem sie sich leidenschaftlich fokussieren. Wisset, dass jeder Gedanke, den ihr in den Äther schickt, eine bestimmte Lebensform annimmt. Eure Klarheit, Absicht und Leidenschaft bestimmen, in welcher Dimension er sich manifestiert und auch welchen Zeitrahmen er braucht, um Wirklichkeit zu werden.

Wenn ihr aus diesem Buch nur eine einzige Sache lernen würdet, wäre es die Tatsache, dass die Kraft der Manifestation hier und jetzt gebraucht wird. Die Fähigkeit etwas zu manifestieren, braucht ihr nicht zu lernen. Ihr wurdet in diesen Raum mit allem geboren, was ihr zu eurem Erfolg benötigt. Die Frage ist nur: Wann werdet ihr anfangen, den selbst auferlegten Schleier zu lüften und eurem Lichtkörper die Freiheit grenzenloser Erfahrungsmöglichkeiten zu geben?

Ihr könnt euch darauf verlassen, meine Freunde, die Reise kennt keine Vollendung, nur eine neue Reihe von Erfahrungen, die ihr genießen könnt. Beginnt jetzt damit, die vielfältigen Wege der Evolution zu erkunden, und erinnert euch daran, dass es letztendlich darum geht, mit eurer Wahrheit und eurem Licht zur Essenz des Schöpfers zurückzukehren.

Der Wandel der Zeitalter

Pharao	Moses	Jesus	Neues Zeitalter
Stier »Ich habe«	Widder »Ich bin«	Fische »Ich glaube«	Wassermann »Ich weiß«
Erd-Element Physisch- Materieller Besitz	Feuer-Element Individuell Einweihung Geist	Wasser-Element Emotional Spirituell	Luft-Element Mental Ätherisch
Herrscher: Venus Genuss Fülle Heilung Wohlstand	Herrscher: Mars Leidenschaft Mut Aggressive Unabhängigkeit	Herrscher: Neptun Visionär Inspiration Mystik Propheten	Herrscher: Uranus Einzigartigkeit Unerwartetes Reformer Menschenfreundlichkeit

Die letzten sechstausend Jahre der Menschheitsgeschichte (Jede Ära dauerte ungefähr zweitausend Jahre)

ZWEI

Die Reise von der Angst zur Liebe

Die meisten Menschen hier auf der Erde leben in der Angst vor Verlusten. Irgendwann haben sie Angst gelernt und sich von der Liebe entfernt. Ihre wahre Angst ist, nie wieder den Weg zurück zum Großen Schöpfer zu finden. Aus dieser Angst heraus bauen sie viele, viele Glaubensmuster auf, die ihr Wachstum behindern. Durch Heilung kommt ihre Fähigkeit sich zu zentrieren wieder zum Vorschein, sie können sich von der Angst befreien und in die Essenz der Liebe zurückkehren.
Wir helfen den Menschen zu begreifen, dass es bei dieser Heilung um Klarheit geht und darum, in sich selbst zentriert zu bleiben. Es geht darum, nach innen zu gehen und dafür zu sorgen, dass das Herz in Klarheit und Reinheit schlägt. Meine Freunde, es geht darum, all jene Ängste zu überwinden, die zu eurem Leben gehören. Es geht darum zu begreifen, dass die Angst selbst auferlegt ist und dass Liebe tatsächlich nur einen »Knopfdruck« entfernt ist.
Ihr sagt jetzt vielleicht: »Kiraël, ich will die Verantwortung dafür nicht übernehmen. Ich will nicht immer positiv denken müssen.« Ich sage euch, meine Freunde, fangt an, euch selbst gegenüber ehrlich zu sein. Wenn ihr die guten Dinge im Leben haben wollt, so müsst ihr jetzt anfangen, an sie zu denken. Ihr wärt so viel glücklicher, würdet ihr euch nicht von der Negativität einfan-

gen lassen. An einem gewissen Punkt der evolutionären Reise werdet ihr nicht mehr von Angst manipuliert sein; ihr werdet euch selbst zu sehr lieben, als dass das geschehen könnte. Der Schlüssel zu eurer gesamten evolutionären Reise ist Liebe, meine Freunde. In der Liebe liegt die Chance den inneren Frieden zu finden, nach dem ihr sucht.

Die Reise ist von aufregenden Aspekten erfüllt, die ihr »Erfahrungen« nennt. So kann Evolution ein natürlicher Bestandteil von jedem Augenblick werden. Die meisten Menschen hier in der Dritten Dimension kümmern sich mehr darum, an einem bestimmten Ziel anzukommen, als darum, wie sie dort hinkommen. Ich stelle nur selten etwas als absolut dar, doch dies hier ist die Ausnahme: Die Konzentration auf das Endergebnis verlangsamt euer Wachstum, denn in den meisten Fällen ist das Endergebnis ohnehin nicht das, was ihr euch vorgestellt habt. Die beste Art das aufzulösen ist, sich ganz darauf zu konzentrieren, was ihr als Erstes wollt. Wenn ihr euch darüber im Klaren seid, beginnt einfach die Reise. Ihr habt hier auf Erden nur eine gewisse Zeitspanne, es ist also sinnvoll, jede Sekunde davon weise zu verbringen. Genießt die Reise!

Reise von der Angst zur Liebe

Angst	Liebe
Trennung	Einheit
Verlust und Mangel	Fülle und Erfüllung
Verwirrung	Klarheit
Bruchstückhaftigkeit	Zentriertheit
Beschränkung	Potentiale
Atrophie	Erweiterung, Vitalität
Abstoßung	Integration
Äußere Beschuldigungen	Innere Selbstverantwortung
Zerstörung	Schöpfung
Zurückhaltung	Hundertprozentigkeit
Verleugnung	Anerkennung
Rückzug	Allumfassend
Vermeidung	Erkennen
Unfertig	Vollständig
Chaos	Harmonie
Konflikt	Frieden

Heilende Entscheidungen

Heilt den inneren Geist, das Bewusstsein der Seele. Ist die Heilung weit genug fortgeschritten, kommt der Punkt, an dem ihr die Angst versteht und sie für das liebt, was sie euch gibt, und ihr kommt immer näher an den Punkt, keine Angst zu haben. Je heiler ihr werdet, desto weniger toleriert ihr Angst in eurem Leben. Je schneller ihr heil werdet, desto schneller begreift ihr die Reise, die ohnehin eine Reise zur Liebe ist.
In der Essenz des Schöpfers ist die Reise nichts als Liebe, reine Liebe. Die Schöpfung beruht auf Liebe, doch um die Dritte Dimension zu erfahren, ließ der Schöpfer für euch die Angst zu. Ihr braucht euch nur dafür zu entscheiden, euch von dieser Angst zu heilen, meine Freunde, und schon seid ihr in der Liebe.

Wahrheit, Vertrauen und Leidenschaft

Die Trinität von Wahrheit, Vertrauen und Leidenschaft verankert die Heilung der Liebe im Selbst. Integriert ihr diese Trinität in alle Facetten eures Lebens, so werden eure Entscheidungen euch Gleichgewicht und Erfüllung bringen. Das ist die Grundlage der Liebe. Ihr könnt es wie einen dreibeinigen Schemel sehen. Ist ein Bein kürzer als die anderen, so steht er nicht richtig. Ist es ein ganzes Stück kürzer, so kippt er um. Deswegen betonen wir die Trinität so sehr.

Wahrheit

Wahrheit ist die Essenz, von der die gesamte Realität ausgeht. Sie ist nicht nur ein Wort, sondern die Gesamtheit des Verständnisses des Lebens. Es gibt keine Halbwahrheiten, Abwandlungen der Wahrheit oder gar Notlügen. Ich sage dies, weil es euch nicht mehr gefallen wird, Unwahrheiten zu hören, wenn ihr erst die Erfahrung des Lebens in Wahrheit kennt. Wie oft habt ihr schon eine Lüge erzählt und dann weiter lügen müssen, um sie glaubhaft zu machen? Glaubt mir, wenn ihr euch auf den Weg der ganzen Wahrheit begebt, gibt es kein Zurück.

Eine der wichtigsten Wahrheiten ist die »Selbst-Liebe«, das heißt, sich selbst gegenüber aufrichtig zu sein. Ihr seid meistens euch selbst gegenüber wahrhaftig, weil eure Essenz die des Schöpfers ist, der bedingungslosen Liebe. In eurer Gesellschaft lernt ihr, anderen zu helfen und sie zu lieben, doch ihr lernt nicht, euch selbst zu lieben. Wenn ihr euch selbst mit Liebe überschütten würdet, wäret ihr so von Liebe erfüllt, dass ihr sie auch mit anderen teilen könntet. *Der Mensch, den es am meisten zu lieben gilt, seid ihr selbst.*

Jeder braucht Liebe. Wenn ihr keine Selbstliebe habt, sucht ihr sie woanders und sucht euch oft im Außen einen Ersatz in Form von Drogen, Alkohol und am häufigsten Missbrauch eurer selbst und anderer. Wenn ihr vollkommene Wahrheit in euer Leben aufnehmt, wird deutlich, dass Wahrheit tatsächlich Selbstliebe bedeutet.

Vertrauen

Um Vertrauen ganz zu begreifen, müsst ihr die Kraft des Wissens erkennen. Diese entsteht, wenn ihr in eurer Wahrheit seid. Um im Vertrauen zu sein, müsst ihr verstehen, dass es auf einer tieferen Ebene stattfindet, als ihr zu erfahren bereit seid. Vertrauen ist mehr als ein Wort – es ist eine Resonanz. Die Regeln sind dieselben, ob es sich um eine persönliche Beziehung oder einen Geschäftsabschluss handelt. Ist das Gefühl des Vertrauens einmal entstanden, so ist es sinnvoll alles zu tun, um es zu erhalten. Ist die Essenz des Vertrauens stabil, formt sich eine neue Realität, denn dann entscheidet ihr euch aus Liebe und nicht mehr aus Angst.

Wenn ihr feststellt, dass Vertrauen Teil eures Lebens ist, könnt ihr euch wirklich auf höhere Ebenen begeben. Wenn ihr akzeptiert, dass eure Intuition die Quelle eures Vertrauens ist, entsteht euer Wachstum als die Kunst der Intuition zu vertrauen.

Leidenschaft

Leidenschaft ist die »Würze des Lebens«, ein Gefühl der Begeisterung. Um leidenschaftlich zu sein und voller Liebe, müsst ihr in Kontakt mit euren Gefühlen sein. Ich will damit nicht behaupten, dass das analytische Denken schlecht sei. Was auch immer ihr seid ist perfekt. Doch tatsächlich strebt ihr nach einem Gleichgewicht von Verstand und Gefühl.
Säuglinge sind leidenschaftlich. Sie sind nahezu reines Fühlen im Hier und Jetzt. Sie sind ohne jeglichen Vorbehalt, denn die meisten leben in einer vollkommenen Welt – und wenn sie einmal nicht vollkommen ist, lassen sie es ohne Umschweife jeden wissen. Ihre Welt besteht hauptsächlich aus Gefühlen. Sie zögern auch nicht, ihre Gefühle zum Ausdruck zu bringen, wenn ihre Wahrheit oder ihr Vertrauen angegriffen werden. Erst nach vielen Jahren, in denen sie den von einer Generation zur nächsten weitergegebenen Vorstellungen ausgesetzt sind, geben sie ihre Kindheits-Unschuld auf und fällen ihre Entscheidungen nach der Meinung anderer.
Häufig blockiert ihr eure Gefühle auf Grund vergangener Verletzungen. Vertraut darauf, dass alles, was geschehen ist, auch der Schmerz und das Leid, perfekt dem entsprochen hat, was euer Höheres Selbst für euch vorgesehen hatte. Vertraut darauf, dass euer Höheres Selbst wollte, dass ihr den so genannten »Schmerz« erfahren habt, damit ihr ihn durchleben und Vertrauen, Vergebung und Liebe lernen konntet. Das lässt euch dann die Bedeutung dieser Kräfte auf einer tieferen Ebene begreifen. So könnt ihr dann eure Wut und euren Ärger loslassen und wieder eure Gefühle zulassen.
Häufig bringt ihr eure wahren Gefühle nicht zum Ausdruck, weil ihr Angst davor habt, was die anderen über euch denken

könnten. Vielleicht fürchtet ihr, verurteilt zu werden. Lasst die Erfahrung aller Gefühle zu, guter und schlechter, ohne sie mit Gedanken wie »Ich darf mich nicht so fühlen« zu verurteilen. Seid ihr deprimiert, so erlaubt euch dieses Gefühl, denn es gehört zum Menschsein dazu. Wenn ihr euch nicht blockiert, könnt ihr die ganze Tiefe der Depression fühlen. Emotionen wollen durchfließen und *losgelassen* werden. Selbstmitleid und »Warum immer ich?«-Gedanken blockieren die Emotion. Dann bleibt sie in euch, weil sie nie ganz durchfließen durfte und losgelassen werden konnte.

Wenn ihr ein Gefühl verspürt, so wisset, dass das, was ihr erlebt, perfekt ist, so wie es ist. Vertraut darauf, dass euer Höheres Selbst dies für euch zu eurem Wachstum ausgesucht hat, so wird das Gefühl seinen Weg durch euch hindurch finden und ihr könnt es loslassen. Dann werdet ihr euch »rein« fühlen, weil die Emotionen ohne hinderliche Blockaden durch euch hindurchfließen konnten. Und wenn ihr die negativen Emotionen zulasst, werdet ihr die positiven viel kraftvoller erleben. So werdet ihr leidenschaftlich und öffnet eure Herzen.

In der Leidenschaftlichkeit geht es darum, alles von ganzem Herzen und mit ganzer Kraft zu tun. Wenn ihr es nicht mit Leidenschaft tun könnt, wenn ihr kein Gefühl dazu entwickeln könnt, dann lasst es. Jetzt sagt ihr vielleicht »Ich kann doch nicht die ganze Zeit leidenschaftlich sein!« Oh doch, das könnt ihr! Leidenschaftlichkeit ist die Essenz davon, das Licht in allem zu sehen.

Elternschaft

Als Lichtwesen kommt ihr in die irdische Ebene und lernt, in der Dichte eurer physischen Verkörperungen zu leben. Eure Lebensreise beginnt durch eure Beziehung zu euren Hauptbezugspersonen, meistens den Eltern. Diese Eltern-Kind-Beziehung enthält viele der Lektionen eurer Heilungsreise.

Die nach 1987 geborenen Kinder sind so genannte »Wandel-

Kinder«, denn sie haben es gewählt, zu dieser Zeit auf der Erde zu sein, um den Großen Wandel mitzuerleben. Viele von ihnen haben auch zu Zeiten Jesu gelebt. Sie haben das Gefühl, den Wandel damals nicht wirklich erlebt zu haben, und warteten deshalb geduldig auf diesen Zeitpunkt. Schaut genau hin und erkennt, wie diese Kinder sich von vorigen Generationen unterscheiden. Scheinen sie besseren Gebrauch von ihrer Intuition zu machen oder scheinen sie vielleicht einfach reifer als die Kinder früher? Lebt die Trinität von Wahrheit, Vertrauen und Leidenschaft in jeder Beziehung, besonders wenn ihr die Eltern seid. Manchmal vergesst ihr im Alltag des Elterndaseins vielleicht diese Prinzipien, weil eure Eltern es anders gemacht haben. Heutzutage müssen Eltern die Dinge ein wenig anders angehen als früher.

Kommunikation

Um mit Kindern zu reden, müsst ihr lernen, mit ihnen zu kommunizieren. Die Kommunikation sollte bereits beginnen, wenn sie noch im Mutterleib sind. In dieser Zeit hat das Kind nämlich zwei Vorteile. Zum Ersten besitzt es die ganze unschuldige Liebe und das Aufgehobensein eines Kindes, welches die Angst noch nicht kennt. Zum Zweiten hat es seinen »Schleier« noch nicht entwickelt. Es hat sein Wissen noch nicht verschleiert und weiß noch alles über seinen Ursprung, seine Essenz. Diese Kinder kommen also durch den Geburtskanal mit der Möglichkeit hierher, reine Wahrheit sichtbar werden zu lassen. *Das Einzige, was dem im Weg steht, ist das mangelnde Verständnis der Eltern, deren Ängste vielleicht größer sind als ihre Liebe.*
Und hier kann ein Fehler passieren. Da liegt zum Beispiel ein zwei Monate altes Baby unschuldig auf dem Rücken und erkundet die vielen Wunder um es herum. Plötzlich wird es in die Dritte Dimension zurückbefördert, weil ein Erwachsener sein Gesicht unvermittelt dicht vor seine Augen hält und »Kuckuck« oder »Ei tei tei« säuselt. Ihr wundert euch, warum das Kind zu lachen

beginnt? Weil ihr dabei so lächerlich ausseht. Es sucht in seinem Gedächtnis und kann sich an diese Geräusche nicht erinnern. Also entschließt sich das Kind einfach zu lachen, der Erwachsene lacht natürlich zurück – und das Grundmuster einer Kommunikation auf niedrigstem Niveau ist erzeugt.

Eine Alternative dazu wäre: Ihr könntet in Augenkontakt gehen und dem Kind durch euer Drittes Auge (dem medialen Auge, welches in der Mitte der Stirn sitzt) Botschaften schicken in dem Sinne von: »Willkommen auf der Erde. Ich weiß, es ist ein bisschen komisch hier und du bist noch ein bisschen aufgebracht darüber, dass du jetzt diesen Körper hast, aber trotzdem willkommen. Wir wünschen uns, dass du so lange bei uns bleibst, wie du möchtest, und wir werden versuchen, es dir hier so angenehm wie möglich zu machen.«

Ihr fragt euch vielleicht: »Ist das möglich? Kann ein Baby denn solche Worte verstehen?« Wahrscheinlich besser als ihr. Vielleicht hört es diese Worte auch gar nicht in irgendeiner Sprache, sondern lauscht tatsächlich euren Gedanken. Vielleicht weiß es das auch schon alles.

Habt ihr je gehört, wie sich Delfine unterhalten? Sagen sie Dinge wie: »Und, wie geht's dir heute so?« Sie kommunizieren offensichtlich anders. Genauso könntest du mit diesem Kind kommunizieren. Wenn du deine höheren Fähigkeiten einsetzt, wird das Ergebnis phänomenal sein.

Kinder kommunizieren auf einer besonderen Ebene. Wenn ihr mit nonverbaler Kommunikation beginnen könnt, wird die Verbindung ein Leben lang halten. Manche von euch, die diese Art der Kommunikation gerade erst lernen, werden sich dadurch zu neuen Höhen aufschwingen. Ihr seht, es gibt kein Alter, in dem es nicht möglich wäre. Kinder können immer nonverbal kommunizieren.

Es ist ein Jammer, doch der Fluss der verbalen Energie (also nur mit Worten) kann oft Angst hervorrufen. Wo steht es in euren Richtlinien, dass man Kindern Angst einflößen muss, damit sie gehorchen? Diese Art zu denken ist veraltet.

Die Erwachsenen stellen die ganzen Abmachungen auf, ohne sie selbst unbedingt einzuhalten. Zunächst glauben die Kinder an die Abmachungen, die ihr mit ihnen trefft. Doch dann lernen sie bald, dass die meisten dieser Abmachungen nicht eingehalten werden. Auf der Grundlage dieser Erkenntnis versuchen sie dann, sich anzupassen. Wenn ihr mit den Kleinen Abmachungen trefft, müsst ihr ganz geradlinig sein. Ihr ganzes Leben beruht auf Wahrheit. Trefft also nur Abmachungen, die ihr auch einhalten könnt.

Wenn die Kinder auf diese Erdebene kommen, kennen sie keine Lügen und sie kennen keinen Schmerz. Sie wissen nicht, wie man lügt – bis sie es von den Großen lernen. Sobald die Großen es ihnen beigebracht haben, fangen sie an zu lügen und spüren den Schmerz, der damit unweigerlich verbunden ist.

Du denkst vielleicht: »Ich kann mich nicht erinnern, meinem Kind das Lügen beigebracht zu haben.« Nun, vielleicht hast du, schon als das Kind noch ganz klein war, so etwas gesagt wie: »Wenn du aufhörst zu weinen, drehe ich dich auf den Bauch.« Das Kind spürte das und war still. Du warst darüber so erfreut, dass du erst einmal ins andere Zimmer gegangen bist, um deiner Begeisterung Ausdruck zu verleihen. So lernt das Kind, wie Abmachungen getroffen und gebrochen werden. Manche von euch meinen, dass ich übertreibe, aber ich sage euch, genauso läuft es.

Was glaubt ihr denn, wo ihr selbst es gelernt habt? Ihr habt es genauso gelernt, wie ihr es lehren werdet. Ich weiß, ich bin ein bisschen pingelig, wenn es ums Lügen geht. »Lügen« ist so ein hartes Wort, stimmt's? Doch die Wahrheit ist, dass sich die Kinder daran gewöhnen, wenn ihr ihnen erst einmal das Schwindeln beigebracht habt, diese kleinen »harmlosen« Lügen. Und was geschieht dann? Jetzt kommt der traurigste Teil der Geschichte: Ihr versucht sie zu übertrumpfen. Dann wird es ein Wettbewerb im Besser-Lügen. Und natürlich gewinnt ihr, ihr habt schließlich viel mehr Übung. Doch tatsächlich verlieren alle Beteiligten.

Fangt also heute an, nur die Wahrheit zu sagen. Das nächste Mal, wenn ihr eurem Sohn oder eurer Tochter etwas sagt, fragt euch selbst: »Ist das die Wahrheit?« Es mag Jahre dauern, bevor ihr Kindern gegenüber wirklich keine Lügen mehr erzählt, aber ihr könnt es schaffen. Und ratet mal was passiert, wenn diese Kinder dann erwachsen sind? Dann sind sie Erwachsene, die keine Lügen mehr akzeptieren.

Könnt ihr euch eine Welt vorstellen, meine Freunde, in der keine Lügen mehr erzählt werden? Könnt ihr euch vorstellen, wo ihr wärt? Ihr wärt in der Vierten Dimension.

Fangt also heute an, etwas zu verändern. Nehmt eure Kinder sanft hoch und haltet euer Drittes Auge an das ihrige. Sagt etwas wie: »Ich liebe dich«, von ganzer Seele, mit ganzem Herzen und auch mit eurer Stimme, wenn ihr wollt. Sagt ihnen einfach: »Ich liebe dich«, und setzt sie wieder ab. Ich garantiere euch, dass ihr ein seliges Lächeln sehen werdet, denn sie haben es nicht nur gehört, sondern auch gespürt.

Disziplin

Wenn ihr die Bedeutung von »Disziplin« im Wörterbuch nachschlagt, dann findet ihr so etwas in dem Sinne von:
»Disziplin* ist eine deutliche Maßnahme, die angewandt wird, wenn ein Mensch nicht mehr durch Vernunftgründe zu einer friedvollen Lösung zu bewegen ist.«

Anders gesagt, ihr greift zu Disziplinarmaßnahmen als logischer Konsequenz, wenn ihr euch nicht anders durchsetzen könnt.
Angenommen, ihr habt einen kleinen vier- bis fünfjährigen Jungen, der herumtobt und Spaß daran hat Blödsinn zu machen. Er jagt einen Hund durch die Wohnung, wobei Stühle umkippen und Sachen auf dem Tisch umfallen und so weiter. Ihr habt das seinerzeit wahrscheinlich auch getan, aber wie reagiert ihr? Ihr schnappt ihn am Arm, wenn er gerade bei euch vorbeirennt und haltet ihn fest. Zack!

*engl.: to discipline = erziehen, bestrafen, Anm. d. Bearb.

Er beginnt zu heulen, denn ohne es zu beabsichtigen, habt ihr ihm gerade fast den Arm ausgekugelt. Er heult und ihr schnauzt ihn an, er solle sofort damit aufhören! Ihr habt ihn zum Heulen gebracht und jetzt befehlt ihr ihm, damit aufzuhören. Könnt ihr sehen, was das für eine Verwirrung anrichtet?
Ich weiß, manche von euch Eltern werden jetzt sagen: »Versuch erst mal mit meinem kleinen Vierjährigen fertig zu werden. Dann weißt du, dass man ab und zu handgreiflich werden muss.« Ich muss euch ganz ehrlich sagen, dass ich Bestrafungen für eine wirklich üble Sache halte. Beantwortet mir einmal folgende Frage: Wenn ihr zu solchem Verhalten greifen müsst, hat dann nicht die Kommunikation versagt? Und bei wem beginnt dieser Zusammenbruch der Kommunikation wohl?
»Aber Kiraël, wie soll ich denn mit Ein- oder Zweijährigen kommunizieren?« Redet weniger mit eurem Mund und mehr mit eurem Herzen! Alles klar? Redet mehr mit dem Herzen!
Kraft oder Gewalt sollte nur als letzte Möglichkeit angewendet werden, um größeren physischen Schaden zu vermeiden. Betrachtet es einmal so: Ein Erwachsener wiegt ungefähr siebzig Kilo, ein zweijähriges Kind dagegen ungefähr zehn Kilo. Ist das nicht ein bisschen unfair oder scheint mir das nur so? Greift nie zur Kraftanwendung solange noch ein Dialog zwischen beiden Seiten möglich ist. Ihr wollt es vielleicht nicht hören, aber durch solche Art der Kraftanwendung gebt ihr euch die Erlaubnis, nicht mehr die Worte finden zu müssen, um etwas Falsches richtig zu stellen. Natürlich ist diese Welt nicht perfekt, aber irgendwo müsst ihr eben anfangen. Stellt euch einmal vor, wie es die Welt verändern würde, wenn jeder Mensch, der dies liest, sich um eine Verbesserung seiner Kommunikation bemühen würde!

Beziehungen

Der Schlüssel zur Wahrheit in einer Beziehung liegt in der Kommunikation. Für eine ausgezeichnete Beziehung braucht ihr eine ausgezeichnete Kommunikation. Da führt kein Weg dran vorbei. Wenn ihr nicht versteht, warum der andere etwas getan hat, es euch jedoch unangenehm berührt hat, dann sprecht darüber. Wenn ihr nicht versteht, warum der andere etwas getan hat, könnt ihr wütend werden oder euch verletzt fühlen. Die Handlungen des anderen erscheinen euch nicht immer sinnvoll. Jeder von euch hat seine eigenen Prioritäten, seine eigene Art, seine eigenen Wertmaßstäbe. Manches scheint einfach unsinnig. Doch für den anderen Menschen ist es absolut sinnvoll. Wenn er euch sein Handeln aufrichtig erklärt, könnt ihr es zumindest verstehen. Man kann leicht wütend werden, wenn man etwas nicht versteht, doch wenn ihr den Beweggrund des anderen erkennt, was ihn zu dem gemacht hat, was er ist und ihn bedingungslos akzeptiert, dann erblüht die Liebe durch die Wahrheit.

Angenommen zwei Menschen, die eine Beziehung miteinander haben, sind wütend aufeinander. Ihre Wut hat nichts mit dem Streit zu tun, sie findet tiefer statt. Sagen wir mal, der Mann hatte auf einer Party ein angeregtes Gespräch mit einer anderen Frau. Die Unterhaltung war harmlos und ohne jeden Flirt, doch die Freundin des Mannes wurde eifersüchtig und fing mit ihrem Freund Streit an. Diese Wut überdeckt lediglich ihre Angst, dass sie vielleicht nicht gut genug für ihn ist oder etwas verkehrt gemacht hat. Sie fürchtet vielleicht, ihn nicht genug zu lieben. Sie hat einfach Angst, meine Freunde. Wie geht ihr mit Angst um? Streiten ist eine Art. Wie viele dieser Spiele werdet ihr in den nächsten vierundzwanzig Stunden spielen? Die Wahrheit dabei ist, dass jemand Angst hat – nicht vor dem Verlieren, aber vor dem Nicht-Gewinnen.

Zuhören ist der wichtigste Teil in der Kommunikation. Gutes Zuhören ist eine Kunst. Es kann auch bedeuten, nichts zu sagen, sondern einfach da zu sein und dem anderen die Gelegenheit zu geben, sich auszudrücken. Solltet ihr dazu neigen, zwischen die Fronten zu geraten und die Probleme anderer Leute lösen zu wollen, so wird gutes Zuhören euch sehr hilfreich sein.

An diesem Punkt wollt ihr vielleicht gerne das Buch schwenkend zu eurem Partner gehen und sagen: »Hier, lies mal diesen Abschnitt und lern was draus!« Tut mir leid, meine Freunde. In dieser Arbeit geht es nicht darum, andere zu verändern, sondern euch selbst. Es funktioniert nicht, jemanden zu ändern, der sich nicht ändern will. Sicher könnt ihr euren Lieben erzählen, was ihr hier gelernt habt, doch sanft, ohne jemanden zu verurteilen und immer mit Liebe.

Wie viele Leute haben euch schon erzählt, dass sie verliebt seien, doch irgendwie wisst ihr in euren Herzen, dass sie es eigentlich nur ihren Freunden oder Familien recht machen wollen? Angenommen Sally und Joe gehen zusammen aus. Sie verstehen sich gut, doch das ist eigentlich schon alles. Dann sagt Joes Bruder, dass sie doch ein gutes Paar abgeben würden, und seine Schwester erklärt ihm, dass sie Sally für die richtige Frau für ihn hält, also gehen sie ein zweites Mal zusammen aus und haben ein bisschen mehr Spaß zusammen. Seht ihr was passiert? Die Falle beginnt zuzuschnappen. Jemand sagt: »Ich glaube, ihr zwei solltet heiraten!« Joe meint: »Daran hatte ich noch gar nicht gedacht, aber vielleicht ist das keine schlechte Idee. Meine Eltern mögen sie, meine Freunde denken, wir passen gut zueinander. Klar, warum sollten wir nicht heiraten.« Ein Jahr später fragt sich Joe dann, warum er je diese Frau geheiratet hat, wo sie doch so schlecht miteinander auskommen. Ich würde ihn dann fragen: »Hast du sie wirklich geliebt?«, und Joe würde sagen: »Hm, ich weiß nicht. Ich bin nicht sicher, ob ich weiß, was Liebe ist.« Und ich würde ihm raten, die Ehe aufzulösen. Alle würden sich dann über mich aufregen, weil die Gesellschaft der Ansicht ist, dass es egal ist, ob man einander liebt, man sollte auf jeden Fall verheiratet bleiben. Wieder falsch, denn darin liegt keine Wahrheit.

Ich habe einen anderen Vorschlag für die Ehe: Setzt euch zusammen hin und sagt euch die Wahrheit, die ganze Wahrheit! Ihr erwidert vielleicht: »Okay, ich sage alle Wahrheiten außer dieser einen Sache, die will ich für mich behalten.« Nun, dann seid ihr nicht wirklich fertig damit. Ihr sagt: »Aber Kiraël, es tut ihr doch nicht weh, wenn sie nicht von diesem einen Mal weiß, wo ich sechzehn war und Sex hatte. Das macht doch nichts.« Doch es wird wieder auftauchen und es wird dich verfolgen. Und sei es aus keinem anderen Grund, als dass du die Sache nicht zu Ende gebracht hast. Wenn ihr in einer Paarbeziehung seid, wird jeder Mangel an Wahrheit zu einem Dorn werden, der euch vor eurem Ziel zu Fall bringt.

Ihr lebt in einer physischen Welt und manche von euch glauben, dass Sex eine rein physische Sache sei. Wenn ihr glaubt, das sei alles, dann ist es für euch auch so. Wahre Intimität ist nicht nur körperlich. Intimität bedeutet, eure Schutzschilde aufzugeben. Eine Möglichkeit sie aufzugeben ist, »einen Schritt zur Seite« zu treten und all euren »Kram«, eure Unsicherheiten und Ängste loszulassen, um ganz mit dem anderen zu sein, ihn oder sie ganz zu spüren. Beachtet bitte, dass dies nur eine andere Art ist zu sagen: »Wenn ihr eure Ängste loslasst, wird die Liebe alles durchdringen.« Mental einen Schritt zur Seite zu treten, hilft eurem Unterbewusstsein seine Ängste tatsächlich loszulassen.

Stellt euch vor, mit eurem Partner zusammen zu sein und euer Ego mit all seinen Unsicherheiten einen Schritt zur Seite treten zu lassen. Ihr seid dann ganz *mit* eurem geliebten Partner und lasst die Liebe einfach *fließen*. Versucht nie, die Liebe zu zwingen, lasst sie einfach ungehindert fließen. Stellt euch vor, wie sie einfach durch eure Umarmung oder die Berührung eurer Hände fließt. Dann begreift ihr, was Leidenschaft ist.

Wenn ihr euren Partner einfach um seiner selbst willen liebt und nicht wegen dem, was er zu eurer Beziehung beiträgt – das ist Leidenschaft. Habt ihr Wahrheit, Vertrauen und Leidenschaft, dann lebt ihr euer Leben mit Gefühl – in Liebe. Dann lebt ihr nach den Regeln eures Herzens.

Noch ein letzter Gedanke: Dies gilt nicht nur für Ehen, sondern für jede enge Beziehung. Strebt in all euren engen Beziehungen nach Intimität, nicht nur mit eurem Partner.

Metaphysische Geschäftstätigkeit 1

In diesem Kapitel spreche ich davon, dass das Leben gänzlich Liebe ist. Selbst die Arbeit? Ja, selbst diese. Liebe kann überall existieren. Wo immer ihr Liebe haben wollt, könnt ihr sie erzeugen. Es mag einige Anstrengung kosten, eine andere Art die Dinge zu sehen, aber es ist möglich. Ich schlage vor, ihr tut das, indem ihr nach der Trinität von Wahrheit, Vertrauen, Leidenschaft lebt. Entfernt die Angst und ersetzt sie durch Liebe – ja, selbst am Arbeitsplatz. Ihr fragt vielleicht: »Wie soll das bei jenen gehen, die Löcher in die Erde schaufeln, um ihren Lebensunterhalt zu verdienen? Wie könnte ich bei solch einer Arbeit Liebe ausstrahlen?« Auch wenn die Frage komisch klingen mag: Gräbst du die Löcher, damit du das dann hinter dir hast oder gräbst du die Löcher, um die besten Löcher zu graben, die du graben kannst? Glaubt mir, meine Freunde, es gibt da draußen Leute, die wollen ihre Sache so gut wie möglich machen, egal welche Arbeit sie verrichten.

Ich mag es nicht, wenn ihr eure Arbeit einfach einen Job nennt. Ich nenne sie gerne »metaphysische Geschäftstätigkeit«. Und selbst wenn ihr nicht euer eigenes Geschäft habt, solltet ihr dies genau lesen, denn ihr braucht nicht der Eigentümer oder der Manager zu sein, um euer Geschäft metaphysischer zu gestalten. Selbst als Angestellte könnt ihr durch eure Herangehensweise an die Arbeit etwas verändern.

Stellt euch vor, euer Geschäft ist ein Wesen, so wie eine Person. Statt jeden Tag ins Büro zu gehen geht ihr zu einer Person. Was würdet ihr zu einer Person sagen, wenn ihr morgens ins Büro kommt? »Guten Morgen«, stimmt's? Und wenn es jemand wäre, den ihr sehr mögt, würdet ihr nicht nur Guten Morgen sagen, sondern ihr einen guten Tag wünschen oder sie liebevoll umarmen. Ihr braucht es ja nicht laut zu tun, aber ihr könnt eurem Geschäfts-Wesen im Stillen, in eurem Herzen sagen, dass ihr es liebt. Erinnert ihr euch an den Abschnitt über Elternschaft, wo ich über die Kommunikation durch Gedanken sprach? Nun, auch das Geschäft ist ein lebendiges, bewusstes Wesen. Es kann eure Gedanken auch hören. Alles hat Bewusstsein.

Angenommen, es ist euer eigenes Geschäft, und in diesem lebendigen Wesen namens »Geschäft« habt ihr einen Mitarbeiter, der nicht mit euch zufrieden ist. Angenommen, dieser Mitarbeiter unterminiert alles. Sobald ihr den Raum verlasst, sagt er zu seinen Kollegen Dinge wie: »Habt ihr gemerkt, wie geizig der Alte wieder bei unserer Zulage war?« Und der Kollege, der eben noch mit seiner Zulage ganz zufrieden war, antwortet: »Oh, du hast vielleicht Recht, das war wohl geizig.« Als nächstes spricht der unzufriedene Mitarbeiter einen anderen an: »Ich habe gehört, dass du letzte Woche wieder Überstunden gemacht hast. Und, hat man dich dafür bezahlt? – Ach, du machst das freiwillig! Du spinnst ja!« Und der andere, der bereitwillig länger dageblieben war, denkt sich: »Vielleicht war das wirklich dumm von mir.«

Ihr versteht, was ich meine. Einer läuft herum und erzeugt Probleme. Ihr könnt das wie einen Krebs betrachten, der an euch nagt und nagt und euch umbringt, wenn ihr euch nicht darum kümmert. Dieser kleine Krebs frisst an euch und ihr wisst noch nicht einmal, dass es ihn gibt. Er saugt euch aus und ihr meint, alles laufe prima. Wenn ihr ins Zimmer kommt, duckt er sich hinter seinen Schreibtisch und lächelt euch an. Ihr bemerkt ihn nicht. Alles scheint wunderbar, doch euer Profit sinkt in den Keller. Wenn ihr schließlich erkennt, was vor sich geht, entdeckt ihr diesen kleinen Krebs. Was macht ihr dann? Ihr könntet ihn ignorieren, bis er euch umbringt. Das ist wohl nicht die klügste Entscheidung. Oder ihr könnt ihn operativ entfernen. Wie macht man das im Geschäftsleben? Ihr könntet ihn feuern und das Problem damit beseitigen. Doch wäre es das wirklich? Ein Krebs wirkt auf alle Körperzellen, genauso wie jede andere Krankheit. Die ihn umgebenden Zellen sind vielleicht nicht infiziert, doch sie spüren die Auswirkungen. Deswegen kann ein Krebs, auch wenn er operativ entfernt wird, bereits Körperbereiche betreffen, von denen die Ärzte keine Ahnung haben.

Doch zurück zu dem Krebs in eurem Geschäft. Euer Mitarbeiter wurde also entlassen und ihr sagt: »Jetzt habe ich den Krebs entfernt. Alles ist wieder gut.« Doch was ist mit dem Kollegen, mit dem er über die Prämie gesprochen hat? Und mit dem, der Überstunden machte, ohne dafür bezahlt zu werden? Sie sind nicht geheilt, meine Freunde. Jetzt verbreitet sich der Krebs in eurem ganzen Geschäft. Die Größe des Betriebs und die Geschwindigkeit, mit der er sich ausbreitet, bestimmen, wie lange euer Betrieb noch laufen wird.

Jetzt sagt ihr vielleicht: »Das klingt ja deprimierend. Was soll ich denn tun?« Nun, es gibt auch einen anderen Weg: die Bestrahlungs-Therapie. Ihr könnt diese Art der Bestrahlung »Weißes Licht« nennen, wenn ihr wollt. Weißes Licht ist Liebes-Energie. Stellt euch vor, wie euer Herz mit Liebe weißes Licht hervorbringt und geht zu dem schwierigen Mitarbeiter. Ihr könnt diesen Krebs verwandeln und ihn in das Licht bringen, wo er keinen Schaden mehr anrichtet.

Was meint ihr denn, woher dieser Krebs kam? Glaubt ihr, dass ihr ihn hervorgerufen habt? Ihr habt doch nur versucht, euren Betrieb gut am Laufen zu halten, stimmt's? Woher kam er also? Angenommen, ihr habt eurem Mitarbeiter nicht genug auf die Schulter geklopft. Als er seine Arbeit gut machte, entsprach das einfach euren Erwartungen und ihr seid weiter eures Weges gegangen. Dann entstand der Krebs. Wie entfernt ihr ihn also? Ihr ruft ihn in euer Büro und seid in eurer Wahrheit. Ihr erinnert euch: In jeder Beziehung, auch in Geschäftsbeziehungen, solltet ihr nach Wahrheit, Vertrauen und Leidenschaft streben. Der erste Schritt ist Wahrheit. Ihr könntet also sagen: »Sehen Sie, ich könnte Sie natürlich kündigen, aber ich will das nicht, weil ich glaube, dass der gute Schöpfer jedem hier auf der Erde seine Erfahrungen zugedacht hat. Zu Ihrer Erfahrung gehört es, in meinem Betrieb zu sein. Deswegen sind Sie heute hier. Wie können wir die Situation so gestalten, dass Sie aus Ihrem Hiersein das Beste machen können? Sie verstehen sicher, dass es hier nicht darum gehen kann, dass ich Ihnen mehr Geld gebe, denn ich gebe Ihnen so viel, wie ich kann und komme selbst nur knapp über die Runden. Ich glaube, es geht um mehr als eine Gehaltserhöhung. Ich glaube, es geht darum, dass Sie sich etwas in sich selbst anschauen.«

Und dann unterhaltet ihr euch mit ihm. Dabei findet ihr heraus, was das eigentliche Problem ist. Und ihr beginnt mit der Bestrahlungs-Therapie. Verwendet weißes Licht (Liebe), das wird ihn heilen. Es geht nicht darum, ihm gefällig zu sein, sondern fair miteinander umzugehen, so dass ihr auch im Gegenzug Fairness erwarten könnt. Es geht um Wahrhaftigkeit. Seid ein Vorbild der Aufrichtigkeit und erwartet dann das Gleiche von eurem Gegenüber. Mit Wahrheit entsteht Vertrauen.

Ihr sagt vielleicht: »Kiraël, das kann ich nicht tun, denn ich bin der Chef. Ich muss ab und zu meine Stimme erheben. Wenn ich nicht ab und zu jemanden anschnauze, hört mir keiner mehr zu!« Wenn das der Fall ist, dann musst du dich verändern, denn dann bist DU der Krebs. – Ach, du kannst das nicht, weil dir der Laden gehört? Er wird dir nicht mehr lange gehören, also kannst du ihn auch gleich verlassen, denn du leitest dein Geschäft durch Angst. Wenn du nicht deine Ansichten darüber änderst, wie man ein Geschäft führen sollte, wirst du es schwer haben, mein Freund. Wenn ihr ein sehr erfolgreiches Geschäft habt, ist die Wahrscheinlichkeit groß, dass ihr bereits etwas von Metaphysik versteht. Wenn dem so ist, beglückwünsche ich euch. Doch vielleicht wollt ihr noch weiter gehen. Betrachtet euer Geschäft wie eine Person mit verschiedenen Körperteilen. Angenommen, euer Betrieb hat ungefähr dreißig Mitarbeiter. Wer ist die Essenz, das Ätherische? Das wären der Vorstand oder die Eigentümer. Das Gehirn ist die Person, die das tägliche Geschäft überwacht und täglich mit allen Mitarbeitern umgeht. Wer ist das Herz eures Betriebs? Wenn ihr zulasst, dass dem Herzen etwas Schlimmes widerfährt, könnt ihr euch vorstellen, was passiert.

Jetzt wollen wir einen Schritt weiter gehen. Angenommen, ihr habt Buchhalter. Welchem Körperteil entsprechen die wohl? Die Buchhalter funktionieren wie Nieren, stimmt's? Denn alles muss durch ihre Hände gehen, um bereinigt zu werden und das Positive herauszufiltern. Vielleicht habt ihr auch ein paar Manager – das sind dann eure Arme. Ihr braucht nur herauszufinden, was jeder Teil tut und könnt damit euren Betrieb reibungsloser führen. Wenn jedoch der rechte Arm versucht, die Aufgabe der Nieren zu übernehmen, wird es in keinem Körper funktionieren. Angenommen, ihr seid der Eigentümer, der ätherische Stoff. Doch in dem Gehirn sitzt eine Krebszelle, weshalb es nur mit halber Kraft arbeitet. Dann solltet ihr euch, so schnell wie möglich, um diesen Krebs kümmern. Betrachtet, anders ausgedrückt, jeden Teil eures Betriebs als einen Aspekt, der seine eigene Aufgabe hat, die Beachtung braucht.

Und wenn ihr nur eine kleine Zwei-Mann-Firma habt? Dann könnt ihr das Geschäft trotzdem in Körperteile übersetzen. Gemeinsam seid ihr das Gehirn, der eine ist der rechte Arm und der andere der linke. Muss ein Arm wissen, was der andere tut? Auf jeden Fall!

Wenn der Körper erschöpft ist, so findet den Grund dafür. Bei eurem eigenen Körper wisst ihr auch, wann ihr es übertreibt. Ihr wisst, wann ihr euch zu viel Stress macht, wenn ihr die falschen Sachen esst oder den falschen Weg einschlagt. Ihr wisst, dass ihr in die falsche Richtung geht, wenn sich alles gegen euch zu wenden scheint. Dann stolpert ihr, brecht euch den Zeh oder dergleichen, ihr kennt das. Mit einem Betrieb ist es genau das Gleiche, meine Freunde. Wenn euer Betrieb nicht bestens läuft, wird er euch krank werden. Wenn er krank wird, müsst ihr ihn schnell heilen.

Bei wie vielen Menschen hat es mit einem kleinen Kopfschmerz gleich hinter der Stirn angefangen, sie haben gehofft, wenn sie sich nicht darum kümmern, würde er schon wieder verschwinden. Der Kopfschmerz wurde dann zur Migräne, und als die verschwand, schmerzte der Rücken, weil man die ganze Zeit versucht, den Kopf festzuhalten. Der Rückenschmerz wird dann zu einem Haltungsproblem und irgendwann klappt das ganze System zusammen. So wird es euren Betrieben ergehen, meine Freunde, wenn ihr die »kleinen Kopfschmerzen« ignoriert. Ihr solltet nicht darauf warten, dass sich Krebszellen bilden.

Zusammenfassend lässt sich sagen, dass ein metaphysisches Geschäft ein lebendiges, atmendes, bewusstes Wesen ist. Behandelt es wie einen Freund. Vielleicht möchtet ihr ihm jeden Morgen eure Liebe bekunden und jeden Mitarbeiter einem bestimmten Körperteil zuordnen. Das kann es euch leichter machen zu bestimmen, ob alle Teile optimal wirksam sind. Wenn jeder Körperteil rund läuft, ist das metaphysische Geschäft gesund. Wenn nicht, entsteht Krankheit.

Metaphysisches Geschäftsleben 2

Jetzt wollen wir uns der Entwicklung des spirituellen Aspekts eures Geschäfts-Wesens zuwenden. Wenn ihr euch selbst gegenüber keine positive Haltung einnehmt, was passiert dann? Wenn ihr euer Geschäfts-Wesen nicht in Liebe annehmt, wenn ihr es nicht täglich mit Weißem Licht erfüllt, wenn ihr euch nicht die Zeit nehmt, gut dafür zu sorgen, so wird es nicht in seiner besten Verfassung sein. Würdet ihr zum Beispiel hier am Inward Healing Center arbeiten, würde man euch morgens als Erstes zum Meditieren einladen.

Angenommen für euch arbeiten ungefähr dreißig Leute. Wie wäre es, wenn sie jeden Morgen etwas sagen würden im Sinne von: »Dank dir, Schöpfer, für diesen Arbeitsplatz. Möge ich das Beste tun, was mir heute möglich ist. Möge ich alles verdienen, was auf mich zukommt.« Wenn sie das jeden Tag sagen würden, was meint ihr, wie lange es dauern würde, bis das Unternehmen dicke schwarze Zahlen schreibt? Das würde ganz schnell gehen! Ihr sagt jetzt vielleicht: »Kiraël, ich kann die Leute doch nicht dazu zwingen!« Nein, das könnt ihr nicht. Ihr könnt niemanden zu etwas zwingen. Doch wenn ihr in Angst seid, kann die Liebe nicht durchdringen. Ihr wollt Liebe in eurem metaphysischen Unternehmen haben? Dann lasst eure Angst los und vertraut darauf, dass alles, was passiert, zum Besten ist.

Wie offen geht es in eurem Betrieb zu? Seid ihr wahrhaftig? Oder haltet ihr alles geheim? Glauben eure Mitarbeiter, alles stehe zum Besten, obwohl ihr in der Krise steckt? »Aber es gehört doch zu den Privilegien des Chefs, Dinge geheim zu halten«, wendet ihr jetzt vielleicht ein. Ja, so war es früher. Heute geht es um den Großen Wandel. Es geht darum, die Dinge anders zu machen, denn wenn ihr das nicht tut, werdet ihr da bleiben, wo ihr seid. Wenn ihr da seid, wo ihr sein wollt, braucht ihr das wahrscheinlich nicht zu lesen. Ihr lest dies, weil ihr vorwärts kommen und euch entwickeln wollt.
So solltet ihr also euer Geschäft betrachten. So lässt sich ein gesunder, kräftiger, metaphysischer Geschäfts-Körper entwickeln, in dem die Liebe wachsen kann.

Metaphysisches Geschäftsleben 3

Wenn ihr einen eurer Mitarbeiter nicht mögt, lernt zuerst ihn oder sie zu lieben. Unterstützt ihn darin, seine Arbeit so gut wie möglich zu machen. Dann könnt ihr ihn gehen lassen, wenn es sein muss. Dann ist es in Ordnung. Wenn ihr der Mitarbeiter seid und euren Betrieb verlassen möchtet, so werdet zuerst höchstprofessionell und erledigt eure Arbeit perfekt. Wenn ihr wisst, dass ihr so gut seid, wie es euch möglich ist, dann könnt ihr gehen. Geht nur, wenn ihr alles so gut wie möglich erledigt habt.
Es ist wie im Leben: Wenn ihr einen Arbeitsplatz verlassen wollt und das auf schlechte Art tut, dann garantiere ich euch, dass ihr rückblickend feststellen werdet, dass euer vorheriger Job genauso war. Und wisst ihr was? Wenn ihr vorwärts schauen könntet, würdet ihr sehen, dass ihr genau solch einen Job wieder finden werdet. Ihr habt einfach aus der Erfahrung noch nicht gelernt. Schaut in den Spiegel und fragt: »Habe ich alles gelernt, was mir in diesem Betrieb möglich ist?« Könnt ihr darauf mit einem klaren Ja antworten, dann könnt ihr die Kündigung einreichen.
Angenommen, ihr seid ein Mitarbeiter und euer Chef sagt zu

euch: »Heute ist Zahltag und ich habe das Geld hier in der Hand. Wenn hundert Prozent allem entspricht, wie viel Prozent haben Sie dann diese Woche für mich gearbeitet?« Da würdet ihr sicher alle kichern und sagen: »Das sehen Sie schon ganz richtig. Klar habe ich hundert Prozent geleistet. Her mit der Kohle.« Und was wäre, wenn ihr für eure Lüge auf der Stelle tot umfallen würdet? Wenn ihr ganz ehrlich wärt, müsstet ihr vielleicht sagen: »Nun ja, ich habe jede meiner Pausen diese Woche eine Viertelstunde überzogen, also habe ich vielleicht nicht hundert Prozent geleistet, sondern vielleicht nur achtundneunzig Prozent. Ach ja, ich bin an einem Tag auch eine Stunde später zur Arbeit gekommen und dann erst mal Kaffeetrinken gegangen. Da habe ich vielleicht nur einen halben Tag was geleistet. Also waren es vielleicht nur neunzig Prozent. Und dann haben Sie mich ja auch beim Kartenspielen erwischt, damit fällt es wohl auf fünfundsiebzig Prozent.« Und dein Chef sagt dann: »Gut, hier sind die fünfundsiebzig Prozent, die Sie verdient haben.«

Nur Gott und ihr selbst wisst, ob ihr die Wahrheit sagt. Hätte dies eine Auswirkung darauf, wie ihr mit eurem Betrieb umgeht? Auf jeden Fall. Wenn ihr hundert Prozent erwartet, wie hoch sollte dann wohl euer Einsatz sein? Auch hundert Prozent, oder? Eure Mitarbeiter würden sicher schnell begreifen, dass ihr von ihnen hundert Prozent erwartet, weil ihr ihnen hundert Prozent bezahlt. Sie werden daraufhin wahrscheinlich entweder ziemlich schnell die Firma wechseln oder wieder hundertProzent leisten. Denkt mal darüber nach und versucht, auch eure Mitarbeiter dazu zu bringen darüber nachzudenken. Wenn ihr einen Betrieb mit dreißig Mitarbeitern habt und jeder von ihnen sich hundertprozentig einbringen würde, wie groß wären dann wohl die Erfolgschancen eures Betriebs? Ziemlich groß. Und angenommen von den dreißig Personen würden nur siebzig Prozent sich hundertprozentig einbringen? Seht ihr, wie schnell die Erfolgschancen sinken? Angenommen eure dreißig Mitarbeiter geben nur fünfzig Prozent ihres Potentials? Versteht ihr, dass euer Betrieb dann nicht sehr weit kommen wird?

Ihr sagt jetzt vielleicht: »Das ist ja großartig, jetzt weiß ich, warum ich immer versagt habe.« Aber darum geht es hier nicht, meine Freunde. Es geht darum zu erkennen, dass es keinen Grund dafür gibt zu versagen. Genau wie in eurem eigenen Leben – aus dieser Sicht erkennt ihr, dass ihr nicht versagen könnt. Ihr bewegt euch einfach in verschiedene Richtungen, versagen könnt ihr jedoch nie. Geschäfte brauchen nicht zu versagen. Erst wenn ihr sie aufgebt, schaffen sie es nicht mehr.

Genauso wie ihr es bei einem Mitarbeiter macht, könnt ihr auch das Geschäfts-Wesen selbst betrachten. Zu wie viel Prozent funktioniert euer Geschäfts-Wesen? Sieht es immer schön aus? Wartet nicht auf die Putzfrau, wenn der Papierkorb überquillt. Wenn der Müll sich schon auf dem Boden ausbreitet, sagt nicht: »Das ist Aufgabe der Putzfrauen, damit habe ich nichts zu tun, Ich bin schließlich der stellvertretende Direktor!« Möchtet ihr lieber stellvertretender Direktor der Straße sein? Denn da werdet ihr landen, wenn ihr so weiter macht. Oder wie ist es, wenn das Telefon auf dem Tisch des Kollegen nebenan läutet? »Ist schließlich nicht meins«, sagt ihr vielleicht. »Da gehe ich doch nicht ran.« Es läutet und läutet. Wie wäre es denn, wenn da jetzt jemand mit einem riesigen neuen Auftrag dran wäre, der allen eine ganze Weile den Arbeitsplatz sichern würde, aber ihr seid nicht dran gegangen, weil es nicht euer Apparat war?

Manches mag kleinlich klingen, aber es ist die Wahrheit. Wenn ihr anfangt, solche Spiele zu spielen, dann geht es mit dem ganzen Betrieb bergab. Wahrheit. Glaubt ihr, ein guter Direktor würde den Papierkorb ausleeren? Aber sicher würde er das, denn er will, dass sein Betrieb wächst.

Das Geschäft ist ein Wesen. Behandelt es mit genauso viel Liebe und Respekt wie euren Lebenspartner. In dem Augenblick, wo ihr das Wohl eurer Geschäftspartner und Mitarbeiter aus den Augen verliert, seid ihr nicht mehr im Einklang. In dem Augenblick, wo ihr nicht mehr im Einklang seid, meine Freunde, verringert sich eure Energie, eure Schwingung, und ihr müsst zusehen, wie ihr wieder in Einklang kommt.

Segnet euer Geschäft so, wie ihr euch selbst ehrt, dann wird es immer besser werden. Ehrt ihr euer Geschäft so wie euch selbst, liebt ihr euer Geschäft genauso wie euch selbst, dann könnt ihr nicht verlieren. Es ist unmöglich. Ihr müsst gewinnen. Denn das ist die Art des Schöpfers.
Zeigt euren Mitarbeitern, dass ihr als ein gemeinsamer Körper wachsen könnt, dann werdet ihr auch als Körper gesünder werden. Zeigt ihnen all diese Dinge, meine Freunde, und ihr werdet euer Geschäfts-Wesen in seiner ganzen Schönheit erkennen. Sein Körper wird dann viel bessere Arbeit leisten.

Liebes-Masterminding

Was bedeutet »Masterminding«? Masterminding ist ein Prozess, bei dem sich zwei oder mehr Menschen in einem gemeinsamen Gedanken vereinen. Zum Beispiel gibt es ein paar ziemlich fiese Instrumente, die von der Regierung gefördert werden. Eines davon wird HAARP genannt (High-energy Active Auroral Research Project). Ich möchte hier keine Angst erzeugen, doch ich weiß, dass manche von euch mit Furcht reagieren werden, wenn sie von HAARP erfahren. HAARP ist in Alaska und Puerto Rico stationiert. Dieses Instrument schießt einen Energiestrahl in die Ionosphäre, durch den Moleküle sich zu einer Schicht verbinden, die dann wiederum den Energiestrahl zurück zur Erde spiegelt. Die Leute von HAARP werden euch sagen, dass sie nur an Erdöl interessiert seien, doch dieses Projekt dient auch vielen anderen Zwecken, die nicht mitgeteilt werden. Lasst euch sagen, dass es keine schöne Geschichte ist.
Ich entschuldige mich dafür, über solche Dinge zu reden. Der ganze Sinn dieses Kapitels besteht darin, Angst durch Liebe zu ersetzen. Wenn ihr von solchen Instrumenten erfahrt, könnt ihr sie hoffentlich durch Liebe ersetzen. Ihr *könnt* Terror und Zerstörung mit Liebe überwinden. Während der französischen Atombombenversuche im Südpazifik versammelten sich mehr als

hundert Menschen im Inward Healing Center, um OM zu singen und damit die Versuche zu stoppen. »Moment mal«, sagt ihr jetzt vielleicht, »angenommen, jemand anderes hat sie aufgehalten?« Na und? Sie haben aufgehört, oder? Die Beteiligten wissen, dass sie dazu beigetragen haben. Das ist alles, was zählt.
Ein Liebes-Masterminding entsteht, wenn eine Gruppe von Menschen sich in Liebe miteinander vereint. Dadurch können viele Dinge auf dieser Welt verändert werden. Im Frühjahr 1996 versammelten sich 112 Menschen im Inward Healing Center. Auch in Massachusetts, Washington State, Florida, Texas, Nevada, Kanada, Australien, Japan und Europa versammelten sich die Menschen, um gemeinsam in Liebe OM zu summen. Wir wissen, dass dadurch das HAARP-Programm gestört und mehrere Tage außer Funktion gesetzt wurde. Und es wird immer weiter OM gesungen werden, bis jemand beweist, dass solche Projekte wie HAARP keinen Schaden anrichten.
Gedanken erzeugen Wirklichkeit. Jeder eurer Gedanken ist im Bewusstsein der Erdmutter gespeichert. Und bei den meisten Menschen überwiegen die negativen, angstvollen Gedanken bei weitem die positiven, liebenden Gedanken. Glaubt mir, negative Gedanken wirken nicht nur auf den Denkenden, sondern auch auf die ganze Welt. Was wäre also, wenn die meisten Menschen vor allem Gedanken der Liebe, Wahrheit, des Vertrauens und der Leidenschaft in das Bewusstsein der Erdmutter senden würden? Mutter Erde und das Universum wären sicher dankbar.
Zu dieser Zeit, in der die Erde ihre Schwingung erhöht, um in den Wandel einzutreten, wird die Liebe noch mächtiger. Jetzt genügt bereits ein wunderbarer Gedanke, um zehn negative, ängstliche Gedanken zu neutralisieren. Vor langer Zeit in Atlantis, als die Welt von der Fünften in die Dritte Dimension herabsank, galt das Umgekehrte. Zehn Personen mussten in Liebe und Wahrheit sein, um eine negative Person auszugleichen. Jetzt, wo die Erde aufsteigt, ist die Liebe mächtiger als die Angst. Nutzt das! Eine leidenschaftlich Liebe und Wahrheit denkende Gruppe kann so viel verändern.

Fragen und Antworten

Frage: Ich arbeite auf einer Frühgeborenenstation mit Säuglingen, die mehrere Monate zu früh auf die Welt gekommen sind. Gibt es Möglichkeiten, schon im Mutterleib mit den Babies zu arbeiten, um ihre Lebensfähigkeit zu verbessern?

Kiraël: Ja, sicher. Zu dem Medium (Fred Sterling) kam einmal eine schwangere Frau. Der Arzt hatte ihr gerade gesagt, dass etwas mit dem Baby nicht in Ordnung sei. Das Medium legte seine Wange auf ihren Bauch und sagte ihr: »Dieses Wesen muss sich entscheiden, ob es hier bleiben will oder nicht. Du musst mit dieser Entscheidung einverstanden sein. Versuche ruhig es zu ermutigen, erkläre ihm, dass es hier ein recht angenehmer Platz ist zu inkarnieren, aber wenn es sich entscheidet schon früh nach Hause zu gehen (zu sterben), so ist das auch in Ordnung. Sage zu ihm: »Es ist in Ordnung, schon früh zurück zu Gott zu gehen, wenn du das möchtest. Doch wenn du bleiben möchtest, werde ich hier sein und auf dich warten, wenn du herauskommst.« Ihr müsst mit den Kindern kommunizieren, ihr müsst die Kinder wissen lassen, dass sie sich entscheiden können.
Ich weiß, dass manche von euch hier das anders sehen, aber in dem Augenblick, wo das kleine Ei und das kleine Sperma zusammenkommen und sich zur Teilung entschließen, bilden sie »zelluläres Bewusstsein« und leben. Ihr könnt also schon in diesem winzigen Stadium mit ihnen kommunizieren. Wenn du in dieser Frühgeborenenstation bist und etwas anfängt schief zu laufen, versuche als Erstes dafür zu sorgen, dass die Mutter so klar ist wie möglich, denn der größte Teil der Kommunikation verläuft direkt durch ihren Denkprozess und erreicht das Baby. Das Baby kann dich deutlich verstehen, du kannst also sofort anfangen, auf diese Weise zu kommunizieren.
Sage zu dem Kind: »Hier auf der Erde ist es gar nicht so schlecht, wie du vielleicht denkst. Ich weiß nicht, ob du schon deine Entscheidung getroffen hast. Wenn du immer noch unsicher bist, ob

dies für dich die Zeit und der Ort sind auf die Erde zu kommen, kann ich dir nur sagen, dass ich dir helfen will. Wenn du dich entscheidest, nach Hause zurückzukehren, wünschen wir dir eine gute Reise, so hart das für uns auf dieser Seite hier auch sein mag. Mögest du im Licht reisen. Ich unterstütze dich in deiner ganzen Essenz, wie auch immer du dich entscheidest. Ob du eine Stunde hier bleibst, einen Tag oder den Rest dieses Lebens, ich werde dich nicht verurteilen.« (Versichere dem Kind, dass du seine Entscheidung nicht als richtig oder falsch verurteilen wirst. Wenn es nach Hause gehen [sterben] will, stell dich ihm nicht in den Weg.)

Frage: Ich bin Lehrer und arbeite mit Kindern, die voller Wut stecken. Ich schicke ihnen Liebe und rede mit ihnen durch meine Gedanken, aber sie sind so verletzt und auto-aggressiv, dass es einfach von ihnen abprallt. Kann ich irgendetwas tun, um ihre Wut aufzulösen?

Kiraël: Vor allen Dingen: Gib nicht auf, wie alle anderen. Das ist das Erste. Aber du kannst noch etwas tun: Wähle ein Kind aus, mit dem du besondere Schwierigkeiten hast. Schicke diesem Kind dann zwei oder drei Tage lang das »Weiße Licht« der Liebe.
Rede mit dem Kind so, wie du es dir in seinem Alter gewünscht hättest. Wenn du dich jemals fragst, wie du mit einem Kind reden sollst, denke einfach »Wie wäre ich in diesem Alter gerne angesprochen worden?« Vertraue dem, was du dann sagst, mein Freund, denn die höhere Führung wird für dich arbeiten.
Gewöhne dein Höheres Selbst daran, jeden Tag dort mit dir in Einklang zu sein. Beziehe auch die Engelkräfte mit ein. Ich weiß, dass jetzt manche meiner Freunde da draußen sagen werden: »Bitte was? Engel? Was meinst du?« Ich spreche davon, dass Engel ein Teil der Lösung sind. Du kannst zum Beispiel sagen: «Ich möchte, dass ihr heute den ganzen Tag in der Schule bei mir seid, denn ich werde eure Führung brauchen.« Wenn dann eines dieser Kinder zu dir kommt und du nirgendwo eine Lücke in seinem Panzer finden

kannst, rufe die Engel und sage: »Ich brauche schnell euren Rat. Ich brauche ein paar Worte.« Und dann sprich einfach aus, was dir in den Sinn kommt. Man nennt das »automatisches Sprechen«. Es kann ein merkwürdiges Gefühl sein, wenn es einfach nur so aus dir herausfließt und du dich wie in der dritten Person fühlst. Dann lehnst du dich vielleicht zurück und denkst: »Wow, das war gut!« Ja, so kann das gehen, wenn ihr das Engelreich einbezieht, denn sie wollen euch nur dienen.

Frage: Was kann ich tun, wenn ich eines meiner Kinder nicht besonders innig liebe?

Kiraël: In fast jeder Familie, die mehr als zwei oder drei Kinder hat, wird ein Kind geboren, mit dem ein Elternteil oder beide einfach nicht in Resonanz sind. Ich meine nicht, dass sie es nicht mögen, sie sind einfach nicht in Resonanz mit ihm. Ihr müsst dann verstehen, dass dieses Kind aus Gründen hierher gekommen ist, die wenig mit seiner Beziehung zu Mama und Papa zu tun haben. Dieses Kind ist wegen einer ganz anderen Reihe von Erfahrungen hier und diese Eltern waren zu jenem Zeitpunkt einfach der einzige Weg, hier auf die Erde zu kommen. Im Laufe der Zeit vergrößert sich meistens der Abstand zwischen Eltern und Kind, manchmal sogar bis zu dem Punkt, wo ihr einander kaum noch zu kennen scheint. Oft glauben die Eltern, dass irgendetwas mit ihnen nicht stimmt. Bitte begreift, dass kein Gesetz sagt, dass die Persönlichkeiten von Eltern und Kindern automatisch miteinander in Resonanz stehen müssen.
Trotz dem eben Gesagten biete ich eine Lösung an. Die Lösung liegt darin, zu lernen einander zu lieben, und zwar nicht, weil ihr es müsst oder weil es irgendeinem Regelwerk entspricht. Versetze dich in das Kind hinein und finde heraus, was es bewegt. Verurteile nicht, sondern hilf ihm, die Teile seines Lebens zu klären und zu vervollkommnen, die ihm in der Kindheit in seiner Entwicklung helfen.

Für die Kinder unter euch: Findet heraus, was eure Eltern zum Lächeln bringt und helft ihnen, ab und zu zu lächeln. Ihr werdet überrascht sein, wozu das führt. Findet heraus, wovor sie sich fürchten. Vielleicht könnt ihr ihnen diese Furcht nehmen – nicht, weil ihr es ihnen schuldet oder weil ihr es müsst, sondern einfach, weil es für euch ein Gewinn ist, eure gemeinsame Reise ohne Kämpfe fortzusetzen.

Kannst du in dem anderen das Strahlen des Lichts und der Liebe finden, so kann sich die Beziehung von einem völlig neuen Ausgangspunkt aus entwickeln. Das könnte der Beginn einer wundervollen Reise sein.

Frage: Gibt es einen guten Weg für mich als allein erziehende Mutter, die männlich-/weiblichen Energien in einem ausgewogenen Gleichgewicht an meinen Sohn weiterzugeben?

Kiraël: Zuerst will ich dir sagen, dass du deine Sache großartig machst. Du hast ein so gutes Gleichgewicht in deiner männlich-/weiblichen Energie, dass ich nicht glaube, dass es deinem kleinen Kerl an irgendetwas fehlt. Wenn ich eines noch hinzufügen darf, dann ist es die Notwendigkeit eines »spirituellen« Papas, einer spirituell orientierten, männlichen Person.

Das Kind muss auch die Spiritualität der männlichen Energien verstehen und das kann das Weibliche nur schwer vermitteln. Sorge also dafür, dass dein Sohn Kontakt mit spirituell orientierten Männern hat. Auf diese Weise kann er von ihnen lernen und ein Gleichgewicht finden.

Frage: Ich habe einen neun Jahre alten Sohn, der mit dem Lügen angefangen hat. Ich bin mir nicht bewusst, ihn angelogen zu haben. Haben wir ihn angelogen? Was sollen wir jetzt tun?

Kiraël: Es gibt kein richtig oder falsch, ihr macht es so gut ihr könnt. Ihr könnt jedoch anfangen, das aufzulösen, was entstanden ist. Setz dich mit ihm zusammen und sage: «Schau, ich habe in meinem Leben ein paar Mal ziemlichen Mist gebaut. Dazu gehört auch, dass ich im Laufe der Zeit angefangen habe, dich anzuschwindeln. Lass uns in der nächsten Zeit (eine Woche, zehn Tage, 21 Tage etc.) mal was ganz anderes probieren. In dieser Zeit wollen wir einander die Wahrheit sagen, ohne dass wir das einander übel nehmen, okay? Ich frage dich etwas und du sagst mir die Wahrheit und du musst damit rechnen, dass ich dir die Wahrheit sage.« Irgendwo müsst ihr anfangen. Ich weiß, dass Kinder manchmal ihr Spiel treiben, vor allem, wenn Mama und Papa nicht zusammen wohnen. Damit versuchen sie, die Aufmerksamkeit zu bekommen, die ihnen fehlt. Wenn er also aufhört, dich anzulügen, aber mit der Lügerei wieder anfängt, wenn er bei seinem Vater ist, dann sagt er ihm damit, dass ihr alle noch viel zu tun habt.

Das mag nicht leicht für euch sein, aber ihr müsst euch als Familie darüber aussprechen. Du musst sagen: »Wir können so nicht weitermachen. Wir drei müssen irgendeinen Weg aus dieser Situation finden. Wir haben noch ein ganzes gemeinsames Leben vor uns, irgendwo müssen wir anfangen. Lasst uns bei der Wahrheit anfangen.«

Frage: Ich habe zu Hause einen vier Jahre alten Sohn. Wie kann ich am besten mit seinen Gefühlen umgehen? Zum Beispiel seiner Wut oder Traurigkeit?

Kiraël: Ich schlage vor, dass du in einer sicheren Umgebung, an einem Ort, wo du mit deinem Sohn allein bist, so viel wie möglich von der Emotion zum Ausdruck kommen lässt. Wenn die Emotionen hochkommen, gib ihnen einen geschützten Rahmen und erlaube, dass sie ausgedrückt werden. Weißt du, mit wie vielen Leuten dieses Medium jeden Tag zu tun hat, die sich in ihrer Kindheit nicht emotional ausdrücken durften, vor allem kleine Jungs, denen man sagte »Jungs weinen nicht«?

Wenn dein Sohn Emotionen hat, soll er sie rauslassen. Mit Schreien und Füße stampfen und allem, was dazu gehört. Im Laufe der Zeit wird er merken, dass das eigentlich nicht dem entspricht, was er im Sinn hatte. Er wird lernen, dass er seine Emotionen in Worte fassen muss, und auch wenn dir diese Worte vielleicht nicht gefallen, höre sie dir an. Verbiete ihm nicht den Mund, ermutige ihn. Stell sicher, dass dein Sohn wirklich mit dir spricht. Ermutige ihn, das Gefühl in Worte zu fassen, egal um welches es sich handelt. Höre die Worte mit deinem Herzen. Er wird deine Liebe und deinen Respekt spüren und dadurch lernen, diesem Kommunikationsprozess zu vertrauen.

Frage: Ich bin allein erziehend und habe eine Frage zu meinem neun Jahre alten Sohn. Er ist sehr hart gegen sich selbst. Ich frage mich, ob das mit etwas zusammenhängt, was er sich vorgenommen hat, oder ob ich ihm helfen soll, die Dinge leichter zu nehmen.

Kiraël: In diesem Fall ist die Härte gegen sich selbst ein Problem aus einem vergangenen Leben. Er hat in diesem Leben Schwierigkeiten damit, dass er die Maßstäbe nicht erreichen kann, die er sich in einem vergangenen Leben gesetzt hat. Sage ihm immer wieder, dass er ganz wunderbar ist, so wie er ist, ohne dass er sich bemühen müsste besser zu sein.

Zum Zweiten ist dieser Neunjährige sehr viel klüger als ihn andere Leute einschätzen. Seine Intelligenz entspricht ungefähr der eines Fünfzehnjährigen. Du kannst mit ihm auf einer etwas anderen Ebene reden, als du es in der Vergangenheit getan hast.

Zum Dritten: Hilf ihm zu verstehen, dass sich alle Menschen in ihrem eigenen Tempo entwickeln. Er bemüht sich sehr, möglichst schnelle Fortschritte zu machen. Sag ihm, er soll sich Zeit lassen. Er erreicht sein Ziel so oder so. Es geht im Leben nicht darum, wo du geboren wirst oder wo du stirbst, es geht um die Reise dazwischen. Vermittle deinem Neunjährigen, dass sein ganzes Leben, gerade jetzt, diese Reise ist. Er muss akzeptieren, dass sein Leben einfach unglaublich perfekt ist! Er braucht sich nicht anzutreiben. Schau ihm täglich in die Augen und sage ihm, dass du ihn so liebst, wie er ist.

Ich weiß, dass die meisten Eltern zu ihren Kindern sagen: »Ich liebe dich.« Ihr sagt es im Vorübergehen und das ist in Ordnung. Doch setze dich täglich mit ihm hin, vielleicht spät abends, wenn er schon fast schläft, schau ihm direkt in die Augen und sage ihm: »Du bist genau der Sohn, den ich mir gewünscht habe, ich möchte dir dafür danken, dass du so bist, wie du bist.« Und dann lass ihn die nächsten acht Stunden darüber schlafen.

Frage: Ich habe eine Frage über Bestrafungen. Könntest du etwas dazu sagen?

Kiraël: Gute Frage. Ich habe gehört, wie jemand aus dem Publikum, einer meiner Freunde, der Lehrer ist, gesagt hat: »Man muss die Konsequenzen deutlich machen.« Ich würde das nicht so streng sehen wollen. »Konsequenz« hat den Geschmack von etwas nicht so Gutem. Ihr müsst daran denken, dass es im Leben um Erfahrungen geht. Das ist nicht immer einfach. Manchmal müsst ihr euch ein Leben lang bemühen, um es richtig hinzukriegen. Mein Vorschlag ist, sich mit dem Kind hinzusetzen und es in ein Gespräch einzubeziehen. Sag ihm zu Beginn: »Dies kann ein einseitiges oder ein gemeinsames Gespräch werden. Wenn du mir antwortest, wird es ein gemeinsames Gespräch, wenn nicht, wirst du nur mich reden hören. Vielleicht willst du also lieber antworten.«
Wenn du keine Antwort erhältst, wirst du zum Vortragenden. Weißt du, was Vortragenden passiert? Das Publikum schläft ein. Du musst also zusehen, dass du ein gemeinsames Gespräch in Gang bekommst. Lehrer, hört zu: Stellt euren Schülern ab und zu Fragen, um zu einem gemeinsamen Gespräch zu kommen. Sagt, was ihr zu sagen habt und endet mit einer Frage. Bewegt sie dazu, zu antworten. Wenn sie sagen »O.K.«, dann sagt: »Ich möchte lieber fünf oder sechs zusammenhängende Worte hören.« Wenn

sie dann antworten: »Was meinen Sie denn damit?«, dann sage: »Gut! Das war sehr gut. Jetzt lasst uns weitermachen.« Hast du sie erst einmal in ein Gespräch verwickelt, dann kannst du ihnen Orientierungshilfe für ihre Entscheidungen geben, sie können Verantwortung lernen und Selbstwertgefühl entwickeln.

Frage: Ich mag keine Bestrafungen und ich verstehe, was du über Kommunikation sagst. Ich bin Lehrer und habe Schwierigkeiten mit meinen Schülern, die zwischen neun und elf Jahre alt sind. Ich möchte, dass sie begreifen, dass sie nicht damit durchkommen, wenn sie etwas falsch gemacht haben. Ich befürchte, dass manche dieser Kinder mit Banden in Kontakt sind. Ich habe versucht, mit ihnen innerlich zu sprechen, aber ich weiß nicht, ob ich ihnen so helfe, die Konsequenzen ihres Verhaltens zu begreifen.

Kiraël: Ich bin froh, dass du durch Gedanken mit ihnen sprichst. Aber manchmal musst du den ganzen Gedanken auch verbalisieren. Erkläre ihnen: »Hört zu, ihr sollt nicht denken, dass ihr damit durchkommt. Ich sage euch jetzt von ganzem Herzen, dass ich euch nicht dafür bestrafen will, weil es darum nicht geht. Doch ihr sollt wissen, dass ihr nicht damit durchkommen werdet, wenn ihr so weitermacht. Ihr werdet einen Preis bezahlen müssen, wie auch immer der aussieht. Lasst euch das gesagt sein.«

Frage: Warum entscheiden sich viele Kinder für die Erfahrung von Drogen?

Kiraël: Bitte haltet mich nicht für unhöflich, aber wenn euer Kind Drogen nimmt, dann liegt das daran, dass irgendwann die Kommunikation abgebrochen ist. Wenn sie abgebrochen ist, wenden sie sich an das Nächstbeste, was ihnen hilft so zu tun, als sei es nicht Wirklichkeit. Drogen repräsentieren das, was nicht wirklich ist. Im Grunde sind die Kinder nicht bereit, ihrer Wirklichkeit ins Gesicht zu sehen – sie können nicht damit umgehen. Also müssen sie ihre Realität verändern und dazu nehmen sie Drogen.

Ich spreche weiter über Kommunikation. Kommuniziert immer in Wahrheit. Denkt daran, es geht nicht darum, sie durch Angst zum Gehorsam zu bringen, sondern es geht um ehrliche, offene Kommunikation. Bleibst du in der Wahrheit, so wird sich in eurer Beziehung Vertrauen entwickeln. Eure Beziehung wird nicht nur auf Respekt beruhen, sondern auf Liebe, auf leidenschaftlicher Liebe.

Frage: Kannst du etwas über den Unterschied sagen zwischen einem Chef, der ganz damit beschäftigt ist, durch seine Machtdemonstration etwas beweisen zu wollen und einem Chef, der einfach seine Aufgabe erledigt?

Kiraël: Danke, das ist eine wunderschöne Frage. Wenn du ein Chef bist, der seine Macht demonstrieren muss, wenn du dich aufblasen und deine Angestellten daran erinnern musst, wer du bist, würde ich sagen, dass du ein ziemlich großes Problem hast. Die Wahrheit ist, dass du dich im metaphysischen Geschäftsleben nie als Chef darstellen musst. Hast du also das Bedürfnis, dich etwas aufzuplustern, so mach dir klar, dass das der Schöpfung widerspricht. Du denkst nicht an die guten Dinge, die du mit deinem Geschäft bewirken kannst, sondern nur daran, wie du dich selbst schützen kannst. Deswegen ist das ein ernsthaftes Problem.

Wenn du deinen Betrieb so führen würdest, wie du selbst gern geführt werden würdest, wäre er erfolgreich. Die Wahrheit ist, dass niemand von einem Schwächling geführt werden will, denn der Chef muss Entscheidungen treffen. Die Mitarbeiter wollen also von einem starken Chef geführt werden, der Entscheidungen trifft. Andererseits will niemand angeschrieen oder angelogen werden oder für einen Chef arbeiten, der sein Wort nicht hält. Also führe deinen Betrieb so, wie du gerne geführt werden würdest: Stark, fair und mit Respekt.

Heutzutage arbeiten die Leute nicht nur um des Lohnes willen. Es gibt immer mehr Menschen da draußen, die wirklich gute

Arbeit leisten und dafür Anerkennung verdienen. Die Anerkennung gibt ihnen die Energie zu sagen: »Ich habe diese Lektion gemeistert, jetzt geht es weiter zur nächsten.« Was bedeutet das? Das bedeutet, sie erhöhen ihre Arbeitsleistung. Wäre es nicht aufregend, meine Freunde, wenn ihr zwanzig Mitarbeiter hättet, die ihr volles Potential erreichen würden?

Frage: Wie kann man aus Sicht des Betriebs bestimmen, was ein fairer Profit ist?

Kiraël: Was für eine gute Frage! Du weißt, dass es ein guter Profit ist, wenn der größte Teil deiner Beschäftigten glücklich ist mit dem, was sie tun, wenn du alle Rechnungen bezahlen kannst und dann immer noch ein bisschen Geld übrig hast. Das nenne ich einen fairen Profit. Wenn du allerdings dein Geschäft betreibst, um möglichst viel Geld zu machen, dann, meine ich, wirst du in ungefähr vier bis fünf Jahren eine Menge Schwierigkeiten haben.
Die Hauptverantwortung eines Unternehmers liegt darin, Menschen einen Ort zu bieten, wo sie für ein faires Entgelt arbeiten können. Und wenn du danach immer noch Geld auf der Bank hast, würde ich sagen, dass es ein fairer Profit ist.

Frage: Kannst du uns deine Meinung über Kapitalbildung sagen und wie man angesichts der heutigen Geldmärkte genug Kapital bilden kann, um ein Geschäft aufzubauen?

Kiraël: Aber gerne. Als Erstes musst du erkennen, dass jeder Gedanke Wirklichkeit erschafft – wenn nicht jetzt, dann in Zukunft. Eure Gedanken haben Macht. Wenn du nicht genug Geld hast und über Mangel nachdenkst, was wird dann wohl geschehen? Du wirst weiterhin mittellos bleiben. Doch wenn du von Wohlstand ausgehst und darauf vertraust, dass er eintreffen wird, wird es so geschehen.

Das zweite Konzept ist, dass du niemals das Anlagekapital in etwas investieren solltest, bei dem es nicht ab einem Umkehrpunkt wieder zurückfließt. Schau dir die Rendite an und wie hoch dein Risiko ist.

Und jetzt, mein Freund, hör gut zu. Verteile das Kapital so schnell, so klug und so sicher wie möglich. Auch wenn auf diese Weise deine Einzelinvestitionen niedrig sind, könnte doch eine davon die große Rendite bringen, nach der du suchst. Du wirst feststellen, dass sich die Renditen zusammen verzahnen und du so zu einem schönen Netzwerk an Einnahmen kommst.

Hast du schon einmal gesehen, wie Vögel ihre Nester bauen? Genauso verweben sich die Elemente eines Geschäfts spiralförmig miteinander. So macht sich deine Investition bezahlt, und wenn dann ein Zweiglein an der Seite runterfällt, schadet ihr das nicht. Die miteinander verwobenen Renditen bilden eine Familie und ein Bewusstsein.

Wenn du ein Geschäft aufbaust, denke daran, zwischen den Mitarbeitern familiäre Beziehungen zu fördern. In einer Familie fühlt man sich sicher. Egal wer welchen Ball fallen lässt, es wird einer da sein, um zu helfen ihn wieder aufzuheben. Ich hoffe, das beantwortet deine Frage, mein Freund.

Frage: Wenn wir uns auf ein Geschäft einlassen oder in eine Beziehung begeben, bringen wir unser persönliches Gepäck mit. Wenn ein Mensch Ängste oder ungelöste Probleme hat, drückt sich das meistens in Spannungen, Konflikten oder Uneinigkeiten aus. Wie können wir das in einem sicheren Rahmen so ansprechen, dass die Person es verstehen kann, dass der Kern des Problems erkannt und ein Gefühl der Unterstützung vermittelt wird?

Kiraël: In einen Betrieb kommt jeder mit seinem eigenen »Gepäck«, wie du es nennst. Lerne zu erkennen, wenn jemand »Übergepäck« mit sich schleppt und wie du ihm oder ihr helfen kannst, es abzuladen. Im Übergepäck steckt meistens eine Menge Müll. Sortiert einfach diesen Müll aus, dann braucht ihr ihn nicht mehr mit herumzuschleppen. In jedem Betrieb, in jedem Wesen sollte es jemanden geben, der umher geht und mit den Nieren spricht, mit dem Herzen, der Leber, den Lungen und sogar dem Gehirn. Diese Person sollte fragen: »Wie können wir etwas von dem Gepäck loswerden, das dich belastet?« Rede mit deinen Mitarbeitern. Es ist nicht nur ein Job, es ist eine Lebensweise. Wenn alle sich Zeit nehmen würden, einander zuzuhören, würden sie das Gepäckproblem selber lösen. Die meisten Menschen können sich selber heilen. Wenn in deinem Betrieb also alle von Herz zu Herz miteinander reden können, wird das Gepäck verschwinden.

Frage: Wenn jemand mir viel Geld geben will, das Geld jedoch unrecht erworben ist – wird das Auswirkungen auf mein Geschäft haben?

Kiraël: Das ist eine wunderschöne Frage, mein Freund. Wer beurteilt das Geld überhaupt? Wenn du in deinem Herzen weißt, dass es unrecht erworben ist – zum Beispiel gestohlen –, dann wirst du etwas von dem Karma übernehmen, das daran gebunden ist. Wenn du das Gefühl hast, dass etwas damit nicht stimmt, hast du vermutlich Recht. Sieh dein Geschäfts-Wesen wie einen Menschen – angenommen, jemand würde dir einen Becher Gift anbieten, würdest du ihn trinken? Ich glaube nicht. Es ist völlig egal, ob in dem Becher ein Diamant ist, denn wenn du trinkst, stirbst du. Was nützt dir der Diamant, wenn du tot bist? Du denkst vielleicht: »Könnten wir es nicht mit weißem Licht bestrahlen und so tun als ob?« Das könnt ihr, aber – es wird euch einholen, meine Freunde.

Frage: Hat es wirklich einen Wert über HAARP und Boom-Box-Projects nachzudenken oder sich darüber aufzuregen? Sollten wir uns nicht darauf konzentrieren uns selbst zu bessern, anstatt uns Sorgen zu machen über Dinge, über die wir keine Kontrolle haben? Oder sollten wir ständig Weißes Licht und gute Schwingungen aussenden?

Kiraël: Du hast es erfasst. Ich möchte nicht, dass ihr mit einem Demonstrationsschild herumlauft, aber ich möchte, dass ihr euch dieser Projekte bewusst seid.

Ihr besteht aus Zellen. Jede Zelle in eurem Körper hat ihr eigenes Gedankenbewusstsein. Wenn ihr ausreichend viele dieser Zellen aktiviert und mit ihnen Weißes Licht oder gute Gedankenschwingungen erzeugt, könnt ihr das im Universum verändern, was dem Guten entgegengesetzt ist. Jetzt ist die Frage, wer will darüber urteilen was gut oder schlecht ist? Ihr könnt das nur für euch selbst entscheiden. Wenn ihr euch dieses HAARP-Thema anschaut und es nicht mögt, so schickt Liebe oder Weißes Licht in die Erde und in die Atmosphäre. Das wird sofort eine Veränderung bewirken. Vielen, die das lesen, wird das ein bisschen unerreichbar erscheinen, aber ich will euch sagen, ihr werdet alle anfangen müssen daran zu glauben, dass ihr etwas verändern könnt, ohne jemandem zu schaden oder etwas zu beschädigen. Stellt euch die Frage: »Entspricht es dem Licht des menschlichen Ursprungs?« Lautet die Antwort: »Ja«, so unterstützt es.

Wut verändert nichts, denn Wut ist die dunkle Seite der Angst. Wenn du wütend bist, heißt das, dass es da tief in dir irgendetwas gibt, wovor du dich fürchtest. Angst ist nicht die Antwort.

Du kannst auf der irdischen Ebene etwas verändern, indem du in dir selbst deine Ängste auflöst und dich für die Liebe öffnest. Konzentriere dich darauf, dich selbst zu verändern, dann wird sich die Welt um dich herum automatisch ebenfalls verändern. Wenn du Liebe bist, so werden sich die anderen um dich herum einfach durch deine Gegenwart verändern. Die Liebe wird dich umströmen. Auf diese Weise veränderst du die Welt – indem du dich selbst veränderst. Du brauchst nirgendwo hinzugehen und etwas Großartiges zu vollbringen, um der Welt einen Dienst zu erweisen. Du veränderst die Welt einfach, indem du an dir selbst arbeitest. Und wenn du dich mit anderen zusammentun möchtest, um in Liebe zu wirken oder wenn ihr zusammen in Liebe meditieren wollt, gilt euch mein wärmster und tiefster Dank.

DREI

Das Wiedererwachen zum Christus-Bewusstsein

Ihr sollt wissen, meine Freunde, dass einer der größten Meister, die je auf dieser Erde wandelten, um euren Mut, euren Glauben und eure Bereitschaft bittet, wieder heil und ganz zu werden. Manche von euch nennen Ihn »Jesus Christus«. Manche von euch nennen Ihn »den Christus«. Manche von euch nennen Ihn einfach »Jesus«. Wenn es euch nichts ausmacht, werde ich Ihn »Meister Jesus« nennen.
Die Meister-Jesus-Energie wurde in Bethlehem von der Jungfrau Maria und dem Wesen Joseph geboren und kam auf die irdische Ebene, um etwas zu verändern. Er war eine absolut wunderschöne Energie. Eure Geschichtsschreibung berichtet, dass Er Anfang Dreißig war, als Er begann, Wunder zu vollbringen. In Wahrheit begann Er viel früher damit, aber die Wunder wurden nicht als solche erkannt, weil Er es vermied, Aufmerksamkeit auf sich zu lenken.
Im Alter von ungefähr dreißig Jahren begann der Meister Jesus mit Seinem eigenen großen Wandel. Manche sagen, dass die Lebensenergie des Meisters Jesus sich ausgerichtet hatte und alles, was Er begonnen hatte, ein neues und bedeutenderes Gewicht erhielt. Dies wird auch der »Übergang der Lebenskraft« genannt

und allgemein als Christus-Bewusstsein akzeptiert. Eines Tages stand Er nämlich mit anderen Sterblichen geduldig in einer Reihe und wartete darauf, dass Johannes Ihn im Namen Seines Vaters taufen würde. Die anwesende Menschenmenge erschrak zutiefst, als sie Seine Verwandlung sah. Die gesamte Existenz schien eine neue Wirklichkeit anzunehmen. Die Energie des Schöpfers fuhr wie ein Donnerschlag in den Meister Jesus. Jetzt wurde Er wieder eins mit den Kräften, die Ihm verliehen worden waren, und Er ging hinaus in die Welt, um als Heiler der ganzen Menschheit zu dienen.

Allen, die das Wirken des Meisters Jesus aufzeichneten, war klar, dass Seine Botschaft und die Wahrheit, um deren Verbreitung willen Er gekommen war, das »Heilen durch Liebe« war. Diese Worte sind in weniger als zwei Sekunden ausgesprochen, doch bis zum heutigen Tag hat die Menschheit Seine Worte: »Alles, was ich tue, werdet ihr auch tun«, nicht wirklich verstanden. Er wollte der Welt begreiflich machen, dass die Heilung von allem, auch von Mutter Erde, zu dem freudigen Ereignis werden kann, als das sie eigentlich gemeint war, wenn ihr erkennt, dass die Liebe alle Veränderungen und Verwandlungen übersteht. Die Mächtigen werden dann nicht mehr durch die Androhung von Verurteilungen und durch selbsterzeugte Ängste die Mehrheit in Schach halten. Denn dieser Große Wandel wird die Schwingung erhöhen, so dass es klar wird, dass die Liebe der Sieger über alles ist.
Vor sehr langer Zeit, in der Epoche der Pharaonen, wurde Geschichte mündlich überliefert. So wurden zum Beispiel die Geschichten der Bibel jahrtausendelang mündlich von Generation zu Generation weitergegeben. Schließlich wurden diese Geschichten aufgeschrieben und in viele Sprachen übersetzt. Doch aus vielerlei Gründen wurden die Texte dabei verändert. Mit Hilfe der Akasha-Chronik will ich manche dieser Informationen wieder zurechtrücken. Die Akasha-Chronik ist eine Dimension, in der alles aufgezeichnet ist, was je geschehen ist und was je geschehen wird. Jeder kann in diese Aufzeichnungen

Einblick erhalten, doch erlaubt mir, es euch zu übersetzen, bis ihr genug Übung darin habt. Wisset, dass ich nicht hier bin, um irgendjemanden vor den Kopf zu stoßen, vor allem will ich niemandes religiöse Überzeugungen beleidigen. Ich will auch nicht beweisen, dass ich Recht habe, denn ich brauche gar nichts zu beweisen. Ich will nur eine andere Betrachtungsweise anbieten und stelle dafür eine Reihe von Tatsachen fest, die ich als Wahrheiten erkenne.

Religion war nur ein Teil der Lehre des Meisters Jesus. Er brachte Seine Energie wahrhaftig mit der Erde in Einklang, damit alle erkennen können, dass jeder Mensch sein Vierkörper-System meistern kann. Dieses Vierkörper-System besteht aus vier scheinbar unterschiedlichen Schwingungen: der physischen, der emotionalen, der mentalen und der spirituellen. Wenn ihr die Bibel aufmerksam lest, werdet ihr Hinweise darauf finden, dass Er alle vier Körper heilen konnte und dass Wunder in das Universum nur so hineinsprudelten, sobald diese vier Körper in Einklang gebracht wurden.

Die Bibel berichtet viele Geschichten über den Meister Jesus und Sein großartiges Werk. Doch die Erzähler tauchen nur selten in die wahre Bedeutung der intensiven Energie ein, die der Meister Jesus fokussieren konnte. Diejenigen, die mit Ihm reisten, verbanden sich in einem riesigen, unerschrockenen, vereinigten Mastermind der Gedankenenergie, um die wahre Heilung des Vierkörper-Systems zu verstärken.

Oft wird gefragt: »Wenn der Meister Jesus über solche Heilungskraft verfügte, warum fanden dann nur ein paar Auserwählte Erleuchtung und nicht die gesamte Menschheit?« Die Wahrheit ist, dass es Menschen gibt, die nicht geheilt werden wollen. Gründe gibt es viele, selbst wenn die meisten es nicht offen zugeben würden. Selbst in der heutigen Welt kann eine Krankheit bei einigen geheilt werden und bei anderen nicht. Der Meister ehrte immer den freien Willen der Person. Kein Wunder wurde je vollzogen, ohne dass es inbrünstig erbeten war.

Die Lehren des Meisters Jesus sind so umfassend, dass man schon über Seine einfachsten Handlungen Bände schreiben könnte. Viele der Geschichten könnten so verstanden werden, als urteile der Meister Jesus über richtig und falsch. In Wahrheit beruhte Sein geistiges Amt jedoch nicht auf Angst oder Verurteilung, das hätte nicht mit Seiner Lehre übereingestimmt. Seine Botschaft war Wahrheit, die auf Liebe und Heilung beruht. Meister Jesus sagte einmal, Liebe sei die Ansammlung reiner Lichtgedanken aus der Urquelle, welche die Essenz des Empfängers sanft wiegen. Wie könnte eine solche Energie über Seine Brüder und Schwestern zu Gericht sitzen?

Für wie viele der Leser dieses Buches spielt Geld – oder der Mangel desselben – eine wesentliche Rolle in ihrem Leben? Und wie vielen davon ist klar, dass auch der Meister Jesus den Mangel als Teil Seiner Wirklichkeit erlebte?

Als der Meister Jesus ungefähr vierzehn Jahre alt war, verließ Joseph, Sein Vater, die Erde durch einen »Unfalltod«. Bis zu diesem Zeitpunkt hatte die Familie unter Josephs Fürsorge gut gelebt. Für den Fall seines Todes hatte sein Arbeitgeber versprochen, für die Familie in der Zeit der Not zu sorgen. Als sich der Meister Jesus jedoch zusammen mit Seiner Mutter und Seinem Bruder Jakobus nach Josephs Tod an den Arbeitgeber wandte, wurde behauptet, dass es keine solche Vereinbarung gegeben habe und sie daher auch kein Geld bekämen. Niedergeschlagen kehrten sie zu dem Rest der Familie zurück. Von da an war der Meister Jesus der Ernährer der Familie. Zusammen mit Seiner Familie erfuhr Er Mangel und erkannte dessen wahre Bedeutung.

Also, meine Freunde, wenn euer Zustand nicht so ist, wie ihr es gerne hättet, erinnert euch an diese Botschaft und begreift, dass ihr in dieser Situation genauso eure Wahrheit finden könnt wie der Meister Jesus. Es gibt viele Aufzeichnungen von Geschichten über den Meister Jesus, die euch heute noch nicht zugänglich sind. Eines Tages werden sie allen offen zur Verfügung stehen und viele Geheimnisse werden enthüllt werden. So wie es viele ersehnen, wird die Wahrheit Wirklichkeit werden.

Lerne das Selbst kennen

Die dritte Dimension ist eine Illusion der Glaubenssysteme. Ihr kommt hierher, um Erfahrungen zu machen und alles, wonach ihr wahrhaft verlangt, sind Erfahrungen. Habt ihr euch dafür entschieden, Schwierigkeiten und Herzeleid zu erfahren, dann wird es so sein. Doch ihr könnt das ändern, wenn ihr dafür bereit seid. Dann begebt ihr euch in die »Magie der Hundert Prozent«. Ihr nehmt keine Abkürzungen mehr in eurem Leben, sondern geht direkt geradeaus, bis ihr das empfangt, von dem ihr wisst, dass es rechtmäßig euer ist.

Jede Unze von Energie, die ihr hier auf Erden einsetzt, dient dazu, mehr und mehr über euch selbst zu lernen, auf dass ihr erleuchtet und wieder Eins mit eurer Schöpferenergie werdet. Das ist alles, was der Meister Jesus getan hat. Er kam hier auf die Erde, um alles zu erfahren, was Er nur konnte. Er lernte arm zu sein, krank zu sein, zu heilen und Wunder zu vollbringen. Er erfuhr das Leiden des Todes dieser irdischen Ebene, nur um wieder zu inkarnieren, als Beweis dafür, dass das Leben ewig und dass der Tod nur ein Übergang zu einer anderen Bewusstseinsebene ist. Er wurde in die Welt wiedergeboren, um Seine Verpflichtung Mutter Erde und der Menschheit gegenüber zu vollenden. Der Schöpfergott schuf einen Raum, in dem der Meister nicht nur Erfahrungen machen konnte, sondern auch Seine Worte: »Alles, was ich tue, werdet ihr auch tun« verstärken konnte.

Alle Erfahrungen sind erlaubt, denn wie könnten all das Leiden und Herzweh, dem ihr euch manchmal aussetzt, in der Christus-Energie möglich sein, wenn ihr es nicht erfahren solltet? Wäre es möglich gewesen, dass der Große Schöpfer zu Meister Jesus gesagt hätte: »Wir schicken dich vollständig verkörpert auf die Erde und du wirst von allem nur das Höchste empfangen. Du wirst nie Probleme haben. Du gehst einfach nur hin, um die Menschen zu heilen und auf der irdischen Ebene zu tun, was du tun willst. Dann holen wir dich wieder rauf in den Himmel und zurück in die Schöpfer-Energie.« Wie hätte Meister Jesus dann so klar sein

können? Hätte Er dafür nur den Menschen in die Augen schauen und deren Schmerz zu sehen brauchen? Oder wäre es besser gewesen, wenn Er die Möglichkeit gehabt hätte, es zu erfahren?
In Seiner jetzigen Position zur Gotteskraft verfügt Er auf diese Weise nicht nur über das Wissen um Schmerz und Leid, sondern Er hat es auch in Seiner menschlichen Essenz erfahren. Er kennt den inneren Ablauf eurer Erfahrungen und Er weiß, wie jeder Mensch anfangen muss, die nötigen Antworten zu empfangen, damit die Evolution weitergehen kann.

Urteil und Rückblick

Das Urteilen scheint ein untrennbarer Bestandteil dieser irdischen Reise zu sein. Viele religiöse Glaubenssysteme drehen sich um irgendeine Art höherer Wesenheit, die über die sich entwickelnden Seelen urteilt. Wahrscheinlich hat man euch schon als Kindern beigebracht, dass Gott euch strafen oder verurteilen würde, wenn ihr etwas Schlimmes getan habt. Meistens war dies einfach eine Art, euch durch Furcht zum erwünschten Verhalten zu bewegen. Könnt ihr euch einen Schöpfer vorstellen, der die gesamte Schöpfung betrachtet und jede einzelne Tat nach gut und böse beurteilt?

Wenn ihr hier auf die Erde kommt, um alles zu erfahren, was es gibt, dann sind so genannte »Fehler« unvermeidlich. Doch was, wenn es gar keine Fehler wären? Was wäre, wenn sie die einzige Möglichkeit für euch darstellen würden, das Wesentliche dieser Reise zu erfahren? Das wahre Urteilen entsteht bei der Rückkehr zur Quelle. Sobald ein Mensch aus dieser Wirklichkeit scheidet, also stirbt, schaut er auf die eben erfahrene Inkarnation zurück. Dieser Rückblick findet in der Gegenwart der Christus-Energie, dem Höheren Selbst und meistens einem Schutzwesen, wie einem Engel, statt. Aus einer Perspektive des Lernens betrachtet ihr, wie ihr jede Erfahrung durchlebt habt. Ihr betrachtet jedes Detail und jeden Aspekt dieser Inkarnation und wenn dabei etwas verurteilt wird, dann geschieht es durch euch selbst. Ihr entscheidet, ob ihr es anders gemacht haben könntet. Wenn euch Lektionen unvollständig erscheinen, merkt ihr sie euch, um sie im nächsten Leben zu wiederholen.

Zum Beispiel könnte ein Thema dieser Rückschau die Gier und das Ansammeln großer Reichtümer der vergangenen Inkarnation sein. Vielleicht lag es in der Absicht eurer Seele, die Bedeutung eines bequemen Lebens zu erkennen, indem ihr in einem gewissen Wohlstand lebt. Stattdessen wurde das Anhäufen von Besitz zur Besessenheit und ihr hattet kein Mitgefühl mehr für jene, die euch dabei vielleicht im Weg standen. Eines Tages wird dann die Klarheit des Reichtum Ansammelns ersetzt durch die Freude am Leben zu sein und einfache Dinge erhalten Bedeutung, wie zum Beispiel für das geliebt zu werden, was du bist und nicht für das, was du hast. Ihr seht also, meine Freunde, dass es sinnlos ist, die Reichtümer eines anderen zu verurteilen.

Der Weg der Wiederkehr

In dem gleichen Sinne fragte mich einst jemand: »Wenn Gott, oder das Göttliche, ein gerechter, wahrer und liebender Gott ist, wie konnte Er es zulassen, dass Sein einzig eingeborener Sohn hier auf die Erde kam, so ein Leben lebte und, ans Kreuz genagelt, elendig starb?« Ich erklärte, dass ihr aus dieser Perspektive, wenn ihr euren Schöpfergott nicht in der höchsten Weisheit seht, wahrscheinlich nicht das seht, was zu sehen ist. Es ging hier nicht darum, was Gott dem Meister Jesus angetan hat, sondern mehr, welche Erfahrungen Er ihm ermöglichte. Es ist genauso, wie wenn ihr in eurem Leben Gott anruft und fragt: »Wie konntest Du mir das antun?« Gott hat euch nichts angetan, meine Freunde. Ihr habt eure eigenen Programme formuliert. Ihr habt eure eigenen Leben verarbeitet. Gott ist mit Seiner Liebe immer bei euch, auf dem ganzen Weg. Aber ihr müsst mit Ihm in Kontakt treten. Ihr müsst eure Herzen öffnen und sagen: »Mein Gott, lass Deinen Sohn, den Meister Jesus, in mein Herz.« Ihr werdet sehen, was dann geschieht.

Meister Jesus sprach oft von der Reise der Liebe, die mit der Geburt beginnt. Alle kommen in reinster Form auf die Erde, in einer Energie, die »Liebe« genannt wird, und erst im Laufe der Zeit lernen sie die Angst. Die Unschuld eines neugeborenen Kindes kennt keine Angst, bis ein Erwachsener seine Stimme in Ärger oder Zorn erhebt. Diese Emotion erzeugt eine neue und vibrierende Empfindung in dem Kind, die auf Grund ihrer intensiven Energie für zukünftige Verwendung im Gedächtnis gespeichert wird. Schon in frühem Alter lernen die meisten Menschen, Angst mit Erregung gleichzusetzen. Diese Erfahrung nehmen sie dann mit in ihr Erwachsenenalter, ohne je zu begreifen, dass die Liebe über genau die gleiche Kraft verfügt.

Eine der größten Ängste ist die Angst vor dem Gefühl der Leere, die Angst davor, den Rückweg zum Schöpfer nicht mehr wiederzufinden. Manchmal scheint die Reise so voller Schmerz und Leid, dass alles verloren scheint. Ich versichere jeder sich entwickelnden Seele, dass das nicht möglich ist. Jede Seele hat sich dafür entschieden, zurückzukehren, nur der Zeitpunkt ist verschieden. Das Endergebnis ist immer dasselbe, denn der Schöpfer heißt alle am Ende ihrer Reise willkommen. Erinnert euch daran, dass alles in Einklang mit dieser Energie ist. In dem Bewusstsein, welches der Meister mit sich bringt, wird keiner zurückgelassen.

Liebe und Heilung

Wie bereits gesagt, wird die Menschheit beim Eintritt der Erde in die Vierte Dimension das Konzept der Liebe begreifen und sich auf die größte Liebe von allen hinbewegen: »Agape«, die bedingungslose Liebe. Dies ist die Energie, welche die Fünfte Dimension durchdringt. Wenn ihr die Bedeutung der Liebe wirklich versteht, werdet ihr die Fähigkeit zur Selbst-Liebe entdeckt haben. Diese Art von Liebe ist nötig, um jede andere Art von Liebe zu erkennen. Daher ist es unmöglich, das Gefühl der Liebe zu erfahren, ohne zunächst das Selbst zu lieben.

Die meisten erkennen, dass der Meister Jesus Seine Essenz so auf dieser Erde fokussierte, dass Seine Lehre der Liebe und der Heilung zu einem planetarischen Glaubenssystem werden konnte. In dieser großen Energie, die eure irdische Ebene von dem einfachen Über-die-Erde-Gehen bis hin zum Der-höchste-Beschützer-Sein durchdrungen hat, haben jene, die Sein Licht und Seine Liebe verstehen, auch begriffen, dass Er hierher kam, um unsere Fähigkeiten zu heilen und zu lieben wieder zu erwecken.

In diesem Erwachen, müsst ihr verstehen, geht es wirklich und wahrhaftig um ein inneres Gefühl. Es heißt, Liebe sei nur ein Wort, doch hinter dem Wort steht ein Konzept, welches euch in die gesamte Schönheit bringen kann, nach der ihr euch sehnt. In diesem Zusammenhang sprach Meister Jesus davon, die Brüder und Schwestern in aller Welt zu heilen und Er sprach über die Heilungen all der Großen Meister, die über die Erde wandelten. Es war schon immer das große Sehnen des Christus-Bewusstseins, jedem Wesen auf dieser Erdenebene das Verständnis zu vermitteln, dass die Christus-Energie bereits in euch ist. Jeder Einzelne muss begreifen, dass das Christus-Bewusstsein erwacht ist und dass bei diesem Erwachen nur erwartet wird, dass ihr die Schönheit erkennt. Ihr braucht sie nicht zu verherrlichen, sondern nur zu erkennen, dass sie bereits Teil von euch ist und dass ihr ein Teil des Universums seid. Denn, meine Freunde, das Christus-Bewusstsein ist Teil des Universums.

Ein vereintes Bemühen wird erforderlich sein, um die planetarischen Gedankenmuster von vorwiegend negativen in positive zu verwandeln. Diejenigen, die damit anfangen, das Licht zu verbreiten, werden feststellen, dass es ansteckend ist und viel produktiver als Angst. Wer sich mit seinen Mitreisenden in Liebe verbindet, wird die Kraft entdecken, die entsteht, wenn Wahrheit, Vertrauen und Leidenschaft in seinem Wesen dominieren. Das hat mit der Essenz eurer Herzenergie und mit dem Erkennen der Einheit zu tun.

Konzentriert euch ganz darauf, euer Licht zu stärken. Dabei entzündet ihr das Licht im Selbst und es wird sich zu allen ausbreiten, die um euch herum sind. In der Verbreitung dieses Lichtes liegt das Verständnis der Wahrheit der Einheit. Gott hat viele Namen und kann auf vielerlei Art gesehen werden, doch es gibt nur eine Schöpfer-Gott-Energie. Wenn der Wandel vollendet ist und wir zur Gottes-Energie zurückgekehrt sind, sind wir Gott. Licht, in seinem Wesen, wird zur Wirklichkeit des Selbst. In dieser Wirklichkeit wählt es die Mittel, durch die es schwingen wird. Es wird sich in viele Dinge verwandeln, die alle kollektiv zum Licht zurückkehren. In diesem Licht erkennt ihr euch selbst als einen Teil der Gesamtheit, und indem ihr die Gesamtheit versteht, werdet ihr Eins mit dem Selbst. So gebt ihr allem in eurer Reichweite die Möglichkeit, das niedere Selbst in das Licht des Höheren Selbst zu überführen.

Viele von euch, die ihr euer Lernen als Trance-Medium oder als Kanal anderen mitteilt, werden eines Tages das erfahren, was Meister Jesus klar verstand. Viele von denen, die hierher kamen, um zu lehren, wurden auf ein Podest gestellt und so sehr geliebt, dass die Liebe sich in Angst verkehrt, die das angreift, was sie liebt, bis hin zum Tode, damit die Liebe wieder sicher empfunden werden kann. Einfach ausgedrückt kann man sagen, dass die Menschen manchmal etwas oder jemanden so sehr lieben, dass sie das Gefühl haben, die Kontrolle zu verlieren und sich daher vor dem Geliebten fürchten. Aus Angst töten sie es und sei es nur, um seine Sterblichkeit zu beweisen. Dann ehren sie die Erinnerung daran, indem sie ihre Liebe zeigen. So wurde der Meister Jesus behandelt. Dabei sprach er die Worte: »Sucht nicht meinen Weg zu begreifen, sucht nur tief in eurer Seele euch zu erinnern, dass ihr und ich eins sind und dass daher meine Liebe eure Liebe ist. Geht, indem ihr eintretet, in Liebe.«

Fragen und Antworten

Frage: Sind Gott und Jesus wie wir, nur höher entwickelt?

Kiraël: Nun, das ist die Wahrheit. Wenn du sagst, dass sie genauso sind wie du, sprichst du die Wahrheit. Sie sind Lichtwesen in einem Muster von Licht, genau wie ihr es in Wahrheit seid. Beschränkt euch nicht auf diesen dreidimensionalen Körper, der diese Dimension erfährt. Die Wahrheit ist, dass ihr Lichtwesen seid oder Energiemuster, die Teil der Schöpfer- oder Gott-Energie sind. Jesus Christus, der in der Gestalt eines Menschen kam, ist das Gleiche wie ihr.

Frage: Warum ist Jesus Gottes Sohn?

Kiraël: Aus dem gleichen Grund, aus dem ihr Gottes Söhne und Töchter seid, meine Freunde. Wir alle sind Erweiterungen der Schöpfer-Energie. Der Meister Jesus kam auf die Erdenebene, um neues Licht zu bringen und einen Weg der Liebe und des Lichts zu offenbaren. Euer Schöpfer hat es gewählt, dass ihr erkennen könnt, wie ihr aussehr. Meister Jesus wollte euch zeigen, wie ihr aussehen könnt, im Gegensatz zu dem, wie ihr es wählt auszusehen.

Frage: Musste Jesus auch mit karmischen Themen umgehen?

Kiraël: Aber sicher, mein Freund. Er hatte karmische Themen, die Er erzeugt hatte. Ihr müsst wissen, dass dies Sein erster Durchgang als Meister war. Er hatte noch nicht viele Leben durchlebt, bevor Er sein Werk auf der Erdenebene begann. Er war nach dem Bilde Gottes erschaffen, um ein Sterblicher zu werden. Mit dem Bilde Gottes meine ich, dass ein Lichtwesen den Körper eines Sterblichen annimmt. Er erzeugte in Seinem Leben Karma und Er musste sich da hindurcharbeiten, einfach um zu erleben, wie das ist.

Frage: Wer waren Jesu Geistführer?

Kiraël: Gabriel und Michael waren zwei Seiner Geistführer. Er arbeitete viel mit den Erzengeln, aber bedenkt, dass Er Zugang zum Christus-Bewusstsein hatte, welches nur dem Schöpfer untergeordnet ist. Er verwendete das Engelreich auch, um Seine Wünsche an Maria Magdalena, Petrus, Joseph und die anderen Apostel zu übermitteln.

Frage: Wer hatte in Jesu jüngeren Jahren großen Einfluss auf Ihn?

Kiraël: Einer der Menschen, die auf den jungen Meister Jesus besonders starken Einfluss ausübten, war ein gelehrter, weitgereister Händler. Meister Jesus lauschte seinen Erzählungen über das, was es draußen in der Welt gab. So erfuhr Er, dass es mehr in der Welt gab, als Er sich vorstellen konnte und beschloss, Sein Wissen zu erweitern.
Vor dem Alter von dreißig Jahren ist nur wenig über das Leben Jesu bekannt. Es war ein Leben voller »Irrungen und Wirrungen«. Der Schöpfer ließ Ihn Sein Leben genauso durchleben wie euch. Doch manche von euch wiederholen ihre Erfahrungen in mehreren Leben. Meister Jesus verfügte nicht über diesen Luxus der Wiederholung. Er musste so viel wie möglich in einem Leben vollenden, während manche von euch in vielen Leben arm waren oder in vielen Leben schlimme Beziehungen durchlebten und drei bis vier Leben lang krank waren. Vielleicht kommt irgendwann der Punkt, an dem ihr über diese Dinge hinauswachsen und wie der Meister Jesus erkennen müsst, dass ihr all das heilen könnt.

Frage: Wurden die Lehren des Meisters Jesus nach seinem Tod verändert?

Kiraël: Die Frage rührt an ein Thema der Geschichte, welches gewöhnlich verdeckt bleibt, und die Antwort wird unweigerlich den Glauben vieler Menschen stören. Wie immer bitte ich euch daher, nichts im Leben wortwörtlich zu glauben, denn alles kann interpretiert werden.

Petrus und Paulus waren zwei der machtvollen Wesen, die Seite an Seite mit dem Meister wirkten. Ich greife sie heraus, weil jeder von ihnen einen bedeutenden Beitrag zu dem Werk des Meisters lieferte. Petrus oblag es, in der Perfektion fortzufahren, die Meister Jesus begonnen hatte. Er begab sich auf eine Reise und richtete Plätze ein, an denen die von ihm Unterwiesenen die Lehren Christi fortführen konnten. Den größten Teil seines Lebens verbreitete er getreulich die Worte der Heilung, der Liebe und der unbeirrbaren Konzentration auf die Rückkehr zum Schöpfer.

Das klingt alles so weit ganz annehmbar, doch wenn sich die Rolle von Paulus entfaltet, regt sich bei vielen der Widerspruch. Warum? Während Petrus seine Arbeit machte, wurden die frühen Christen vielfach verfolgt. Zunächst beeindruckte das die Autoritäten nicht sehr, da die meisten Anhänger der neuen Lehre aus den unteren sozialen Schichten stammten. Als sich das veränderte und Leute von höherem sozialen Stand begannen, die Lehren zu verstehen, führte der Bewusstseinswandel zu niedrigeren Staatseinnahmen. Die Zuwendungen, welche zuvor die Schatztruhen der Mächtigen füllten, wanderten jetzt teilweise in die Kirchen, welche von den Anhängern des Meisters Jesus gegründet worden waren.

Die seit Jahrhunderten den Künsten und der Kultur zugewandten Griechen hatten plötzlich neben dem mächtigen römischen Reich auch noch mit geringeren Einnahmen zu kämpfen. Weder die griechische noch die römische Armee war stark genug, an zwei Fronten gleichzeitig zu kämpfen: eine auf dem Schlachtfeld und eine gegen die zurückgehenden Einnahmen von jenen, die den Weg von Jesus und all dem, wofür er stand, gewählt hatten.

Paulus sah eine Möglichkeit, die gnadenlose Verfolgung der Anhänger des Christus-Bewusstseins zu bremsen. Er vermittelte eine Abmachung zwischen dem griechisch-römischen Imperium und den höheren Vertretern der neuen Christenheit.

Dabei kam ein Arrangement heraus, in dem die Regierung sich wie eine religiöse Institution verhalten konnte, was die Illusion einer Trennung zwischen Staat und Kirche erzeugte. Im Laufe der Jahre entwickelte diese Abmachung ein Eigenleben und die Kirche gewann an Macht. Durch die dramatische Zunahme an Anhängern wurde die Kirche schließlich zu der Macht, die beide Regierungen lenkte.

Die Kirche wurde so stark, dass es notwendig wurde, sie zu teilen, um ein Gleichgewicht der Kräfte aufrechtzuerhalten. Seitdem wurden viele der Kriege im Namen der Religion geführt. Ist dies die Wahrheit oder nur das Gerede irgendeiner Energie aus der Siebten Dimension? Euer Herz wird die Antwort wissen, sobald es die Möglichkeiten ganz erfasst und die Puzzleteile zusammengesetzt hat. Und jene, die von diesen Möglichkeiten verstört sind, erinnere ich daran, dass es Zeit ist, euch dem zu öffnen, was euch mitschwingen lässt, wenn nicht jetzt, dann bald.

Frage: Es scheint so, als ob das Konzil von Nicäa bei der Formalisierung der Religion und der Bibel viel von der weiblichen Energie weggelassen hat. Wann wird die männliche Dominanz sich auf eine ausgeglichenere männlich/weibliche Orientierung hin bewegen?

Kiraël: Auch diese Frage führt zu vielen Kontroversen. Selbst in der heutigen Bibel wird die Tatsache erwähnt, dass es eine weibliche Energie war, welche die ersten Reinkarnationen des Meisters Jesus erkannte. Die Bibel zeigt auch, dass die Jünger dieses große Ereignis nur zögerlich bezeugen wollten. Ihr wundert euch vielleicht, warum dieser große Meister sich zuerst einer weiblichen Essenz zeigte? Das ist ganz einfach. Das Weibliche, ob in seiner vollen Essenz oder ausgeglichen in männlich/weiblich, wurde durch seine Intuition immer zur Klarheit geführt. All meine vorwiegend männlichen Freunde, nehmt mir das bitte nicht übel.

In der Vergangenheit hat die weibliche Energie hauptsächlich im Hintergrund gewirkt, denn dadurch ergibt sich ein viel weiterer

Blick. Deswegen wurde der größte Teil der Geschichte aus einer männlichen Perspektive überliefert. Die Wahrheit ist jedoch, meine Freunde, dass ein großer Teil eures Wissen über die Vergangenheit stark von der weiblichen Energie durchdrungen ist. Schaut euch eure heutigen Herrscher an und entscheidet selbst, ob es da nicht irgendwo einen weiblichen Einfluss gibt. Könnt ihr euch vorstellen, dass ein mächtiger Führer eines großen Landes eine schöne, intellektuelle Partnerin hat und nicht auf die enorme intuitive Essenz zurückgreift, die sie zu seinen täglichen Amtsgeschäften beisteuern kann? Stünde ein großer Prinz nicht auch unter dem Einfluss seiner schönen Prinzessin? Genauso könnt ihr euch fragen, ob die Essenz von Mutter Maria, Martha, Maria Magdalena und anderen wie ihnen nicht auch zu ihrer Zeit einen großen Einfluss ausübte.

Zuletzt erinnert euch daran, dass alles, was nicht mit den Lehren des Meisters in Einklang stand, von Seiner Energie zur Seite gedrängt worden wäre. Schon allein deshalb musste diese Essenz im Hintergrund bleiben und dem Fokus des Männlichen den Vortritt lassen

Ja, meine Freunde, es gab tatsächlich eine weibliche Energie mit großem Einfluss, doch es wird mehr als meine Energie notwendig sein, um die meisten Menschen davon zu überzeugen, wenigstens einmal darüber nachzudenken. Haltet euch an die Wahrheit, dass, wenn alles offenbart wurde, deutlich sein wird, dass die weibliche Energie genauso machtvoll war wie alle anderen. Lasst uns beten, dass zumindest die weibliche Seite der großen Führer in der friedvollen Bewegung dieser Reise immer angesprochen werden wird.

Frage: Gehörte die Kreuzigung des Meisters Jesus zu Gottes Plan?

Kiraël: Alle Pläne sind von Gott. Dieses Ereignis, welches ihr »die Kreuzigung des Meisters Jesus« nennt, war natürlich mehr als das Ende des physischen Lebens des Meisters. Tatsächlich fingen damit die Massen an, sich der Tatsache bewusst zu werden, dass die Zeit, an der ihr festhaltet und die ihr Leben nennt, nur ein kleiner Teil eurer Gesamtheit ist und dass eine Zeit kommen wird, in der alles Leben sich zu einem höheren Bewusstsein aufschwingt und zur Reise in eine neue Welt wird. Die Geschichte hat gezeigt, dass ein paar mächtige Menschen die Wirklichkeit der Massen kontrollieren, aber vertraut darauf, meine Freunde, dass das diesmal nicht der Fall sein wird. In Wahrheit wird die Essenz des Meisters das Erdenleben durchdringen und alle werden daran erinnert, warum der Meister bereit war, Seine Existenz auf diese Weise zu opfern. Glaubt mir, es war nicht umsonst.

Frage: Als Christus auferstand und verkörpert zurückkehrte, war es da Sein Geist, der physische Form angenommen hatte?

Kiraël: Die Antwort auf eine Frage wirft oft weitere Fragen auf. Ich sage ganz klar, dass die Christus-Energie nie von der menschlichen Existenz getrennt war. Viele suchen von unterschiedlichen Ebenen aus nach der Christus-Energie, doch die Wahrheit ist, dass diese Energie immer mit euch war.
Als es der Schöpfer für angemessen hielt, Seinen Sohn der Erdenebene anzubieten, brauchte Er lediglich genug Energie zu fokussieren, um eine menschliche Verkörperung zu erschaffen. Jede Essenz, egal in welcher Form oder Gestalt, ist das Ergebnis dieses Fokus, der in vielen Ebenen auftritt. Zum Beispiel wird berichtet, dass Christus, als Er nach Seiner Auferstehung zum ersten Mal gesehen wurde, keine feste Gestalt besaß. Das lag daran, dass Er nur so viel fokussierte Energie einsetzte, wie nötig war, um Seine Essenz für die Anwesenden erkennbar zu machen. Wie könnten vernünftigerweise so viele Menschen an Seine Erscheinung geglaubt haben, wenn Er nicht genug Energie fokussiert hätte, um physisch sichtbar zu sein? Einfach durch den Fokus kann in der Welt des Geistes alles Wirklichkeit werden.
Es gibt viele Gründe dafür, warum ein Meister dieser hohen Stufe es wählt, zu reinkarnieren. Im Fall dieses lichtvollen Meis-

terwesens lag es daran, dass Er nicht die ganze Bandbreite der Wirklichkeit erfahren konnte, zu der ein Mensch fähig ist. Mit Hilfe der »Aspekt«-Inkarnation war es Ihm möglich, die von Ihm erwünschten wunderbaren Dinge zu vollenden, die Ihm als inkarniertem Meister nicht möglich waren. Um das wirklich zu begreifen, müsst ihr die Theorie der Aspekte kennen. Erinnert euch daran, dass jede Person auf dem Weg zur Erleuchtung zu einem gewissen Zeitpunkt diese »Aspekt«-Wirklichkeit verwenden wird, um ihre gegenwärtige Inkarnation mit mehr Leben zu erfüllen.

Frage: Reiste Jesus nach Amerika?

Kiraël: Es gibt eine ganze religiöse Gruppe, die davon überzeugt ist, dass der Meister Jesus in Amerika war. Er konnte astralreisen und sich selbst überall hinversetzen, wo Er gebraucht wurde. Erinnert euch, dass Er als hoch entwickelte Christus-Energie überall mit so viel fokussierter Energie erscheinen konnte, wie Ihm notwendig erschien.
Sprecht mit euren indianischen Brüdern und Schwestern. Wenn sie von dem Sohn des Großen Lichts sprechen, dann meinen sie den astral gereisten Jesus. Bis zum heutigen Tag verlassen sie sich sehr auf die Ratschläge und Führung aus der geistigen Welt. Die Ältesten lehren, dass sich jede fokussierte Realität nach eigenem Willen in die Dritte Dimension einblenden kann.

Frage: Erlebte nach der Kreuzigung die ganze Welt jene Tage der Dunkelheit oder nur die Gegend, in der sich Meister Jesus aufhielt?

Kiraël: Das hängt von der persönlichen Wahrnehmungsebene ab, wie diese Zeit ohne Licht erfahren wurde. Tatsächlich war die ganze Erde in »lichtloses« Verständnis getaucht, doch manche haben es nicht bemerkt, weil es für sie noch nicht an der Zeit war zu erwachen. Das ist der Unterschied zwischen verschiedenen

Arten des »Wandels«. Zu jener Zeit war es eine freie Entscheidung, wer teilnehmen und sich erinnern wollte und wer nicht. Bei dem jetzigen Großen Wandel werden sich alle daran erinnern und in der einen oder anderen Form Teil des Ganzen sein.

Frage: Meister Jesus war der größte Heiler auf Erden. Wie vollzog Er Seine Heilungen? Channelte Er dazu eine spezielle Energie?

Kiraël: Meister Jesus schloss sich an die Schöpfer-Energie an und sagte: »Lass mich ein Kanal für die wunderbare Lichtenergie sein, die in der Wirklichkeit der Liebe wohnt.« So vollbrachte Er das, was als »Wunder« bezeichnet wird.

Wenn ihr wollt, könnt ihr einfach den Meister Jesus anrufen und Ihn bitten, eure Hände zu führen und eure Essenz während der Heilung zu erleuchten. Wenn ihr Meister Jesus bittet, eure Hände zu erleuchten, wenn ihr den Schöpfer bittet, euer Herz zu leiten und den Heiligen Geist bittet, euch Kraft zu geben, lasst ihr die als »Dreieinigkeit« bekannte Wirklichkeit lebendig werden.

Jesus ist immer mit Seinem ätherischen »Stoff«, mit Seinem Heiligenschein dargestellt worden. Der Grund dafür liegt in Seiner Essenz auf der irdischen Ebene. Er war zwar durch den Leib der Mutter Maria inkarniert, doch zu einem bestimmten Zeitpunkt wurde Er zur Christus-Energie und war nicht mehr der Meister Jesus von Nazareth. Als Christus-Energie standen ihm alle Dimensionen offen. Seine Heilfähigkeit floss Ihm aus vielen Dimensionen zu. Wenn Er heilte, leuchtete der Heiligenschein noch heller, weil Ihm aus anderen Dimensionen Kräfte zuflossen. Das ist es, was Er auf die Erde brachte und – Er nahm es nicht mit sich als Er ging. Er brachte die Wahrnehmung der Heilung mit sich, auf dass alle die Möglichkeiten erkennen, die darin liegen, Seinem Weg zu folgen.

Frage: Die Heilungen des Meisters Jesus scheinen sofort stattgefunden zu haben. Wie können wir solche Heilungen erreichen?

Kiraël: Als der Meister Jesus über die Erde wandelte, kamen große Menschenmengen zu Ihm, nur um in Seiner Nähe zu sein. Das Christus-Bewusstsein nährte Tausende von Menschen und wurde von ihnen verstärkt. Mit all der Kraft, die aus Seinen Händen strömte, konnte Er gar nicht anders als heilen. Das Massenbewusstsein von Tausenden von Menschen kam in Seiner Wirklichkeit direkt vor Seinen Händen zusammen und bildete einen Mastermind der Schöpfung. Er legte Seine Hände in Sein Glaubenssystem der Dreifaltigkeit und gemeinsam mit dem Glauben Tausender von Menschen wurden die Kranken unmittelbar geheilt. Er legte Seine Hand auf einen Leprakranken und der richtete sich auf, seine Wunden trockneten und seine Augen wurden klar. Alle Anwesenden wussten, dass es geschehen würde.

Meister Jesus hat gesagt: »Was ich tue, könnt ihr auch.« Von diesen Worten sollten die Menschen aufgerüttelt werden und verstehen, dass dies nichts mit Magie oder wundersamen Fähigkeiten eines Einzelnen zu tun hatte. Es war einfach die Botschaft, dass alle ein Teil des Geistes sind und dass eure Klarheit darüber entscheidet, was ihr zur Heilung der Welt beitragen könnt. Lasst eure Beschränkungen los, denn diese Dimension wird bald in der Essenz dieser Liebe baden.

Frage: Kommt man durch das Prana-Atmen und indem man die Energie aus dem physischen Körper herausdrückt mit den höheren Dimensionen in Verbindung?

Kiraël: Genau. Es ist nicht so einfach, mit dem dreidimensionalen Körper umzugehen. Wenn ihr ihn mit einem bestimmten Schwingungsmuster in Verbindung bringt, verändern sich die Dinge. Mit der Prana-Atmung erweitert ihr die Muster. Wir (die Geistführer) vergrößern euch. Ihr könnt es vielleicht in der physischen Welt nicht sehen, aber ihr könnt spüren, wie euer Körper sich erweitert, weil sich die Molekularstruktur erweitert. So machte der Meister Jesus Seine Heilarbeit. Er legte den Kopf zurück, in das Abbild des Schöpfers. Diese Energie holte Er dann durch einen Kanal, der direkt bis zum unteren Ende der Kundalini verlief, mitten in das Zentrum Seiner Verkörperung. Ihr könnt in euch selbst einen richtigen Kanal erschaffen, eine Art Röhre, die in eurem Körper von eurem Kronen-Chakra aus bis zu eurem Wurzel-Chakra verläuft. Dann könnt ihr diese Energie bitten, in euch zu fließen und euren Körper zu heilen. Ihr habt dann vielleicht immer noch das Gefühl, einen festen Körper zu haben, aber mit jedem Mal wird euch deutlicher werden, dass dem nicht so ist. Dann könnt ihr diese Energie durch eure Hände schicken oder durch euer Drittes Auge und nach eurem Gutdünken einsetzen. Ihr könnt sie sogar durch eure dreidimensionalen Augen schicken, einfach indem ihr euch darauf konzentriert.

Frage: Ich hätte gerne, dass du noch etwas über diejenigen sprichst, die Heilung empfangen.

Kiraël: Alle Heiler müssen klar werden, denn nur wenn der Heilung Suchende auf allen Ebenen versteht, warum er seine Beschwerden hat, besteht eine kleine Chance der vollständigen Genesung.
Die Wahrheit ist, dass alle Krankheiten dazu dienen, die dem persönlichen »Lehrplan« entsprechenden Lernerfahrungen zu machen. Ein Mensch mit einer Krankheit wie Krebs kann vielleicht in mehreren vorigen Leben eine perfekte Gesundheit gehabt haben. In diesem Leben hat er sich eben entschieden, alles über diese »Krankheit« genannte Sache herauszufinden, zum Beispiel Schmerzen zu verstehen, Kontrollverlust oder auch den Tod durch Krankheit. Was auch immer die persönliche Reise sein mag, sie erlaubt es dem Menschen, das für ihn Passende auf die bestmögliche Art zu lernen.
Wenn ihr zum Beispiel die Diagnose »unheilbar« nicht annehmt und nach einem alternativen Heiler sucht, liegt die Lektion für euch vielleicht darin, zu einer klaren, zweifelsfreien Überzeugung zu gelangen, dass diese Krankheit geheilt werden wird. Habt ihr das begriffen, so schaltet ihr den Heiler ein, um mit seiner Hilfe

herauszufinden, wie ihr die Lektionen dieser Reise vervollständigen könnt. An diesem Punkt kann der Heiler die Energie auf die Ebene des zellulären Gedächtnisses richten und den Wiederherstellungsprozess einleiten. Jede Zelle des Körpers erinnert sich an ihre Vollkommenheit und wenn sie davon überzeugt ist, dass die Lektion abgeschlossen ist, kann jede Zelle vom Licht dazu geführt werden, sich an ihre Vollkommenheit zu erinnern. So kann die Heilung nicht nur beginnen, so wird sie auch beginnen.
Die meisten Menschen würden sich auf der bewussten Ebene dem Heilungsprozess niemals entgegenstellen. Deswegen ist es so wichtig, sich an die vielen Arten zu erinnern, wie ihr mit dem Vier-Körper-System arbeiten könnt, damit die Seele in der Tiefe die Erfahrungen machen kann, die ihr in euer Leben eingewoben habt.

Frage: Wie wichtig ist es, die Wurzel einer körperlichen Krankheit zu kennen, um vollständig zu heilen und jeden Rückfall zu vermeiden?

Kiraël: Die eigentliche Ursache der Krankheit beginnt in der Welt des Geistes und kulminiert im Körper. Wenn ihr das nicht begreift, ist es sehr schwierig, die Lektion wirklich zu beenden, und erst durch diesen Abschluss kann der Heiler den körperlichen Teil der Heilung vollziehen.

Frage: Können wir uns in der Meditation mit dem Christus-Bewusstsein und dem Schöpfer verbinden? Ist das der Grund, aus dem du uns immer wieder so zur Meditation ermutigst?

Kiraël: Ja. Das ist eine direkte Verbindung zum Christus-Bewusstsein. Manche benutzen Meditationen, um aus dem Körper zu gehen oder sich mit ihren außerirdischen Freunden zu unterhalten. Es ist in Ordnung sie zu besuchen, doch Meditation lässt sich für so viel mehr verwenden. Ich muss immer wieder wiederholen, dass Meditation der einzige Weg für euch ist, um Antworten auf eure

Gebete zu hören. Es ist sinnlos, um Dinge zu bitten, wenn ihr nicht auf die Antworten hört. Der einzig wahre Zustand, um die Worte zu empfangen, nach denen ihr euch sehnt, ist die Meditation. Es ist mir egal, wenn ich mich damit wiederhole, ich kann es gar nicht oft genug sagen.

Frage: War Jesus die erste Verkörperung des Christus-Bewusstseins?

Kiraël: Um das zu beantworten, möchte ich euch daran erinnern, dass alle Lebensformen tatsächlich auf mehreren Ebenen gleichzeitig existieren. Die einfache Antwort wäre: Nein. Die Wirklichkeit ist aber komplex und das bedeutet, dass das Christus-Bewusstsein existierte, lange bevor die Zeit gemessen wurde. Es wäre also zwecklos zu sagen, dass Meister Jesus von Nazareth die erste Verkörperung gewesen sei. Große Meister wie dieser sind an keine Regeln gebunden und diese Energie hat schon viele Formen angenommen und hat sich in allen Dimensionen bewegt, einschließlich der euren.

Frage: Hat das Christus-Bewusstsein in den letzten zwei Jahren Seines Lebens von dem Körper des Meisters Jesus Besitz ergriffen?

Kiraël: Schon im Alter von sechzehn oder siebzehn Jahren arbeitete der Meister Jesus sehr eng mit dem Christus-Bewusstsein zusammen. Zu jener Zeit bat man Ihn, mehr zu predigen, so begann Er mit Seinen Reisen und dies war die Zeit, in der Er mehr mit dem Christus-Bewusstsein in Kontakt trat.
Ungefähr zu der Zeit, von der du gesprochen hast, begann Er ganz mit dem Christus-Bewusstsein in Resonanz zu gehen. Seit Seiner Geburt hatte Mutter Maria Ihm von der Botschaft des Erzengels Gabriel erzählt, dass Er etwas Besonderes sei, dass Er die Menschen zu einem besseren Leben hinführen würde, einem Leben mit einem tiefen Verständnis von Liebe und Heilung.

Frage: Könnte man einfach ausgedrückt sagen, dass Meister Jesus ein Medium für das Christus-Bewusstsein war?

Kiraël: Nun, das wäre etwas simpler ausgedrückt, als es mir lieb ist. Eine Definition von »Medium« lautet, dass es ein Mensch ist, der zu einem gewissen Zeitpunkt seinen physischen Körper so weit ruhigstellt, dass ein nicht erdgebundenes Wesen seine Schwingung so weit senkt, dass es in den Körper eingehen und sich seiner Funktionen bedienen kann. Bei der Christus-Energie handelte es sich natürlich um ein endgültigeres Aufnehmen, in dem Sinne, dass sie, nachdem sie einmal empfangen war, erst nach Vollendung der Reise wieder ging.

Frage: In Büchern über die Hierarchie wird das Christus-Bewusstsein als eine bestimmte Stufe erwähnt. Ist es also eher ein Zustand, der erlangt werden kann, oder eher eine Energie?

Kiraël: Die Frage lässt sich auf unterschiedliche Arten beantworten. Das Christus-Bewusstsein ist ein bestimmtes Verständnis eurer jetzigen Schwingung auf der Erde. Die Antwort lautet also: Ja, es kann erlangt werden. Die eigentliche Frage ist jedoch: Würde man das Erwachen erkennen? Die Wahrheit ist, dass diese Energie alle Ebenen der Evolution durchdringt und gleichzeitig der letzte Evolutionsschritt vor dem Verstehen des »Alles« ist.

Frage: War Buddha im Christus-Bewusstsein? Gab es andere Menschen auf der Erde, die auch dieses Bewusstsein widerspiegelten?

Kiraël: Buddha war einer der großen Meister hier auf der Erde. Meister Jesus und Buddha waren ganz klar verschieden und doch dasselbe. Sie nahmen unterschiedliche physische Körper an, doch in ihrer Essenz waren beide Söhne Gottes. Tatsächlich gab es viele von ihnen, mein Freund, aber die meisten sind leider nicht sehr bekannt. In letzter Zeit sind nur wenige von ihnen auf der Erde erschienen. Beim »Christus-Bewusstsein« sprechen wir eigentlich über eine Energie, die als »Sohn Gottes« bekannt ist. Sei es im Namen Buddhas oder was auch immer euch angenehm ist: Die Großen Meister sind unter euch.

Frage: Wie werden die organisierten Religionen, die sich der Aspekte Jesu bewusst sind, mit dem Christus-Bewusstsein oder dem Höheren Selbst umgehen? Werden sie verstehen, dass sie Teil des Christus-Bewusstseins sind und anfangen, diese Liebe zu leben? Mein Ziel ist es, dieses Verständnis in die organisierte Religion einzubringen. Ich möchte nicht das Gefühl haben, mich in einem religiösen Umfeld auf die eine Art verhalten zu müssen und mit Menschen, die im Christus-Bewusstsein leben auf eine andere.

Kiraël: Viele Menschen machen zurzeit so etwas durch. Sie möchten innerhalb der formalen Religionen bleiben, doch sie haben begriffen, dass, wenn wir alle Teil der Gott-Energie sind, wir auch alle Teil des Christus-Bewusstseins sein müssen. Ich kann euch nur sagen: Bleibt beim inneren Suchen. Sucht im Innen. Versucht nicht, irgendjemanden von dem großen Unterschied zwischen den Worten und den Taten beziehungsweise der Notwendigkeit, sie in Übereinstimmung zu bringen zu überzeugen, vor allem nicht in den organisierten Religionen. Sucht weiter im Inneren und versucht, die Antworten zu finden, denn wenn ihr sie gefunden habt, braucht ihr keiner der Seiten mehr etwas zu erklären. Dann versteht ihr sie alle in ihrer eigenen Vollkommenheit, aber vor allem versteht ihr dann die Vollkommenheit des Selbst. Alles, was die Christus-Energie hier auf Erden je vermitteln wollte, war, den Christus im Innen zu finden, die Vollkommenheit des Lichts unseres Großen Schöpfers.
In der Vergangenheit haben leider viele formalisierte Religionen euch mit Hilfe von Angst dazu gebracht, bestimmte Glaubensmuster aufrechtzuerhalten. Diese Angst ist im Laufe der Zeit in sich zusammengefallen, weil immer mehr Menschen so wie ihr

zu dem Schluss kamen, dass es im Leben noch anderes geben muss als in Angst zu leben – sei es in Angst vor einem Autounfall oder davor, in eurem Beruf nicht gut genug zu sein oder was auch immer. Das ist nicht der Weg der Christus-Energie, ihr sollt nicht in Angst leben.

Die formalen Religionen werden übrigens noch sehr lange da sein. Sie müssen sich verändern, damit wunderbare Menschen wie ihr erkennen können, dass ihr Christus genauso nahe seid wie jeder, der eine schwarze Robe trägt. Der Tag wird bald kommen, an dem jeder in seinem eigenen Tempo reisen kann, ohne in irgendein Glaubenssystem gedrängt zu werden. Dann werden sich alle in ihrem eigenen Tempo entwickeln können, und weil jeder so damit beschäftigt sein wird, nach der Wahrheit zu streben, werden die Menschen einander nicht mehr nach richtig und falsch beurteilen.

Frage: Verschiedene Religionen warten auf den Erlöser. Wird für sie das Gleiche wie das Christus-Bewusstsein kommen?

Kiraël: Wenn ihr das Wort »Religion« verwendet, schafft das sofort Raum für eine Auseinandersetzung. Wenn ihr euch auf das Kommen eines so genannten »Erlösers« konzentriert, gebt ihr eure eigene Fähigkeit, eure eigene Wahrheit zu entdecken, auf. Diese »Erlöser« haben die Menschheit nie verlassen, sie haben nur jedem einzelnen von euch erlaubt, sich in seiner eigenen Geschwindigkeit zu entwickeln. Sie waren immer hier und werden nie jemanden im Stich lassen, der den Lebensweg klarer zu begreifen sucht. Ihr braucht euch nur an die Zeiten zu erinnern, als die Welt um die Menschen herum zusammenzubrechen schien und diese in ihrer Verzweiflung solch wundervolle Energien wie die des Christus um Hilfe anflehten. Ihr Rufen wurde auf die eine oder andere Art erhört. Solche Menschen wirst du mühelos davon überzeugen können, dass Christus hier und jetzt da ist.

Frage: Ich versuche, mehr Christus-Bewusstsein in die Klassenzimmer zu bringen. Das bedeutet für mich, mehr Liebesenergie einzubringen. Ich habe ein Kind, welches immer mehr von mir zu fordern scheint, je mehr ich ihr Liebe gebe. Sein Verhalten hat sich verschlechtert und ich habe das Gefühl, bei ihm versagt zu haben. Ich versuche einen Weg zu finden, damit umzugehen.

Kiraël: Das Erste ist, weder über das Kind noch über dich selbst zu richten. Wenn du, indem du ihm diese Energie gegeben hast, alles getan hast, was du konntest, dann lass es einfach sehen, dass Liebe in Verbindung mit Heilung das ist, was alle Schwierigkeiten überwindet.
Erinnere dich daran, dass nicht jeder mit großen Portionen Liebe auf einmal umgehen kann. Es ist so ähnlich, als würde man Kindern bis zu ihrer Jugend keinen Zucker geben. Ihr meint vielleicht, dann bräuchte man ihnen nur einen Zuckerwürfel zu geben und sie wären begeistert. Doch da irrt ihr vielleicht. Möglicherweise finden sie das, was andere so lieben, ganz unangenehm. Wenn sie sich jedoch in kleinen Mengen im Laufe der Zeit daran gewöhnen, wollen sie auch irgendwann mehr davon haben. Glaubst du, dass das bei dem kleinen Mädchen, mit dem du arbeitest, anders ist? Gib nicht auf. Die Großen Meister haben dich auch nicht aufgegeben.
Lasst uns dies noch etwas weiter ausführen. Wenn du diesem Mädchen all die Christus-Energie oder Liebe gibst, die du geben kannst, wird es jeweils so viel aufnehmen, wie es kann. Wenn sie die Christus-Energie aufnimmt oder die Liebe, die ihr im Namen der Christus-Energie von jemandem geschickt wird, dann wird sich das wahrscheinlich erst einmal gut für sie anfühlen. Manchmal fühlt es sich vielleicht zu gut an und sie braucht eine Zeit, um sich darauf einzustellen. Wenn du deiner Entscheidung treu bleibst und weitermachst, so lange bis sie mehr will, wirst du mit der Erkenntnis belohnt werden, dass die Liebe zum Selbst alle Mangelgefühle auflösen kann.

Mein Rat für dich und deine kleine Freundin ist daher, dass du ihr zeigst, wie sie sich selbst lieben kann. Dann brauchst du sie nicht immer wieder aufzufüllen. Dieses Mädchen (Kiraël nimmt mit ihrer Energie Kontakt auf) wurde fast ihr ganzes Leben lang ungefähr einmal die Woche geschlagen. Und jetzt nimmt ihre Lehrerin sie plötzlich in die Arme, schaut sie freundlich an und erhebt nie die Hand gegen sie. Wie soll sie damit umgehen? Das kennt sie nicht und sie erinnert sich nicht mehr daran, wie sich das anfühlt, also weiß sie nicht, ob sie da mitmachen soll oder nicht. Was tut sie daher? Sie rebelliert. Das ängstigt dich und sie kehrt zu ihren Schlägen zurück. Jedes Mal, wenn du so mit ihr umgehst, rebelliert sie vielleicht ein bisschen mehr. Doch was ist, wenn sie eines Tages erkennt, dass Liebe vielleicht gar nicht so schlimm ist? Und wenn sie sich dann entscheiden sollte, in die andere Richtung zu rebellieren und zu sagen: »Ich lasse mich nicht mehr schlagen.« Vielleicht ist es ja deine Mühe wert.

Frage: Wie machen sich Engel in der Dritten Dimension bemerkbar?

Kiraël: Wann immer ein Engel in der Dritten Dimension in Erscheinung tritt, könnt ihr darauf wetten, dass etwas geschehen wird, was die Aufmerksamkeit der Massen erregt. Wenn der Große Wandel an Kraft zunimmt, werden sie überall mehr gesichtet werden. Zum Beispiel wird es mehr weinende und blutende Madonnen-Statuen geben. All solche Dinge nennen wir »Engel-Gegenwart«.
Das Engelreich arbeitet jetzt enger mit dieser Wirklichkeit als je zuvor. Sie setzen Kräfte ein, um sich für euch bemerkbar zu machen. Über sehr lange Zeit hinweg mussten sie mit der Dritten Dimension so umgehen, dass sie unbemerkt blieben. Jetzt haben sie die Freiheit, ihre Macht zu einem Teil eurer alltäglichen Existenz werden zu lassen.
Ihre Möglichkeiten in dieser Welt tatsächlich etwas zu bewirken, haben sich stark erweitert. Jetzt können sie sich direkt neben

euch verkörpern und mit euch zusammenarbeiten. Viele Engel haben sich entschieden, eine voll inkarnierte Existenz zu leben, nur um den Wandel mit euch gemeinsam hier zu erleben. Für manche ist es eine Gelegenheit, noch ein oder zwei Lektionen zu vervollständigen.

Aus welchem Grund auch immer sie gekommen sind, freut euch darüber, denn wenn es hier richtig losgeht, wird es euch sehr gut gehen, wenn ihr in ihrer Nähe seid. Wundert euch nicht, wenn ihr vielleicht mit einem zusammenlebt, während ihr dieses Buch lest. Ihr könnt euch sicher sein, dass so viele von ihnen zurzeit hier sind, dass ihr in den nächsten vierundzwanzig Stunden einem über den Weg laufen werdet. Wenn ihr ihm begegnet, strahlt ihn mit eurem Licht an, denn das ist die Wahrheit, die sie verstehen.

All jenen, die jetzt gerade ihre Essenz erkennen, sage ich: »Willkommen und danke, dass ihr eure heimatliche Wirklichkeit aufgegeben habt, um hier bei der größten Wandlung zu helfen, die es je in der Evolution gab.«

VIER

Photonen-Energie

Lange bevor die Zeit gemessen und aufgezeichnet wurde, begann in dem, was ihr die »Tiefen des Raumes« nennt, eine »Photonen-Energie« genannte Energiequelle ihre Reise zu ihrer Begegnung mit dem Planeten Erde. Der äußere Rand der Photonen-Energie wird der »Gürtel« genannt. Er befindet sich zurzeit gerade jenseits der Erd-Atmosphäre. Dieser Gürtel bewegt sich eigentlich nicht auf die Erde zu, sondern die Erde wird sich zu einem vorbestimmten Zeitpunkt in diese Energie hinein und hindurch bewegen. In diesem Kapitel beschreibe ich die Annäherung der Photonen-Energie, ihre Masse, ihre Verwendung nach dem Wandel und ihre Wirkung auf die Menschen und Mutter Erde. Folgt mir nun, damit ich euch diesen wunderbaren Prozess vorstellen und euch zeigen kann, dass es ein herrlicher Prozess ist, den ihr nicht zu fürchten braucht.
Obwohl die Photonen-Energie seit Tausenden von Jahren von der Galaktischen Bruderschaft beobachtet und von den Engeln überwacht wird, lassen sich Ausmaß und Art dieses Feldes nicht recht in menschlichen Begriffen messen. Daher bringen die höheren Kräfte diese Energie mit der Erdenergie in Einklang. Dieser Vorgang ist schon in anderen großen Wandlungen eingesetzt worden, um Energie in ein System zu bringen, welches mit seiner eigenen Energie nicht mehr funktionieren kann. Die neue Energie wirkt

lebensverlängernd, weil ihre Molekularstruktur den menschlichen Körper mit etwas in Übereinstimmung bringt, was als »Lichtkörper« bekannt ist. Die Photonen-Energie wird es den Menschen ermöglichen, ihre neue Mission zu erfüllen und das Wachstum zu erreichen, welches seit langem in Vergessenheit geraten ist.

Das Ankunftsdatum der Photonen-Energie hat sich mindestens vier Mal verändert. Ihr wundert euch vielleicht, wie etwas derart Bedeutendes einem so veränderlichen Zeitplan folgt. Der Grund dafür ist ganz einfach. Die Ankunft der Photonen-Energie steht in direktem Zusammenhang mit dem spirituellen Erwachen der Erdbevölkerung. Obwohl dieses Ereignis für kurz nach der Jahrtausendwende geplant war, hängt das genaue Datum von solchen Individuen ab wie denen, die zur Entstehung dieses Buches zusammengekommen sind, um das Erwachen der Menschheit zu unterstützen.

Die Empfänglichkeit der Massen für die Bitten der Mutter Erde kann und wird den Zeitpunkt dieses Prozesses beeinflussen. Eine überwältigende Menge der Belaubung der Erde wurde vernichtet, riesige Mengen an Müll sind in ihre Gewässer gekippt worden und Millionen Tonnen fremder Substanzen wurden in ihre Atmosphäre gespuckt. Im Zuge der Heilung ihrer Rotation und ihres Pulsschlags hat Mutter Erde allen Grund, ihre Reise zu verlangsamen, auf dass wir immer mehr Menschen in Einklang bringen, damit sie sich auf das aufregendste Ereignis in der Geschichte vorbereiten können.

Photonen-Energie ist Licht

Jetzt wollen wir auf das Phänomen der »Drei Tage Dunkelheit« zu sprechen kommen. Empfindet ihr bei diesem Ausdruck Angst? Das solltet ihr, meine Freunde, denn da geht es richtig los. Wir sprechen zwar von »Dunkelheit«, doch die Photonen-Energie ist eigentlich Licht. Ihr habt richtig gelesen: Licht, die Essenz von Lichtwesen.

Die Dunkelheit tritt als Folge des Eintritts der Erde in die Photonen-Energie auf. Der äußere Rand der Photonen-Energie, der Gürtel, ist äußerst dicht und definiert die Form dieses außergewöhnlichen Energiemusters. Die Erde wird ungefähr drei Tage brauchen, um den Photonen-Gürtel zu durchqueren, bevor sie in das Licht der Photonen-Energie eintaucht.

Wenn ich »Dunkelheit« sage, meine ich keine normale nächtliche Dunkelheit, wie ihr sie kennt. So etwas wie diese Dunkelheit hat die Menschheit noch nie erlebt. Sie ist so dicht, dass sie fühlbar ist. Ihr werdet eure eigene Hand selbst wenige Zentimeter vor euren Augen nicht sehen können. Mit dieser Dunkelheit geht eine unglaubliche Kälte und ein Gefühl der Leere einher, welches die ganze Welt durchdringen wird. All das liegt daran, dass die Erde bei ihrem Eintritt in den Photonen-Gürtel fast vollständig von der Energie der Sonne abgeschnitten ist.

Wenn der Gürtel durchquert ist, wird der Dunkelheit ein strahlendes Licht folgen. Das Licht der Photonen-Energie wird die Erde 24 Stunden am Tag erleuchten, obwohl die Zeit dann nicht mehr auf die gleiche Weise gemessen wird wie jetzt. Viele werden mit dem Eintritt in dieses Licht Schwierigkeiten haben, weil sich alles, sogar die Erscheinung der Erde, verändert haben wird. Die Erde wird durch die ersten Stufen ihrer Läuterung gegangen sein. All jene, die sich durch das Erlernen einfacher Konzepte, wie das Zentrieren in Meditation und erhöhte mentale Klarheit, auf dieses Ereignis vorbereitet haben, werden für die anderen ein leuchtendes Beispiel sein, dem sie folgen können. In den ersten Tagen werden alle versuchen zu begreifen, was geschehen ist. Zunächst könnte das ein wenig schwierig sein, denn die Erde wird so vollkommen erscheinen. Ihr könnt es glauben oder nicht: Schon dadurch, dass ihr dieses Werk lest und seine Konzepte begreift, könnt ihr eine neue Art zu leben erschaffen, die die Erde verwandelt.

Das Hintertür-Syndrom

Ich möchte gerne das von mir so genannte Hintertür-Syndrom etwas beleuchten. Wenn der Druck zunimmt, flüchten viele durch die Hintertür. Vor die Entscheidung gestellt, ihre Erfahrung zu vervollständigen oder zu vermeiden, wählen viele das Weglaufen. Der Grund ist klar: Die Angst vor Veränderung und Wachstum zusammen mit der Sicherheit des Festklammerns am Vertrauten hindert manche daran, die Gelegenheit wahrzunehmen.

Wenn euch dieses Thema beunruhigt, so fragt euch, warum? Das Bedürfnis nach Sicherheit ist höchstwahrscheinlich der Hauptgrund, weshalb die meisten Menschen leidvolle Erfahrungen innerhalb eines Lebens immer wiederholen. Wie viele Menschen kennt ihr, die eine schlechte Beziehung beenden, nur um genau solch eine wieder anzufangen? Die Situation ist die gleiche, nur die Gesichter ändern sich. Warum sollte irgendjemand so etwas wiederholt durchmachen wollen? Genauso wie bei allen anderen Lektionen erscheinen die Wiederholungen unsinnig, wenn die Wahrheit erst einmal begriffen wurde.

Neigt ihr in eurem eigenen Leben dazu, mit wesentlichen Themen auf diese Weise umzugehen? Ihr befindet euch nicht in der Minderheit, denn die meisten verbringen etliche Leben damit, auch nur kleinere Lektionen zu begreifen, während andere es zu genießen scheinen, in einem Leben so viel wie möglich zu lernen. Auf jeden Fall solltet ihr euch daran erinnern, dass es im Wesentlichen darum geht, die Erfahrung der Reise zu machen.

Die Informationen dieses Kapitels können Angst erzeugen oder von manchen dazu verwendet werden, ihre gegenwärtigen Erfahrungen zu vermeiden. Ich versichere euch, dass dies das absolut Schädlichste wäre, was ihr tun könnt. Ich verwende die Worte »absolut« und »das Schädlichste«, um der besonderen Betonung willen. Die hier vermittelten Wahrheiten können den Unterschied zwischen Erfolg und größerem Erfolg bedeuten. Diese neue Energie enthält Potential für die Evolution. Ihr solltet mit euren gegenwärtigen Erfahrungen fortfahren, weil sie euch in den anfänglichen Wachstumsstufen der Vierten Dimension eine höhere Ebene der Wahrheit sichern.

Es bleibt also wichtig, alles auf dieser Seite zu lernen, was euch möglich ist, damit ihr in dieser neuen Energie mit der höchstmöglichen Erfüllung aufwacht. Dass ihr dort aufwacht, steht nicht in Frage – zweifellos wird niemand diese Erfahrung missen wollen. Die Frage lautet daher eher: Wie viel des gegenwärtigen Plans bringst du in diesen neuen Einklang ein? Das setzt den Rahmen für das massenhafte Aufwachen, welches in reiner Wahrheit möglich ist. Die immer wieder durchlebten Erfahrungen der Dritten Dimension müssen abgeschlossen werden, bevor Mutter Erde aufsteigen kann.

Die Menschen sind sich entwickelnde Wesen, die im Laufe einer ungeheuer langen Reise alle Möglichkeiten erfahren wollen, das ist ihre wahre Natur. Ich sage »alle Möglichkeiten« mit Nachdruck, denn jeder hat dem Selbst gegenüber versichert, dass keine Lektion nur halb gelernt wird, denn ein unvollständiges Verständnis wäre einer nach totaler Klarheit strebenden Seele nicht dienlich. Um alle Möglichkeiten zu erfahren, muss die Suche nach vollständigem Verständnis viele Ebenen gleichzeitig umfassen. Jeder Versuch, eine Abkürzung zu nehmen und damit eine Erfahrung nicht ganz abzuschließen, führt nur zu extra Ballast in der neuen Wirklichkeit. In dieser neuen Energie kann so viel Schönheit erlebt werden, da wollt ihr euch sicher nicht mit alten Erfahrungen belasten. Lernt also mit neuem Eifer, dann braucht ihr in der Vierten Dimension keine Zeit mehr damit zu verschwenden.

Bereitet euch jetzt auf die Manifestation vor

Die Photonen-Energie schwingt auf einer viel höheren Frequenz, als die meisten von euch gewohnt sind. Das macht Dinge wie »Instant«-Manifestationen durch Gedanken in der Dritten Dimension möglich. Während sich die menschliche Essenz auf den

eigentlichen Wandel zubewegt, werden viele so etwas wie Wellen oder kurze Begegnungen mit der Photonen-Energie erleben. Das kann größere Bewusstheit, Heiterkeit und Klarheit hervorrufen, denen dann ein Gefühl der Niedergeschlagenheit folgt, wenn die Energie wieder aus der Erdenwirklichkeit herausschwingt. Daher ist es äußerst wichtig, gedankliche Klarheit und Reinheit durch Meditation aufrechtzuerhalten und im »Jetzt« zu sein.
Ich spreche über Vorbereitungen, damit ihr den Begriff des »Jetzt« versteht. Die Menschen leben oft in der Vergangenheit, weil sie sich dort sicher fühlen, oder sie tun so, als ob sie in der trügerischen Sicherheit einer Zukunft leben, die sich noch manifestieren muss. Ihr könnt die Zukunft nur manifestieren, wenn ihr euren Fokus auf das Jetzt richtet. Wünscht ihr euch zum Beispiel etwas für euer Leben, so seht ihr das gewöhnlich in der Zukunft. Das ist meistens ein Fehler, weil die so genannte Zukunft nie zur Wirklichkeit werden kann, solange sie nicht tatsächlich zum Jetzt wird. Erscheint es euch daher nicht sinnvoller, alles Erwünschte im »Jetzt« zu erschaffen?
Eine letzte Bemerkung: Was wäre denn, wenn ihr eure Energie auf die Tatsache ausrichtet, dass der Große Wandel zu einem bestimmten Zeitpunkt eintritt und es dann nicht geschieht? Was wäre, wenn er sich auf das nächste Jahr verschiebt, oder auf das übernächste? Was passiert dann mit all dem, was ihr in der Zwischenzeit eigentlich hättet beenden sollen? Ihr habt ausreichend Zeit, um die Erfahrungen zu vervollständigen, die sich euer höheres Bewusstsein vorgenommen hat, damit sie nicht weiter mitgeschleppt werden müssen. Dann kann sich die Seele, die sich entwickelt, auf der Grundlage der universellen Wahrheit zu neuen, aufregenden Bewusstseinsebenen aufschwingen. Lebt euer Leben jetzt. Erfahrt weiterhin eure jetzige Reise und erforscht alles, was euch möglich ist.

Begreift ihr, dass es im Leben darum geht, eure jetzigen Erfahrungen abzuschließen, so spielt der Zeitpunkt nur noch eine geringe Rolle. Wenn die Photonen-Energie mit der Erde verschmilzt, werden jene, die ihre Erfahrungen vollendet haben, so bereit für das Neue sein, dass ihnen nur noch der Kitzel der neuen Erfahrung bleibt.

Zentriert bleiben

Diesem einfachen Rat zu folgen wird die Verwirrung mindern und die Angst zerstreuen. Bleibt zentriert, dann kann der Körper seine Schwingung erhöhen oder senken, so wie er es braucht, um das auszugleichen, was um ihn herum vor sich geht, denn genauso wie manche von unseren tierischen Freunden haben auch die Menschen eingebaute Abwehr-Mechanismen, die sie in die richtige Schwingung versetzen, um Veränderungen zu überleben.
Im Laufe der Zeit sind die Menschen in ihrem Bedürfnis nach neuen Verständnisebenen nachlässig geworden – außer wenn es darum geht, große Mengen Geld anzusammeln. Wenn ihr noch nicht meditiert, dann ist dies ein guter Zeitpunkt, um damit anzufangen, denn es vermittelt euch ein Verständnis des Vier-Körper-Systems.
Die Meditation klärt die bewussten Denkprozesse. Ihr könnt dann nach Belieben mit eurem Höheren Selbst Kontakt aufnehmen und äußere Realitäten wahrnehmen, die ihr normalerweise nicht erkennt, weil das lineare Denken der Dritten Dimension euch nicht hinter den Schleier blicken lässt. Zusammen mit dem Gebet kann Meditation euch ermöglichen, die Schleier zu lüften, so dass ihr klare Einblicke gewinnt, wie ihr euch mit euren Erfahrungen in Einklang bringen könnt. Diese erhöhte Klarheit über eure Erfahrungen ist der Beweis für das, was ihr durch Meditation und Gebet erreichen könnt. Ohne die Verbindung zu eurem Höheren Selbst werdet ihr die Wirklichkeit weiter nur durch den Schleier hindurch wahrnehmen und eure größere Wahrheit, euer Vertrauen und eure Leidenschaft verleugnen. Meditiert, meine Freunde, meditiert.

Zeit und Kompression

In der Vierten Dimension wird die Photonen-Energie viele neue und aufregende Reisen bewirken. Eine davon hängt mit der Zeitmessung zusammen. Die meisten von euch haben das Gefühl, dass sich die Zeit beschleunigt, selbst in dieser Wirklichkeit. Das ist aber noch gar nichts! Unter dem Einfluss der Photonen-Energie wird die Zeit vollkommen umgebildet. Die durchschnittliche Lebenserwartung eines Menschen kann über hundert Jahre betragen, während sich der Atemrhythmus auf drei bis vier Atemzüge pro Minute verlangsamen wird. Ist das drastisch genug?

Wenn der Große Wandel stattfindet, werden alle dreidimensionalen Erfahrungen wie Beziehungen, Geld und Regierungen praktisch zusammenbrechen oder auf vielen Ebenen massive Veränderungen durchmachen.

Beinahe alles, was ihr kennt, befindet sich in beschleunigter Schwingung und ihr findet es vielleicht schwierig, zu begreifen, wohin das Leben verschwindet. Nun, herzlichen Glückwunsch, jetzt wisst ihr es: All das gehört zur Photonen-Energie. Liebt jeden Tag, den ihr hier seid. Liebt das Jetzt. In der Liebe schaut ihr nicht auf den nächsten Tag, sondern auf eure jetzige Wirklichkeit. Wenn ihr vom Morgen träumen wollt, so träumt und genießt es, aber lebt dabei im Jetzt. Wenn ihr nicht so durch die Gegend hetzen wollt, dann geht die Dinge etwas langsamer an. Nehmt eine Erfahrung, spielt mit ihr, nehmt sie auseinander und beendet sie dann, damit ihr zur nächsten übergehen könnt. Alles beruht auf Entscheidungen.

Alternative Energiequellen

Die Photonen-Energie, in die ihr euch hineinbegebt, ist eine offene Energiequelle. Sie bietet euch die Möglichkeit, unabhängig von Erdöl und den anderen Energiequellen zu werden, die zur Aufrechterhaltung eures gegenwärtigen Lebensstils so wichtig sind. Dies ist eine der Arten, wie die vorherrschenden Mächte euer

Wachstum beschränkt haben. Nun, ihr werdet diese Energiequellen nicht mehr brauchen, denn die Photonen-Energie wird euren Energiebedarf decken.

Jeder kann sich der Photonen-Energie bedienen, um daraus eine kraftvolle Energiequelle zu machen, die euer ganzes planetarisches System durchdringen wird. Zurzeit wird die Photonen-Energie nur von einigen wenigen tapferen Wissenschaftlern erforscht, aber sie haben noch nicht einmal die winzigsten Möglichkeiten entdeckt.

Niemand wird für die Photonen-Energie bezahlen müssen, denn sie wird in absolutem Überfluss vorhanden sein. Niemand wird sie einfangen und für sich behalten können. Daher wird keine Person oder Gruppe sie kontrollieren oder zu astronomischen Preisen verkaufen und damit die Bevölkerung wieder in Abhängigkeit halten können. Diejenigen, die das versuchen, müssen sich auf eine große Überraschung gefasst machen.

Während der Umstellung von Erdöl auf Photonen-Energie fühlt ihr euch vielleicht verwirrt und verloren, weil ihr nicht wisst, wie ihr diese Energie verwenden könnt. Ich wiederhole: Nur keine Panik! Und den Filmemachern sage ich: Hört auf damit, die Galaktische Bruderschaft als Monster und Dämonen darzustellen, denn die Lösung zur Verwendung dieser neuen Energie wird durch sie kommen. Im sechsten Kapitel werden wir darauf noch mehr eingehen, daher akzeptiert jetzt bitte einfach nur, dass sie euch helfen werden.

Atmosphäre

Die Photonen-Energie durchdringt bereits eure Milchstraße. Damit das klar ist: Die Photonen-Energie ist nicht mehr *da draußen*. Der äußere Rand des Photonen-Gürtels hat eure Erdatmosphäre erreicht und beeinflusst nicht nur euer planetarisches System, sondern auch viele Planetensysteme um euch herum.

Das Sternensystem Sirius spürt die Wirkung des Photonen-Gürtels bereits sehr stark. Das ist gut, denn so können die Sirianer hier auf der Erde euch das beibringen, was sie über die Photonen-Energie wissen. Die Sirianer waren als äußerst aggressiv bekannt, doch die Schönheit der Photonen-Energie mindert diese Aggressivität.

Die Photonen-Energie wird auch auf die Erdatmosphäre eine positive Wirkung haben. Eure Atemluft wird von Photonen durchdrungen sein und das Atmen wird wichtiger, weil ihr in der Lage sein werdet, die Photonen-Energie durch euer Kronen-Chakra (oben auf dem Kopf) aufzunehmen, um euren Körper zu reinigen. Die Photonen-Energie wird eure Hauptquelle für Nährstoffe und Vitamine sein, ähnlich wie die Bioprodukte und Nahrungsergänzungsmittel es heute für euch sind.
Bestimmte neue Funktionen sind euch bislang unbekannt. Zum Beispiel werdet ihr die Energiemuster eures Lichtkörpers unter dem Einfluss dieser neuen Energie anpassen. Ihr werdet eure Schwingungsfrequenz darauf einstellen und körperlich durchlässiger werden. Und im Gegensatz zur jetzigen Situation wird Meditation selbstverständlicher Bestandteil des Lebens sein.
Es wird Zeiten geben, in denen ihr die Photonen-Energie einfach dadurch aufnehmen werdet, dass ihr die Schwingung eurer Körperstruktur verändert und diese neue Energie durch euren ganzen Körper verteilt. Ihr werdet jedes Organ eures Körpers regelmäßig mit neuer Lebensenergie versorgen, um Krankheiten zu vermeiden und euch auf neue, aufregende Erfahrungen zu konzentrieren. Zum Beispiel sind neue Arten des Reisens auch von der Qualität der Atmosphäre abhängig.

Wasser

Die Photonen-Energie wird einen deutlichen Effekt auf eure Ozeane und Gewässer haben, weil sie vom Wasser absorbiert wird. Viele der Gewässerverschmutzungen können mit der Photonen-

Energie nicht existieren und werden von ihr absorbiert. Auch das gehört zum Reinigungssprozess von Mutter Erde. Doch es wird langsamer geschehen als die übrigen Veränderungen, denn im Laufe der letzten paar Jahrhunderte sind die Gewässer bis in ihren Kern hinein verschmutzt worden. Die Heilung der Meere und Gewässer kann nicht über Nacht geschehen. So wunderbar diese neue Energie ist, für einen Teil der Reinigung wird die Hilfe der Bevölkerung benötigt.

Die Photonen-Energie wird das Wasser scheinbar ausdehnen, so dass es scheinen wird, als würdet ihr mehr verbrauchen. Ihr werdet jedoch weniger als heute trinken, weil eure eigentliche Wasseraufnahme energetisch erfolgen wird. Während der Übergangszeit wird die Photonen-Energie es euch ermöglichen, die notwendige Feuchtigkeit durch eure Atmung aufzunehmen.
Wie bei allem anderen wird es auch hier eine Anpassungsphase geben. Das Ergebnis wird jedoch selbst die progressivsten Denker der heutigen Zeit überraschen.

Körper und Bewusstsein

Die Veränderungen im menschlichen Körper werden nach dem Großen Wandel ungefähr fünfzehn Jahre lang dauern. Die Jahre werden viel schneller vergehen als heute, obwohl sie auch jetzt schon ziemlich schnell vorüberziehen. Wegen der Art eures Lichtkörpers wird euch euer Körperumfang keine Sorgen mehr bereiten. Auch das gehört zu der Erfahrung, dass ihr die Schönheit in ihrer Ganzheit erkennt – völlig anders als heute.
Schließlich werdet ihr so ähnlich aussehen, wie ihr euch eure galaktischen Brüder und Schwestern vorstellt (auch wenn eure Vorstellungen auf einer etwas verzerrten Wirklichkeit beruhen). Was das Aussehen des menschlichen Körpers betrifft, werden manche erst einmal enttäuscht sein, doch schließlich werdet ihr den neuen Stil lieben.

Auch in eure Frisur werdet ihr dann weder Zeit noch Geld investieren müssen, denn ihr werdet euer Aussehen je nach euren Bedürfnissen wählen können. Das wird einfach eurer Schwingung entsprechen. Das Altern wird langsamer sein als ihr euch vorstellen könnt. Werdet ihr jetzt ungeduldig? Tut mir leid. Ihr werdet einfach den Prozess abwarten müssen.

Gehirn-Kapazität

Weil sich das Gehirn vergrößern wird, muss sich der Schädel erweitern. Der Schöpfer hat vorausschauend geplant, als er die Knochenstruktur oben auf eurem Kopf wie einen Reißverschluss gestaltete!
Die meisten Menschen gebrauchen im Wachzustand nur etwa zehn Prozent ihres Gehirns. Da bleibt eine Menge Kapazität übrig. Wenn sich die Menschen mehr mit den nichtmateriellen Wirklichkeiten in Einklang bringen, wird die ungenutzte Kapazität zunehmend Verwendung finden.
Nach dem Wandel werden sogar jene mit niedriger schwingenden Erfahrungen sechzig bis fünfundsechzig Prozent ihres Gehirns nutzen, aber es wird nur eine Frage der Zeit sein, bis auch sie diesen Anteil erhöhen. Der Unterschied beruht nur auf individuellen evolutionären Entscheidungen.

Tierische Lebensformen

Weil die Photonen-Energie so stark auf Entwicklung ausgerichtet ist, werden nicht entwicklungsfähige Lebewesen davon nicht unterstützt. Viele Arten werden deshalb nicht überleben. Alles, was sich nicht weiter entwickeln kann, wird seinen Dienst hier auf der Erde beenden. Es gibt keinen Grund zur Weiterexistenz für Arten, deren Evolution ihr Endstadium erreicht hat. Wegen ihrer Dichte können sie die Photonen-Energie nicht aushalten.

All ihr Katzen- und Hundefreunde könnt jedoch entspannt aufatmen, denn diese Tiere lernen noch und entwickeln sich, deswegen werden sie mit euch diesen Wandel durchleben.

Pflanzen

Das Pflanzenleben ist hier, um aufgenommen zu werden und eure physischen Körper zu heiligen und zu erhalten. Das Pflanzenleben ist für die ganze irdische Ebene das Vorbild für Ernährung und für den Umgang mit eurer Atmosphäre. Alle Pflanzen, die so eifrig sich bemüht haben von Sonnenlicht und einer sauerstoffhaltigen Atmosphäre zu leben, werden durch die Photonen-Energie unmittelbar gestärkt werden, weil diese Energie die Atmosphäre leichter macht. Das Pflanzenleben wird die neue Energie also schon Stunden nach ihrer Ankunft aufnehmen können.

Dann wird sich das Pflanzenwachstum um bis zu zwanzig Prozent verstärken und vor allem wird sich der Nährwert der Pflanzen erhöhen. Eure Essgewohnheiten werden sich drastisch verändern, denn die meisten von euch werden Pflanzen zu sich nehmen, um ihr Leben aufrechtzuerhalten. Die Vegetarier werden glücklich sein und die Fleischesser werden ein bisschen Schwierigkeiten haben. Der größte Teil eurer Energie wird jedoch Photonen-Energie sein, die ihr durch Prana-Atmung aufnehmt, und euer Nahrungsbedarf wird sich deutlich vermindern.

Die Photonen-Energie kann nur im Sinne des höchsten Wohles eingesetzt werden, deswegen werden ihre langfristigen Auswirkungen wundervoll sein. Sie gleicht in nichts dem, was ihr je gesehen, gehört oder erlebt habt und die gute Nachricht ist, dass solche Energien wie ich in diese Dimension kommen, um euch davon zu erzählen. Wir reisen hierher mit der Wahrheit und versuchen, euch Vertrauen zu lehren. Wenn dann die Leidenschaft erzeugt wird, werden alle den Weg zur Einheit finden.

Fragen und Antworten

Frage: Welche Wirkung wird die Photonen-Energie auf die Kristalle von Mutter Erde haben?

Kiraël: Die Menschen sind von Kristallen fasziniert, weil jeder von ihnen seine eigene Persönlichkeit zu haben scheint, sich besonders anfühlt und euch zu Herzen geht. Weil die Photonen-Energie Licht an sich ist, wird sie jeder Art von Kristallen einen neuen, strahlenden Glanz verleihen. Die Kristall-Schwingung wird sich verstärken, so dass ihr, selbst wenn ihr nicht oft mit ihnen in Kontakt seid, euch zu dem Leben in diesem lebendigen Wesen des Schöpfers hingezogen fühlen werdet.

Frage: Welche Wirkung wird die Photonen-Energie auf Embryos im Mutterleib haben?

Kiraël: Die Wirkung wird ziemlich stark sein. Da sich das ungeborene Kind beschleunigt entwickeln wird, erzeugt die Photonen-Energie einen leichteren Raum, damit das Kind bis zum richtigen Zeitpunkt ausgetragen werden kann. Die durchschnittliche Zeit des Kindes im Mutterleib wird sich auf etwa sechs Monate Erdenzeit verringern.
Die Seele wird, bevor sie in den Mutterleib eintritt, die Möglichkeit haben, ihren Lebensplan ihren Eltern mitzuteilen. Dies wird den gegenwärtig verbreiteten Zusammenbruch der Kommunikation zum Beispiel in Eltern-Kind-Beziehungen weniger häufig auftreten lassen. Die Photonen-Energie wird auch die Weitergabe von DNS-Kodierungen verstärken, so dass schon vor der Geburt ein perfekter Plan entwickelt werden kann.
Während der Zeit im Mutterleib werden interstellare Reisen eher die Regel als die Ausnahme sein. Durch die Lichtenergie werden Eltern und Kind auf diesen Reisen zusammentreffen, so dass die Vereinigung nach der Geburt sehr viel vollständiger erfolgen kann. Außerdem wird es nicht nur die Mutter betreffen, auch der Vater

wird auf diese Weise reisen können, was der männlichen Energie die Chance für eine vollständigere Verbindung mit dem Kind gibt. Bis diese Energie hier ist, will ich jedoch klarstellen, dass die Eltern, besonders die Väter, versuchen sollten, durch Meditation und Programmierungen im Schlafzustand mit der Essenz des Kindes Verbindung aufzunehmen. Die meisten werden von dem Ergebnis dieses Prozesses angenehm überrascht sein und ihn bis zur höchstmöglichen Wirklichkeitsebene fortsetzen wollen. Habt eine wundervolle Reise!

Frage: Wird die Photonen-Energie das menschliche Verhalten beeinflussen?

Kiraël: Die Photonen-Energie wird es nicht nur beeinflussen, sondern sie wird euren Umgang mit eurem gegenwärtigen Körpersystem von Grund auf verändern. Zum Beispiel könnt ihr dann wegen der leichteren Energie euer Aussehen verändern. Was euch zurzeit davon abhält, sind lediglich die physische Dichte und eure Überzeugungen. Wenn ihr erst ganz von der neuen Energie durchdrungen seid, setzt ein neues Wissen ein und ihr vertraut euren neuen Fähigkeiten. In Meditation werdet ihr durch die dichten Schwingungen hindurch atmen und anfangen, diese neue Energie zu erfahren, indem ihr von den Engeln lernt. Sie stehen bereit, um eure Lehrer zu sein.

Frage: Wie lange werden wir in der Photonen-Energie bleiben?

Kiraël: Diese Antwort mag für manche ein Schock sein. Geschätzt werden zweitausend Jahre. Klingt das vertraut? Sorgt euch also nicht, denn keiner von euch wird noch verkörpert sein, wenn das planetarische System den Photonen-Gürtel wieder verlässt. (Wir werden im nächsten Buch mehr darüber mitteilen. Im Augenblick braucht ihr nur zu verstehen, dass ihr jetzt zwar Pioniere seid, aber dass auch zukünftige Generationen noch viel zu erforschen haben.)

Frage: Wie verwenden Engel und Lichtwesen die Photonen-Energie in ihren Missionen in diesem Universum?

Kiraël: Was für eine wunderschöne Frage, denn die Engelgegenwart wünscht sie beantwortet. Die Engel durchdringen bereits alle Wirklichkeiten, auch wenn die meisten nicht gesehen, sondern nur gespürt werden. Mit dieser neuen Energie werden sie in der Lage sein, ihre Energie so zu fokussieren, dass die Erdenwesen mit ihnen in Austausch treten können. Größtenteils werden sie weiterhin als Lichtmuster wahrgenommen werden, die jedoch dann erscheinen können, wann sie wollen. In dem lichtdurchfluteten Raum der Photonen-Energie werden sie sehr viel mehr dazu neigen, sich in ihrem natürlichen, fliegenden Zustand zu zeigen. Ihr könnt mir glauben, dass sie nur darauf warten, die Erfahrung vorwärts zu treiben, denn das höchste Ziel der Reise ist die Interaktion mit ihnen.

Was die Lichtwesen betrifft, gibt es nicht viel zu sagen, denn diese neue Energie besteht aus einer Lichtquelle. In gewisser Weise besteht die Interaktion also mit euch selbst. Licht ist die Essenz aller Lebensformen.

Frage: Wie kann sich der auf Kohlenstoff aufgebaute dreidimensionale Körper am besten darauf vorbereiten, die Photonen-Energie in den Prozess seiner Evolution zu integrieren?

Kiraël: Die Antwort ist einfach: Meditation! Ergreift jede Gelegenheit, über Meditation zu sprechen. Manche denken vielleicht, ich wiederhole mich, aber ich versichere euch, dass Meditation der beste Weg für euch ist, den Freuden der neuen Energie so nahe wie möglich zu kommen. In einem guten meditativen Zustand könnt ihr anfangen, diese Energie zu spüren und zu lernen, mit ihr umzugehen und euch darauf vorzubereiten, weiter zu gehen. Im Zustand der Meditation ist diese Energie auch am deutlichsten zu erkennen.

Frage: Welche Wirkung wird es auf die höher entwickelten Wesen wie Wale und Delfine haben, wenn die Photonen-Energie die Erde umgibt?

Kiraël: Diese neue Energie wird die Menschen auf eine Ebene bringen, wo sie anfangen können, die Kommunikation dieser liebevollen Wesen zu verstehen. Sie wird den Delfinen und Walen ermöglichen, das enorme Wissen weiterzugeben, welches sie seit Jahrtausenden hüten. Die Wale mit ihrer riesigen Gehirnkapazität geben historische Tatsachen von Generation zu Generation weiter, weil sie wissen, dass die Menschheit diese sanften Riesen eines Tages nicht mehr als Beute betrachten und ihre lange gehüteten Schätze erkennen wird. Diese Energie bringt Wahrheit mit sich und ein Verständnis der Liebe. Ist der Schatz dieser Tiere erst einmal enthüllt, werden alle sie für ihren kostbaren Beitrag ehren.

Was die Delfine betrifft: Sie werden euch die Kraft des Sonars lehren, das sie zurzeit verwenden. Schon allein das sollte eine neue und vollkommenere Art des Reisens ermöglichen und allen das Gefühl der kraftvollen Selbstbestimmung geben. Im gegenwärtigen Zustand können die meisten von ihnen die menschliche Sprache verstehen, doch es dient ihnen nicht, das jetzt schon bekannt werden zu lassen. Sie haben der Welt so viel zu bieten, dass es ein eigenes Werk füllen würde. Im Augenblick kann ich euch bloß sagen, dass sie einen magischen Platz in der Photonen-Energie innehaben, der zum rechten Zeitpunkt offenbar werden wird. Liebt sie und schützt sie so, wie sie sind. Eines Tages wird der Lohn der Menschheit zur Ehre gereichen.

Frage: Könntest du etwas darüber sagen, wie sich die Photonen-Energie zur Christus-Energie verhält?

Kiraël: Um zu zeigen, wie ähnlich sich diese beiden Energiemuster sind, müsst ihr begreifen, dass der Meister Jesus ständig von einer Schwingungsessenz umgeben war, die die Menschen seiner Zeit nicht benennen konnten. Diese starke Schwingung glich keiner andern, weil sie selbst die dichtesten Massemuster durchdringen konnte, indem sie eins mit ihnen wurde.

Damit ihr das versteht, könnt ihr zum Beispiel die durch Liebe hervorgerufene Energie nehmen (und das ist die stärkste Kraft, die den Menschen zurzeit bekannt ist). Sie kann nur auf das einwirken, was sie annimmt. Wenn ihr also jemandem Liebe schickt, der nicht dafür empfänglich ist, wird diese Energie die Schwingungsessenz der Person nicht berühren. Die Liebesenergie wird abgelenkt und wird weiterziehen, bis sie eine empfängliche Masse findet, mit der sie verschmelzen kann. Die Energie, die der Meister Jesus ausstrahlte, konnte jedoch alles durchdringen. Jene, die in einer Erfahrung der niedrigeren Schwingungen von Wut, Hass oder Angst lebten und seine Liebe nicht annehmen wollten, fühlten sich in seiner Gegenwart ziemlich unwohl. Das führte für den Meister oft zu unangenehmen Erfahrungen, denn wenn jemand auf den unteren Schwingungsebenen plötzlich mit der kraftvollsten Energie konfrontiert wird, die unter Menschen möglich ist, kann eine Reaktion nicht ausbleiben.

Die Photonen-Energie hat eine vergleichbar hohe Schwingung in dem Sinne, dass auch sie keine Empfangsbereitschaft braucht, um das zu durchdringen, was auf ihrem Weg liegt. Wisset, dass bei Abschluss dieses Buches diese neue Energie bereits über die Erde wehen wird. Diejenigen, die bereits im Prozess des Aufstiegs sind und schon auf einer höheren Ebene schwingen, werden sich schnell an sie anpassen können. Sie werden begreifen, dass dies die Energie des neuen Jahrtausends ist. Wer weiter an den niedrigeren Schwingungen festhält, wird das Bedürfnis haben, der Photonen-Energie Widerstand zu leisten, was den Konflikt verschärfen und zu verstörenden Erfahrungen führen wird.

Einfach ausgedrückt kann man sagen, dass diese neue Schwingung für jene ist, die offen sind für Veränderung. Diese Veränderung besteht in dem Verständnis, dass es neue, spannende Möglichkeiten gibt. Sie liegt in dem Wissen, dass jetzt der Zeitpunkt ist, sich auf eine höhere Ebene zu begeben, auf der die Antwort Liebe ist. Die Fragen, die die irdische Ebene am Anfang dieser größten Reise der Menschheit erfüllen, sind eigentlich der Beginn des Großen Wandels.

Harmonisierung der vier Körper

Spiritueller Körper
Verbindung zu...   Allem, Was IST!
Mitgefühl mit...
Eins sein mit...

Mentaler Körper
Empfangen von...   Lichtenergie
Wahrnehmen von...
Ausdruck von...

Emotionaler Körper
Verwendung von...   Lichtenergie
Ausgleich von...
Grundlage von...

Physischer Körper
Das Gefährt,
durch welches dein Licht
strahlt und zum Ausdruck kommt

FÜNF

Evolution der Seele

Alles, was es gibt, besteht aus irgendeiner Form von Energie. Der Lebensfunke (die Seele) ist ein Energiefeld, welches in einer Frequenz schwingt, die die Lebenskraft des physischen Körpers auf der Zellebene überlagert. Geist ist der »Klebstoff«, der die Schwingungen der Seele mit denen des Körpers verbindet.
Es gibt keinen klaren Unterschied zwischen Geist und Seele – es ist im Wesentlichen ein Spiel mit Worten. Als Seele kann man jenen Teil des Selbst betrachten, der im Körper lebt, und als Geist jenen Teil, der sich außerhalb des physischen Körpers befindet.
Als ihr euren Prozess der Seelenevolution begonnen habt, wart ihr eine Erinnerung, nicht mehr und nicht weniger als eine Erinnerung des Schöpfers. Dann habt ihr euch auf die Suche nach allen nur möglichen Erfahrungen gemacht. Manche sehen darin eine evolutionäre Falle, aber es ist einfach euer eigener Plan, der euch an diesen Punkt eures Wachstumsprozesses gebracht hat.
Was auch immer eure gegenwärtigen Lebensumstände sein mögen – ihr habt gebetet und gebettelt und gefleht, ihr habt alles getan, was ihr konntet, um in dieses Erdenleben zu gelangen. Ihr wolltet fühlen, ihr wolltet erfahren, ihr wolltet lernen.
Eine der Facetten dieser Dimension, über die ihr am meisten lernt, sind die Emotionen. Frauen sind im Allgemeinen offener und freier in der Erfahrung ihrer Emotionen, aber es ist für Männer

genauso wichtig zu lernen, mit ihnen umzugehen, vielleicht sogar noch wichtiger. Emotionen sind so wichtig, weil mit dem Nahen des Großen Wandels jeder sich seiner inneren Wahrheit öffnen und in größere Übereinstimmung mit der Erde, dem Universum und allen Dimensionen kommen wird.

Die Überseele

Jede Seele ist Teil einer Überseele. Die Überseele besteht aus einer großen Anzahl von Seelen. Ihr könnt euch die Seelen wie viele Bildschirme vorstellen, die an einen riesigen Computer angeschlossen sind. Normalerweise seht ihr jedoch nur euren eigenen Bildschirm. Die Überseele ist eure Totalität, eure Wahrheit, alles, was euch ausmacht. Sie ist eure Essenz. Zwischen euch und der Überseele steht euer Höheres Selbst. Eure Seele ist ein Aspekt eures Höheren Selbst, welches wiederum ein Aspekt der Überseele ist.
Ein weiterer Teil eurer Seelenenergie besteht in den Aspekten. Man kann sie vergleichen mit einem neuen Programm, das ihr alle sechs bis acht Jahre erhaltet. Sie sind Teil eures gesamten Wesens und geben eurem Seelenwachstum oder eurer Evolution eine neue Richtung, eine neue Reihe von Erfahrungen. Der jeweilige Aspekt mischt sich kaum merklich in euer dreidimensionales Selbst. Manchmal habt ihr sogar einen aktiv wirksamen Doppelaspekt, der zur gleichen Zeit im gleichen Körper lebt! Das kann für die Seele verwirrend sein, doch in der Regel gab es darüber vor der Geburt eine Vereinbarung zwischen den Aspekten dieser Seele.
In verschiedenen Dimensionen, Universen und Planetensystemen existieren buchstäblich Tausende von Seelen in der Überseele. Um euch mit eurer Überseele in Einklang zu bringen, müsst ihr euer Bewusstsein und eure Energie mit den Aspekten eurer eigenen Seelenfamilie in Einklang bringen, die aus ungefähr sechs bis neun Wesen besteht. Andere Aspekte von euch können

ebenfalls irgendwo anders auf diesem Planeten leben. Durch die Energie der Liebe führt dieser Einklang zu der Klarheit, dass es überhaupt keine Trennung gibt.

Geschlechtslose Seele

Die Seele ist weder männlich noch weiblich. Eine Seele mag in einer bestimmten Inkarnation mehr zum Weiblichen oder zum Männlichen neigen, aber sie wird so schwingen, wie es ihrem Wesen entspricht.
Dreißig bis vierzig Prozent des Energiefelds des Körpers sind Seelenenergie. Das meiste davon befindet sich außerhalb des Körpers. Wenn die in einem männlichen Körper inkarnierte Seele zu fünfundsiebzig Prozent weiblich schwingt, trägt dieser Mann weiblichere Züge.

Seelenevolution

Es gibt keine Abkürzungen, meine Freunde. Der einzige Grund, weshalb ihr hier seid, ist, dass ihr diesen Weg gewählt habt. Die Seele macht Erfahrungen, damit sie sich entwickeln kann. Der Körper dient der Seele dazu, physische Empfindungen zu erfahren. In den höheren Dimensionen sind Empfindungen eher Erinnerungen. Wir wissen um sie. Wir sehen sie als Schwingungen, Klang und Frequenzen.
Die Seele benutzt die Dritte Dimension, um sich zu entwickeln – durch Positives und Negatives, durch Yin und Yang, durch Polarität oder Dualität. Zu diesem Wachstumsprozess gehört, dass die Seele erkennt, dass die Dualität, die sie in dieser Dimension ins Gleichgewicht zu bringen versucht, Illusion ist. Diese Erkenntnis ist wichtig, weil sie zum Prozess gehört und jede Seele hat sich dafür entschieden, ihn zu erfahren. Es gibt in der Evolution der Seele keine Abkürzungen.

Seelenfamilie

Bestimmte Seelengruppen sind miteinander in einer Seelenfamilie verbunden, diese Wesen waren in anderen Inkarnationen deine Mutter, dein Bruder oder Gatte. Im Wesentlichen hilft diese Gemeinschaft jedem Seelenmitglied bei den karmischen oder wiederholten Lektionen, die die jeweilige Seele durchleben möchte. Ein Wesen, das sich bei seiner Evolution in einer höheren Geschwindigkeit bewegt, wird zu höheren Verständnisebenen gelangen als ein anderes, das sich dafür entschieden hat, bestimmte Lektionen zu wiederholen und sich langsamer vorwärts zu bewegen. Die einzelnen Mitglieder der Seelenfamilie können sich mit unterschiedlichem Tempo entwickeln, doch im Laufe der Zeit wird sich der Abstand auflösen. Sie nehmen Inkarnationen an, die sowohl ihrer eigenen als auch der Evolution anderer Seelen ihrer Familie nützen. Zum Beispiel kann eine Seele in einem Leben eure Schwester sein und im nächsten eure Mutter, euer Partner oder euer Bruder.
Wenn ihr das Glück habt, in dieser Dimension einen Seelenverwandten wiederzuerkennen, könnt ihr euch fragen, warum ihr zusammen inkarniert seid und wie ihr am besten miteinander umgehen könnt.

Die Todeserfahrung

Im Laufe einer Inkarnation kommt die Seele an den Punkt, wo sie ihre physische Verkörperung verlassen will. Der Tod kann so aussehen, dass die Seele einfach im Schlaf aus dem Körper schlüpft oder dass sie gewaltsam hinausbefördert wird, wie zum Beispiel bei einem Autounfall. Es ist auch möglich, dass ein Tod so angelegt wurde, dass er einem anderen Menschen auf seiner Reise hilft. In diesem Fall können beide Wesen sehr daran wachsen. Es ist das höchste Entwicklungsziel der Seele, alle möglichen Wirklichkeiten zu erfahren.

Angenommen, du sollst gleich einen Unfall haben, den du nicht überleben wirst. Kurz vor dem Aufprall wird deine Seele den Körper verlassen und sich das Ereignis von oben anschauen. Die Seele braucht den Schmerz nicht zu spüren, der mit dieser Art von Abschied verbunden ist.

Es kehrt ein ruhiger Frieden in deiner Energie ein. Du sorgst dich um die Lebewesen, die noch auf der Erde sind. Ihnen mögen schwierige Lektionen bevorstehen, je nachdem welche Beziehung du zu ihnen hattest, als du noch lebtest. Doch wie auch immer diese Beziehungen ausgesehen haben, für dich wird der Tod zu einem wunderschönen Weg werden. Du, die aufsteigende Seele, wirst jetzt erkennen, was Wahrheit wirklich ist. Es gibt keinen Ärger, keinen Groll oder andere erdgebundene Emotionen, die durchlebt werden müssen. Du weißt, dass alles vollkommen ist. Alles, was in der Dritten Dimension geschehen ist, war genauso, wie es sein sollte.

Vielleicht erstaunt es euch, dass euch die Zurückgebliebenen nicht Leid tun. Ihr bereut nichts. Ihr erkennt, dass der Körper nichts als ein Faden ist, mit dessen Hilfe ihr euch in der Dritten Dimension bewegt habt. Jetzt habt ihr einfach keine Verwendung mehr dafür.

Frisch verstorbene Seelen bleiben oft noch ein paar Tage auf der irdischen Ebene, weil sie die Hinterbliebenen trösten und ihnen gut zureden wollen. Falls ihr zu den Hinterbliebenen gehört, sage ich euch: »Hört gut zu!« Ihr habt nicht nur geglaubt, dass ihr etwas gehört habt. Ihr habt wirklich etwas gehört! Sie kommunizieren mit euch. Wenn sie dieses Buch lesen könnten, würden sie wissen, dass ihr Bescheid wisst. Sie brauchen nur durch ihr inneres Auge mit euch zu kommunizieren. Ist das nicht wunderbar?
In der dreidimensionalen Erfahrung seid ihr eine Seele. Der dreidimensionale Körper ist nicht wirklich das, was ihr seid: Er ist nur ein Vehikel für die Erfahrung eurer Seelen. Ihr alle kommt

hierher, um Leben zu erfahren, doch dann fürchtet ihr euch, weil ihr anfangt, zu sehr an dieser Existenz zu hängen und sie nicht loslassen wollt. Die Todeserfahrung ist der Geburt ähnlich. In Wahrheit kehrt ihr dabei heim zum Alles-Was-Ist.

Fragen und Antworten

Frage: Warum kehren wir immer wieder zur Erde zurück?

Kiraël: Es ist unmöglich, alle Lernmöglichkeiten in einem Leben auszuschöpfen. Indem die Seele durch ihre Inkarnationen fortschreitet, hat sie die Möglichkeit, in jedem Leben viele Erfahrungen zu vollenden. Die Frage ist nur, ob sie die jeweilige Erfahrung in diesem Leben abschließen will oder ob sie die gleichen Umstände in zukünftigen Inkarnationen wiederholen möchte, bevor sie die Lektion lernt.

Frage: An welchem Punkt unserer Vorbereitungen auf eine Inkarnation wählen wir unsere Eltern? Treffen wir im so genannten »Äther« Vereinbarungen mit ihnen?

Kiraël: Die meisten Vereinbarungen werden vor der Empfängnis getroffen. Empfängnis bedeutet, die richtige DNS dazu zu bringen, sich auf die richtige Art zu kombinieren.
Nehmen wir einmal an, du bist bereit dich zu inkarnieren. Als Erstes besprichst du dich mit deinen Geistführern, deinen persönlichen Beratern. Gemeinsam beschließt ihr, woran du in diesem Leben arbeiten willst. Du betrachtest deine vergangenen Leben und deine unvollständigen Erfahrungen. Daraus entsteht ein Plan, um die Umstände zu erzeugen, die für das, was du in diesem Leben erreichen willst, am günstigsten sind.
Der nächste Schritt besteht darin, einen Geburtskanal zu finden – eine Mutter – und Eltern, die dir die beste Gelegenheit bieten, deine Bestimmung zu erfüllen. Auch deine Eltern halten Ausschau nach einer Seele, die ihnen in ihrem Wachstumsprozess hilft.
Als Erstes suchst du in deiner eigenen Überseele nach sich entwickelnden Seelen mit den erwünschten Eigenschaften, die zurzeit in der Dritten Dimension inkarniert und in der Lage sind, dir zu helfen. Du musst Seelen finden, die schon seit ungefähr zwanzig Jahren inkarniert sind und die an ihrem eigenen Plan arbeiten.

Findest du in deiner eigenen Überseele niemanden passendes, kannst du dich an andere Gruppen von Überseelen wenden.
Zu dem Auswahlprozess gehört auch, dass du ihre Leben betrachtest und ihre Geistführer konsultierst, um zu erkennen, was sie so vorhaben. Die Geistführer können dir den Weg zeigen, den diese Seelen höchstwahrscheinlich einschlagen und wie sie mit deinem Leben in Wechselwirkung treten werden.
Wenn du von deinen Eltern empfangen worden bist, wirst du den Körper anprobieren wollen. Die erste Anprobe ist immer unbequem und es ist schwer, dem Drang zu widerstehen, den Körper gleich wieder zu verlassen. Im Laufe der neun Monate, in denen der Körper wächst, bewegst du dich viele Male hinein und hinaus, um deine Energie damit in Einklang zu bringen. Wenn du drin bist, lässt du gerne die kleinen Beinchen sich strecken. Ping! Deine Mutter sagt dann: »Oh, es tritt mich!« Du trittst aber niemanden, du versuchst nur herauszufinden, wie du in der Enge des Mutterleibes deine neuen Gliedmaßen manövrieren kannst. Du steckst gemütlich in dieser Blase voll warmer Flüssigkeit, aber es ist eng dort und du kannst nichts dagegen tun.
Dabei stehst du immer noch in Kontakt mit deinen eigenen Geistführern und denen deiner Mutter, manchmal sogar auch denen deines Vaters. Solange du die letzte Entscheidung nicht getroffen hast, kannst du immer noch wählen, dich aus dieser Inkarnation davon zu machen. Ein Ausweg ist die Totgeburt, bei der keine Todesursache festgestellt werden kann. Auch der plötzliche Kindstod ist eine Möglichkeit. Auch hier gibt es keinen Hinweis auf die Todesursache, es geschieht einfach.
Man nennt das auch »Fluchttüren«. Sie werden gebraucht, wenn sich eine Seele auf den Lebensplan ihrer zukünftigen Eltern eingeschwungen hat und dann feststellt, dass ein Elternteil seinen Weg so stark verändert hat, dass es nicht mehr zu der Bestimmung dieser Seele passt. Zum Beispiel kann die ankommende Seele eine Reihe von Inkarnationen hinter sich haben, in denen sie wohlhabend war. Deshalb hat sie sich jetzt Eltern mit Geldnöten ausgesucht. Doch noch während das Kind im Mutterleib heran-

wächst, kann einer der Eltern seinen Lebensweg ändern und in der Lotterie gewinnen. Damit verändert sich der gesamte Lehrplan und die Situation funktioniert für die ankommende Seele nicht mehr. Dazu braucht sie dann eine Fluchttür.

Angenommen du hast das Alter von zwei Jahren erreicht und kommst dann auf »tragische« Weise bei einem Autounfall ums Leben. Deine Eltern fragen dann vielleicht: »Wenn es einen Gott gibt, wie kann Er so etwas tun?« Ich will euch versichern, Gott hat nichts getan, Er hat lediglich die Erforschung dieser Art von Seelenevolution für dich und deine Eltern zugelassen. Versucht in solchen Situationen nicht zu verurteilen, denn es gab eine Vereinbarung zwischen den Seelen der Eltern und der Seele des Kindes, derzufolge alle Beteiligten diese Erfahrung um ihrer eigenen Evolution willen durchleben wollten.

Häufig wird einer der Mitspieler als »dienende Seele« bezeichnet. Ein Kind, welches den plötzlichen Kindstod stirbt, dient seinen Eltern, indem es ihnen diese Erfahrung des Verlustes eines Kindes vermittelt. Alle entwickelten Seelen haben das wahrscheinlich schon getan. Versucht also zuerst den größeren Zusammenhang zu sehen, bevor ihr über den Schöpfer die Nase rümpft.

Nehmen wir also einfach einmal an, dass du dir für den Anfang deiner evolutionären Reise einen Körper ausgesucht hast. Du nimmst diesen Körper erst bei der Geburt ganz in Besitz. Natürlich ist es schon dein Körper, aber du bleibst nicht die ganze Zeit drin. Selbst nachdem du geboren bist, bleibst du nicht die ganze Zeit in deinem Körper. Die Kleinen brauchen so viel Schlaf, weil sie immer noch hin und her reisen.

Frage: Du hast erwähnt, dass die Seele während der Schwangerschaft immer wieder den Körper verlässt. Wie wirkt sich das bei Abtreibungen aus?

Kiraël: All das gehört zum Plan, meine Freundin. Deswegen habe ich so betont, dass ihr hinein und hinaus geht, während ihr noch im Mutterleib seid. Eine ganze Reihe von Seelen inkarniert nur zu diesem Zweck. Angenommen, eine junge Frau hat sich entschieden, dass zu ihren Lebenserfahrungen eine Abtreibung gehören soll. Das hat sie schon »dort oben« so geplant. Dann sucht sie in ihrer eigenen Seelenfamilie nach einem »Freiwilligen«. Das klingt vielleicht frivol, aber so ist es. Die freiwillige Helfer-Seele kommt und schwingt während der Schwangerschaft in den Körper und aus ihm heraus. Nach der Abtreibung kehrt die Seele nach Hause zurück und die junge Frau ist ihr für ihre Hilfe dankbar.

Frage: Wenn man bei der Planung seines Lebens beschließt, dass man mit Gesundheitsproblemen umgehen möchte, sucht man sich dann Eltern aus, die in ihrer DNS die Veranlagung für eine bestimmte Krankheit haben?

Kiraël: Ja, du würdest versuchen, Eltern zu bekommen, die in ihrer DNS das Potential für diese Krankheit haben. Doch deine Eltern müssen das nicht in sich haben: Wenn es in deiner Reise darum geht, eine schwache Gesundheit zu erfahren, dann wirst du sie auch haben. Oft sucht ihr euch die Eltern aus und nicht eine Krankheit wie z. B. Tuberkulose. Ihr sucht euch ein Leben aus, in welchem die Umstände euch lehren wie es ist, einen schwachen dreidimensionalen Körper zu haben. Wenn einer der Eltern dafür geeignet ist und seine Gene tief drinnen eine Tendenz zu Polio (oder welche Krankheit auch immer benötigt wird) haben, so wird es in deiner DNS auftauchen. Ihr bringt alles mit, was ihr braucht und ihr könnt euch von euren Eltern aussuchen, was ihr braucht. Deshalb seht ihr manchmal Kinder, deren Eltern keines ihrer Symptome haben. Die Ärzte sagen dann: »Ich verstehe das nicht, denn eigentlich ist diese Krankheit erblich bedingt.« Na, ratet mal? Das Kind hat sie durchaus von den Eltern übernommen, aber die Ärzte müssten viel tiefer suchen als sie meinen. So funktioniert die Sache.
Epilepsie ist ein sehr gutes Beispiel dafür, wie jemand versucht, zu bleiben und gleichzeitig zu gehen. Das Bewusstsein wird immer wieder unterbrochen. Vielleicht versucht das Höhere Selbst, den

Kontakt zu halten, aber die »Anfälle« erlauben es der Person, ab und zu »nach Hause« zu gehen.
Die Anfälle beruhen auf den, auf Kohlenstoff basierenden molekularen und elektrischen Systemen und der Arbeit bestimmter Lichtwesen, die während der Anfälle die Kontrolle über den Körper übernehmen. Aus der Sicht der Dritten Dimension ist das individuelle Bewusstsein verschwunden und hat kein Zeitgefühl mehr. Es könnte sich in fünf verschiedenen Universen gleichzeitig befinden.
Medikamente können so lange helfen, bis das ICH-BIN-Selbst schließlich beschließt, wann ihr heraustretet. Durch Meditation könnt ihr dem Körper beibringen, das Gleiche zu tun, was eure Medikamente bewirken. Betrachtet es einmal so: Tabletten werden durch Gedanken produziert. Damit jemand den Gedanken haben kann, eine Tablette zu erzeugen, muss der Körper fähig sein, eine ähnliche Substanz zu produzieren.

Bitte begreift, dass das Leben ein gigantisches Illusionsspiel ist, mehr wie ein Traum. In diesem Traum bist du in der Lage, jedes Detail zu verändern und zu bewegen. Es ist deine eigene Reise. Wie bei einem Film schreibst du das Skript, wählst die Schauspieler aus und planst deine eigene Hauptrolle. Hab Spaß dabei.

Ich kenne eine Seele, die gerade ein Leben als Bettlerin hinter sich hatte. Sie hatte dort alles Notwendige gelernt und braucht nie wieder Bettlerin zu werden. Im nächsten Leben hat sie sich Eltern ausgesucht, die alles andere als Bettler waren. Sie macht also eine völlig andere Erfahrung. Die Situation ist zwar ganz anders, aber das Trauma kann genauso schwierig sein wie in jedem anderen Leben. Seht ihr, wenn ihr in der Erfahrung seid, spielt ihr sie immer bis zu dem Punkt aus, wo die Erfahrung ganz verinnerlicht ist, so dass sie nicht wiederholt werden muss. Versteht ihr, was ich meine?

Frage: Kannst du uns etwas über Koma-Patienten sagen?

Kiraël: Koma-Zustände sind nicht das, was sie scheinen. Meistens verarbeiten diejenigen, die sich in diesem Bewusstseinszustand befinden, mehr Informationen als so genannte »bewusste« Menschen. Häufig wird dieser Zustand dazu benutzt, dem physischen Körper die Chance zur Heilung zu geben, während die Höhere Essenz ihrem gewählten Weg folgt.
Bitte erinnert euch daran, dass Koma-Patienten alles um sich herum hören können. Auch wenn ihre Essenz auf Astralreise ist, speichert ihr Gehirn die Informationen, so dass sie sie wahrnehmen können, wenn sie zurückkehren. Kennt ihr jemanden in einer solchen Situation, so sprecht mit ihm, haltet ihn über alles Wichtige auf dem Laufenden, aber vor allem lasst ihn eure Liebe spüren, denn Liebe ist der wichtigste Faden, der diese Menschen mit dieser Realität verbindet.
Wenn diese Person bereit ist, zu dieser Wirklichkeit zurückzukehren und ihr Leben in der Dritten Dimension wieder aufzunehmen, wird sie ihre gesammelten Erfahrungen verschleiern, denn meistens ist es zu schwer, all diese Informationen in ein lineares Format zu übertragen.

Frage: Würdest du bitte über Selbstmord sprechen?

Kiraël: Wegen der enormen energetischen Kompression hier auf der Erde wird dieses Thema immer wichtiger.
Im Laufe ihrer verschiedenen Inkarnationen müssen Seelen alles erfahren, auch Selbstmord. Meistens geschieht das in der frühen Phase der seelischen Entwicklung, also als »junge« Seele. Jeder Versuch diese Erfahrung zu wiederholen, führt zu dem Schlimmsten, was einer Seele passieren kann.
Bei wiederholtem Selbstmord wird die heimkehrende Seele von sehr hoch entwickelten Geistführern empfangen, die sich mit der Seele zusammen anschauen, wie es dazu gekommen ist. Wir wollen versuchen, den Lesern etwas von dieser Traurigkeit zu

ersparen. Meistens läuft es darauf hinaus, dass die Seele die gleichen Lebensumstände wiederholen darf, inklusive des Augenblicks des Todes. Die eigentliche Frage an einen Selbstmordgefährdeten muss lauten: »Wie oft hat deine Seele diesen Augenblick schon erlebt?« Das klingt nicht schön, weil es auch nicht schön ist. Wenn ihr also das nächste Mal hört, dass jemand über Selbstmord nachdenkt, könnt ihr ihm hiervon erzählen und ihm hoffentlich eine Wiederholung dieser Inkarnation und all der damit verbundenen Schrecken ersparen.

Wenn ihr das nächste Mal jemandem begegnet, der seinen Selbstmord ankündigt, könnt ihr Folgendes sagen:
»Wenn es nicht dem Plan deiner Seele entspricht und du unglücklicherweise trotzdem damit Erfolg haben solltest, wird Folgendes geschehen. Unmittelbar nach deinem Tod wirst du all deinen Geistführern begegnen. Als Erstes werden sie dir begreiflich machen, dass du einen schrecklichen Fehler begangen hast und dass Selbstmord nicht die Lösung war. Vor allem wirst du bei der Rückschau auf dein Leben erfahren, dass du im nächsten Leben an genau den gleichen Punkt kommen wirst, wo du dich hoffentlich anders entscheiden wirst, denn wenn nicht, wirst du die Situation so lange wiederholen, bis du es tust.«

Einfach gesagt, solltest du dich für Selbstmord entscheiden, wirst du im nächsten Leben genau die gleichen Erfahrungen durchleben, inklusive dem, was dich zum Selbstmord getrieben hat.

Frage: Wie weit kann die Seele reisen, während sie inkarniert ist?

Kiraël: Während ihr inkarniert seid, kann sich eure Seele nur begrenzt von eurem Körper entfernen. Meistens dürft ihr die galaktische Dimension nicht verlassen. Inkarnationen in anderen Bereichen wie den Plejaden, dem Sirius oder der Andromeda unterliegen dieser Einschränkung nicht. In der irdischen Inkarnation geht es um die jüngeren Aspekte der Seele, deswegen ist das »Realitäts-Springen« eingeschränkt.

Frage: Würdest du bitte darüber sprechen, was in dem Augenblick geschieht, wenn ein Mensch ins Licht gegangen ist?

Kiraël: Als Erstes fühlt ihr euch zu einem wunderschönen Licht hingezogen. Es ist das wärmste und verlockendste Licht, das ihr euch nur vorstellen könnt. Nehmt die schönste Erfahrung eures Lebens und verstärkt sie hunderttausendfach: So wird es sich anfühlen, wenn ihr euch auf das Christus-Licht zubewegt.
Habt ihr euch erst einmal an das Licht gewöhnt, werdet ihr euren Freunden und Familienmitgliedern begegnen, vor allem jenen, die schon hinüber gegangen sind. Sie sind da, um euren Übergang so sanft und angstfrei wie möglich zu gestalten. Nachdem ihr eine Weile mit ihnen verbracht habt, haltet ihr Rückschau auf euer Leben. Dies ist sehr spannend, denn ihr könnt euch jede Erfahrung eures vergangenen Lebens anschauen und etwas daraus lernen. Eure Geistführer werden euch dabei helfen, in die Bilder hinein und wieder hinaus zu gehen, damit ihr sie möglichst klar seht und die verpassten Gelegenheiten erkennt. Daraus baut ihr dann eure Erfahrungen für eure nächste Inkarnation auf.

Frage: Gibt es bei dieser Lebens-Rückschau irgendwelche Bewertungen?

Kiraël: Das einzig wichtige Kriterium ist das Ausmaß der Evolution eurer Seele. Jedes Leben hier auf der Erde bringt euch der Vollendung näher. Alle Erfahrungen eures Lebensplans werden sich bis zu einem bestimmten Grad entfaltet haben. Deswegen ist es so wichtig, jede Erfahrung so gut wie möglich zu vollenden. Ihr selbst bestimmt den Grad eurer Seelen-Evolution. Niemand wird euer Leben so streng bewerten wie ihr selbst.
Diese Rückschau ist für die Reise der Seele äußerst wichtig. An dieser Stelle überprüft ihr eure gesamte letzte Inkarnation und fangt an, zukünftige Leben zusammenzustellen. Die Möglichkeiten sind unendlich. Diese Rückschau ist sehr spannend. Ihr werdet jede Sekunde jenes Lebens noch einmal erleben. Ihr könnt

verstehen, warum ihr auf welche Situation wie reagiert habt. Ihr könnt aus allem lernen, was ihr tut, auch wenn ihr etwas getan habt, von dem ihr schon damals wusstet, dass es falsch war. In dieser Rückschau könnt ihr die wahren Gründe erkennen und die Einsicht wird die Lektion wert sein. Auch wenn ihr harte Lehren erfahren musstet: Erinnert euch immer daran, dass sie alle zu eurem Meister-Plan gehörten.

Diese Rückschau ist nicht von messbarer Dauer. Sie kann so lange dauern, wie ihr euch die Szenen eures Lebens immer wieder betrachten wollt. Manchmal kann es hilfreich sein, die Rückschau zu wiederholen, um das Muster für das nächste Leben zu entwickeln. Manchmal lernt ihr aber auch einfach durch Zuschauen.

Frage: Können wir mit denen in Kontakt treten, die wir zurücklassen?

Kiraël: Die Antwort ist ein klares »Ja«. Aber werden die Zurückgebliebenen zuhören? Die meisten Menschen sind nicht darauf vorbereitet hinzuhören, wenn ein Geistwesen zu ihnen spricht. Und selbst wenn sie es hören, jagt es ihnen häufig nur Angst ein.

Frage: Du hast schon über Seelen-Familien gesprochen. Könntest du noch mehr dazu sagen?

Kiraël: Oft halten sich die Mitglieder einer Seelen-Familie bei ihrer Reise durch die Dritte Dimension dicht beieinander. Ihr wärt vielleicht überrascht zu erfahren, dass euer so genannter »bester Freund« viel mehr ist als ein Freund. Die Mitglieder der gleichen biologischen Familie gehören häufig auch zu der gleichen Seelen-Familie, aber das ist mit Sicherheit keine Regel.

Das Interessante daran ist, dass jemand, der in einem Leben ein Sohn oder eine Tochter ist, auf der Ebene der Seelen-Familie durchaus eine viel ältere Seele sein kann als seine oder ihre Eltern. Vor diesem Hintergrund könnt ihr eure Beziehungen mit anderen Familien-Mitgliedern vielleicht besser verstehen.

Frage: Kannst du etwas über Geister sagen, über die körperlosen Wesen, die hier auf Erden herumwandern?

Kiraël: Zunächst will ich klarstellen, dass wir von verirrten Seelen sprechen und nicht von böswilligen Seelen, die absichtlich stören wollen. In letzterem Fall rate ich, dass ihr euch professionelle Hilfe holt.
Eine Seele wird erdgebunden oder zum »Geist«, wie ihr sagt, wenn sie nach dem Begräbnis nicht weiter ins Licht geht, sondern ihren Aufenthalt verlängert und das Licht irgendwann aus den Augen verliert. Das kann zum Beispiel geschehen, wenn die trauernden Hinterbliebenen so herzzerreißend klagen und die Seele des Dahingeschiedenen ihnen so gerne dienen möchte, dass sie ihren endgültigen Weggang hinauszögert. Die Seele kann sich dann so an die Erdenergie gewöhnen, dass sie verwirrt wird und kein Interesse mehr daran hat, weiterzugehen. Das kann so weit gehen, dass sie eine göttliche Intervention braucht, um ihren Weg wieder zu finden. Deswegen werden in dieser Dimension »Geist«-Heiler gebraucht, die solchen Seelen helfen können. Es ist wirklich ziemlich einfach, eine Seele aus einem Gebäude zu entfernen, wenn ihr eure Angst erst einmal überwunden habt. Ihr braucht die verirrte Seele nur zu finden, mit ihr zu kommunizieren und sie wieder mit dem Licht vertraut zu machen. Meistens wird die verirrte Seele so blitzschnell ins Licht gehen, dass ihr euch noch nicht einmal verabschieden könnt.

Frage: Wie lange kann ein Geist auf Erden bleiben?

Kiraël: Geister haben keine Zeitvorstellung. Sie können jahrhundertelang hier sein und es kaum bemerken, denn sie haben kein Zeitgefühl. Sie sind einfach da.
Wenn wir über Energiemuster als Geister reden, meinen wir einfach das Muster einer sich entwickelnden Seele, die eine bestimmte Personifizierung vollenden muss. Es gibt immer einen Grund dafür, auch wenn häufig Verwirrung im Spiel ist. Versteht ihr das,

so ist euch klar, dass es im Einklang mit dem Licht ist, solchen Wesen zu helfen, das Licht wieder zu finden oder sie zumindest an einen Ort der Liebe zu bringen, damit sie ihre Reise vervollständigen können.

Geister sind nicht hier, um irgendjemandem zu schaden. Die meisten sind einfach nur verwirrt, weil sie das Licht suchen, welches ihnen bei ihrem Tod gezeigt wurde. Wenn sie keinen Zugang zu diesem Licht bekommen, beginnen sie umher zu wandern und den Weg nach Hause zu suchen. Es ist gut, Mitgefühl zu haben, denn es ist wirklich unangenehm, sich so lange zu verirren.

Wenn ihr also das nächste Mal von jemandem hört, dass ein Geist in seinem Haus spukt, dann versucht, mit dessen Essenz Kontakt aufzunehmen. Vielleicht könnt ihr ihm ein Licht kreieren, in das er eingehen kann. Das ist besser als gar nichts zu tun.

Frage: Kann man direkt in das Engelreich eingehen oder gibt es eine Art Ausbildung dafür?

Kiraël: Das ist eine interessante Frage, denn die meisten von euch sind in der Ausbildung für das Engelreich. Die Engel spielen in der Ordnung des Aufstiegs eine wichtige Rolle. Es gibt Wesen unter ihnen, die kein menschliches Leben nötig haben. Um diese Ebene zu erreichen, muss man eine ungeheure Menge an Themen zu allen Lebensformen verstanden und gelöst haben.

Sind die Verständnis-Zyklen auf der dreidimensionalen Ebene vollständig, so ist der Übergang in eine Engelsgegenwart eigentlich die Norm. Es gibt viele Gründe dafür. Der wichtigste davon ist vielleicht, dass ihr die ungeheure Menge an Gelerntem in den Dienst all jener stellen könnt, die noch im Aufstieg begriffen sind.

Wenn wir die Wirklichkeit der Engel einem linearen Raum zuordnen wollen, könnte man sagen, dass die Engel in der Evolution an zentraler Stelle stehen, denn ihre Essenz kann auf dieser Ebene in jeglicher Hinsicht Wunder bewirken.

Frage: Wie arbeiten wir mit unseren Geistführern zusammen?

Kiraël: Das Erste und Wichtigste, was ihr über sie wissen müsst, ist, dass sie »Geistführer« genannt werden und nicht »Geisttäter«. Es ist nicht ihre Aufgabe, etwas für euch zu tun. Doch wenn ihr lernt, sie um Hilfe zu bitten oder, noch wichtiger, auf ihre Botschaften zu hören, wird eure Reise hier zu einer wunderbaren Erfahrung.

Öffnet also eure Herzen, Freunde, öffnet sie weit. In euren Herzen liegen alle Antworten, nach denen ihr sucht. Ihr werdet wachsen. Euer Wohlstand, euer Glücklichsein, eure Träume, all das, worum ihr euch so sehr bemüht, kann euer sein. Wenn ihr nach innen schaut, werdet ihr sehen, dass ihr es bereits erreicht habt. Hört also auf euer Herz, meine Freunde. Öffnet euch und ihr werdet sehen, dass ihr auf all eure Fragen bereits Antworten habt. Die Gesellschaft hat euch beigebracht, außerhalb des Selbst nach Wahrheit zu suchen. Doch tatsächlich liegt die Wahrheit in euch.

Freut euch an allem, was ihr tut. Liebt das, was ihr tut. Es ist alles eure eigene Schöpfung. Ihr müsst verstehen, dass alles, was um euch herum geschieht, eure eigene Schöpfung ist. Wenn das, was ihr tut, euch nicht gefällt, dann lernt daraus und ändert es. So einfach ist das. Die Zeit ist gekommen, euch eure Wahrheit anzuschauen. Wenn ihr nach innen schaut, könnt ihr das Licht sehen. Ihr könnt auch euren Brüdern und Schwestern helfen, vorwärts zu gehen, so zu heilen, wie ihr heilt und so zu führen, wie ihr führen werdet.

Dieser dreidimensionale Aspekt, den wir das »Selbst« nennen, ist nur ein Aspekt eurer Totalität, nur ein kleiner Teil des Ganzen. Ihr seid multidimensionale Wesen. Lernt in diesem Leben all eure Dimensionen zu erfahren und eure Seele wird sich zu einer höheren Bewusstheit entwickeln.

Ich will euch eine Form des Betens mitteilen, die schon vielen geholfen hat, auf ihrer Reise ihr erhofftes Ziel zu erreichen.

Entspanne dich und atme tief.
Beginne, um deinen Körper herum ein wunderbares Licht zu spüren.

Wende dich dem Schöpfer zu, auf dass Er deine Worte höre.

Häufig erkennen wir gar nicht die Schönheit, die uns umgibt. Nimm dir also zunächst einen Moment Zeit und danke all deinen Geistführern. Sei dankbar für die wunderbaren Dinge, die in deinem Leben geschehen sind.

Dann bitte darum, dass die Zeichen, die dir jeden Tag gesendet werden, klar und deutlich seien, damit du dein Bestes tun kannst, um dieses tägliche Abenteuer bis auf die höchsten Ebenen zu durchleben.

SECHS

Die Verbindung der galaktischen Bruderschaft

Jene unter euch, die vielleicht noch mit der Vorstellung von anderen Lebensformen aus fernen Galaxien Mühe haben, möchten jetzt eventuell ein paar Seiten überschlagen.

Dieses Kapitel soll nicht ihre Existenz oder Nicht-Existenz beweisen, sondern Vorschläge dazu machen, wie ihr mit ihnen umgehen könnt, wenn es soweit ist. In dem Großen Wandel werden viele Wesen aus anderen Realitäten eine aktive Rolle spielen, und keine werden bedeutender sein als diese. Wir fangen damit an, eine Tatsache klarzustellen, die alle Möglichkeiten realistisch werden lässt und schließen mit der klaren Wahrheit, warum Verschleierungen nicht mehr notwendig sind.

Eure Sonne, ist wie schon gesagt, einer von hundert Milliarden Sternen in dieser Galaxie, die Planeten um sich haben. Das Hubble Weltraum-Teleskop hat gezeigt, dass dies nur eine von mehr als zweihundert Milliarden Galaxien ist. Stellt euch diese Möglichkeiten vor. Glaubt ihr immer noch, dass die Erde der einzige Planet ist, auf dem lebendige, sich entwickelnde Wesen leben? Ich würde es ziemlich arrogant finden, wenn ihr euch für die Einzigen hieltet. Könnt ihr euch vorstellen, dass der Schöpfer sich gesagt hat: »Bei der ganzen Größe dieses Alls werde ich nur auf diesem einen kleinen Planeten Leben erschaffen.« Es gibt noch immer welche unter euch, die es nicht glauben wollen. Sie meinen, außer der Menschheit gäbe es niemanden.

Eure galaktischen Brüder und Schwestern, die kollektiv als die Galaktische Bruderschaft bezeichnet werden, sind hier, um euch bei den Vorbereitungen auf den Großen Wandel zu helfen. Ihr habt sie bis jetzt zum größten Teil noch nicht entdeckt, aber sie sind hier. Zu den Ersten gehörten Wesen aus dem System des Sirius. (Die sirianische und die irdische Ebene sind sich von den Schwerkraft-Verhältnissen her ähnlich.) Ihr habt auch Plejader und Andromedaner hier. Es gibt noch viele andere, aber diese drei sind besonders wichtig für eure Erdenebene, denn wenn der Wandel kommt, werden sie bei dem Einrichten der neuen Energien eine bedeutende Rolle spielen.

ET- Kulturen

Wir sprechen jetzt über das, was ihr »Außerirdische« oder »ETs« nennt. Sie mögen diese Bezeichnung »Extra-Terrestrische« übrigens nicht besonders. Aber ich will sie jetzt mal ETs nennen.

Wenn ich vor einer Gruppe rede, sind meistens ein paar ETs im Publikum. Als wir einmal auf dem Weg zu einem Radiosender waren, bat mich das Medium, besonders vorsichtig über das Thema unserer galaktischen Nachbarn zu sprechen, um niemandes Gefühle zu verletzen. Allerdings wäre es auch schwierig, das zu tun, denn in der Regel sind die ETs recht hoch entwickelt und können mit der Maskerade, die ihr »Ego« nennt, ganz gut umgehen. Selbst jene, die eine dreidimensionale Rolle übernommen haben, scheinen es ganz gut zu kapieren.

ETs sind meistens intellektuell überlegen. Sie sind nicht schlauer, sie sind nur nicht so »verschleiert« wie die Erdbewohner. Diese »Schleier« sind einfach Begrenzungen, die das Selbst aufgebaut hat, damit ihr euch hier ganz auf diese Erfahrung auf Erden einlassen und so viele unterschiedliche Dinge wie möglich lernen könnt. Habt ihr alles erfahren, was hier möglich ist, braucht ihr nicht mehr zu inkarnieren.

Seit vielen Jahren lebt eine Gruppe von ETs unentdeckt unter der Erde an der Westküste Amerikas. Wenn Mutter Erde mit dem Wandel beginnt, werden sich bestimmte Teile dieses Kontinents umformen. Diese außerirdische Kolonie weiß, dass ihre Wohnstatt unsicher geworden ist und hat an ihre Sippe im Weltraum ein Notsignal ausgesandt. Dieser Ruf wird erhört werden. Diese Wesen können nicht an die Erdoberfläche kommen, weil sie im Laufe ihrer Evolution ihre genetische Abwehr verloren haben. Einfach ausgedrückt können sie sich mit nichts anderem verteidigen als mit Liebe.

Schließt sie in euer Gebet ein, damit diese Rettung zu einer Zeit erfolgt, wo alles im Licht geschehen kann, auch wenn die in Hollywood erzeugten, Furcht einflößenden Dramen die Chancen einer glücklichen Rettung schmälern. Es wird viel zu viel Gewicht darauf gelegt, wie man die ETs am besten besiegen kann, aber hier gibt es eine Gelegenheit, Konflikte zu vermeiden.

ETs haben ein Ego

Ihr könnt es glauben oder nicht: Auch ETs haben Egos, allerdings nicht wie ihr Menschen, sondern jenseits dessen, was ihr darunter versteht. Sie haben auch gerne Spaß. Ab und zu lassen sie sich einfach sichtbar werden und fliegen ein wenig neben einem eurer Flugzeuge her, einfach zum Spaß. Die Piloten berichten nicht davon, denn jeder Pilot, der ein UFO sichtet, wird als instabil eingestuft und erhält Flugverbot. Würdet ihr als Piloten davon berichten, wenn ihr damit euren Job aufs Spiel setzt? Das ist so eines der kleinen Spiele eurer Regierung und die ETs haben ihren Spaß daran, dass niemand sie verrät.

ET Update

Eine der neueren Entwicklungen ist, dass ein neuer Rat für die Sicherheit in eurem Teil der Galaxie verantwortlich ist. Er besteht hauptsächlich aus Andromedanern, deren Aufgabe der Schutz und die Verteidigung sowie die Sicherung von Frieden und Ruhe in und um euer Sternensystem ist.

Über viele Jahre hinweg lag diese Verantwortung bei den Sirianern, bis sie einen ähnlichen Wandel durchmachten, wie er euch bevorsteht. Sie wurden als aggressive Gesellschaft angesehen, doch es war ein Lernprozess. Die Geschichten über ihre Aggressivität sind nicht alle unbegründet, aber beim Lernen macht man Fehler. Sie waren für eine lange Zeit die Hüter der Erde und haben erst kürzlich einen Teil der Verantwortung an die Andromedaner abgegeben. Ihre Arbeit hat eine Grundlage für zukünftige Gruppen geschaffen, die jetzt ohne viel Aufhebens hier teilnehmen können. Es war ein glatter Übergang, der im April 1997 abgeschlossen wurde.

Ein wesentlicher Grund für die Übergabe war das außerordentlich hoch entwickelte Fahrzeug, welches die Andromedaner verwenden. Ihr Alpha-Klasse-Fahrzeug sieht so ähnlich aus wie ein Orca-Wal, bis hin zur Farbe. Diese neue Technologie ist in ihrer Fähigkeit mit der Erdatmosphäre umzugehen allem bisherigen weit überlegen. Es ist eines der modernsten Fahrzeuge in der Galaxie. Das Eindrucksvollste daran ist seine Raumverzerrung. Von außen scheint es ungefähr tausend bis zweitausend Meter lang zu sein, doch innen scheint es um ein Vielfaches größer. Ihr habt richtig gelesen, das Innere erscheint größer als das Äußere. Das liegt daran, dass sie gelernt haben, Raum und Zeit zu manipulieren. Ihr werdet das nach dem Wandel auch lernen.

Ein weiteres Merkmal dieser Alpha-Klasse ist seine Art des Manövrierens. Ein Wesen kann allein das ganze Schiff steuern, einfach indem es Energie fokussiert. Es funktioniert auch ohne Hitze, Geräusch oder Energieverschiebung, weshalb es für jedes Radar unsichtbar bleibt.

Die Andromedaner sind dafür bekannt, dass sie sehr zurückgezogen sind. Sie sind auch hochintellektuell. Sie haben ein sehr hoch entwickeltes Gehirn. Trotz der Bemühungen der Filmproduzenten, ETs als Eroberer darzustellen, will ich euch versichern, dass dem nicht so ist. Sie sind nicht daran interessiert, euch zu bekämpfen – sie sind vielmehr hier, um euch zu helfen.

Die meisten UFO-Aktivitäten sind für eure Technologie unsichtbar. Sichtet ihr einmal ein Raumfahrzeug, so hatte es eine Fehlfunktion oder es geschah absichtlich. Je näher jedoch der Wandel rückt, desto mehr UFOs werden gesichtet werden. Die Galaktische Bruderschaft wird ihre Sichtbarkeit absichtlich erhöhen, damit sich die Bevölkerung weniger erschreckt, wenn der Zeitpunkt zur Zusammenarbeit gekommen ist. Ihre Ankunft und ihre Fähigkeit, bei der Heilung von Mutter Erde zu helfen, werden höchst willkommen sein.

Es gab einen Bericht der US Air Force, dass das in Roswell im Jahre 1947 abgestürzte UFO ein mit Testpuppen bemannter Heißluftballon gewesen sei. Die Regierung der Vereinigten Staaten hat Millionen von Dollar ausgegeben, um für eines der umstrittensten und unerklärlichsten Phänomene der jüngeren Geschichte zu dieser offiziellen Erklärung zu kommen. Ich überlasse es euch zu entscheiden, ob dieses Geld gut angelegt war.

Ich möchte euch sagen, dass tatsächlich ein Fahrzeug eingefangen wurde und manche der dadurch erhaltenen Informationen hätten einen großen Einfluss auf die Abhängigkeit der Erdbevölkerung von Erdöl und die auf Angst basierenden Lehren haben können. Das sind Dinge, die sicherlich das Gleichgewicht von Frieden und oberflächlicher Ruhe auf diesem Planeten in Frage gestellt hätten, wären sie bekannt geworden. Wer jetzt glaubt, dass ich euer gegenwärtiges finanzielles, politisches und soziales Kontrollsystem schlecht machen will, dem sage ich, dass ich nur eine andere Perspektive anbiete. Wenn der Wandel voll im Gang ist, wisst ihr zumindest, wo ihr hinschauen und wie ihr die Zeichen interpretieren könnt.

ETs und das magnetische Gitternetz der Erde

Vor langer Zeit wurden um die Planeten und Monde eures Sonnensystems, deren Zentren geschmolzen sind, magnetische Gitternetze angelegt, um Fahrzeugen aus anderen planetarischen Systemen das Manövrieren zu erleichtern.

Ihr werdet bald entdecken, dass in dem letzten Wandel das Äußere der Erde rotiert hat, nicht jedoch das Gitternetz. Deshalb haben galaktische Besucher oft Schwierigkeiten, sich der Erde zu nähern und halten sich meistens ein gutes Stück außerhalb ihrer Anziehungskraft auf. Aus dem gleichen Grund können sie auch an manchen Orten nur schwer leben, während sie sich an anderen Plätzen einfach wohler fühlen.

Was auf euch zukommt

Es gibt viele wilde Spekulationen über die Verschleierungsmaßnahmen der Regierungen in Bezug auf unsere galaktischen Verwandten. Das Schreckliche daran ist, dass die meisten davon wahr sind. Was ich euch jetzt mitteile, könnt ihr auf euch wirken lassen. Denkt immer daran, dass es darum geht, vom Herzen aus zu entscheiden.

Neu vereidigte Präsidenten der Vereinigten Staaten werden in höchste Geheimnisse eingeweiht, von denen man annimmt, dass sie für die allgemeine Öffentlichkeit zu furchterregend wären. Wie detailliert diese Präsentation ist, weiß nur eine Handvoll Leute genau. Aber es wird erzählt, dass dem Präsidenten zwei Optionen zur Verfügung stehen. Die eine besteht darin, dieses Material zu veröffentlichen, was natürlich möglicherweise schreckliche Auswirkungen haben und die Regierung schwächen könnte. Die zweite ist, unter hohen Kosten die Verschleierungsmaßnahmen fortzuführen und damit die Informationen (die angeblich überhaupt nicht existieren) genau jenen Leuten vorzuenthalten, die die Verschleierungsmaßnahmen bezahlen.

Nach dem Großen Wandel werden jene, die mit der Veröffentlichung dieser Informationen betraut sind, nichts zurückhalten, denn sie werden erkennen, dass nur die Wahrheit dem menschlichen Herzen ermöglicht, mit dem in Resonanz zu treten, was die Menschheit wissen muss.

Zusammenfassend will ich wiederholen, dass die Außerirdischen auf eurer Seite sind, egal wie Hollywood sie darstellt. Sie sind hier, um allen zu helfen, den Übergang in die neue Energie so gut wie möglich zu vollziehen. Wollten sie euch wirklich Schaden zufügen, so könntet ihr all ihrer Technologie sowieso nichts entgegensetzen. Also behandelt sie gut, denn sie wollen euch nur wieder in der Allianz willkommen heißen.

Fragen und Antworten

Frage: Wie wurden die Wesenheiten Mitglieder in der galaktischen Bruderschaft?

Kiraël: Vor allen Dingen durch Entscheidung. Nach Tausenden von Jahren, nach irdischen Maßstäben, erreichten sie das kollektive Verständnis, dass das Leben durch Liebe statt durch Angst gelebt werden kann. Ihr müsst verstehen, dass die Angst sich entwickelnde Wesen daran hindert, miteinander in Einklang zu kommen.

Frage: Gibt es hier auf der Erde Mitglieder der galaktischen Bruderschaft in menschlichen Körpern?

Kiraël: Ja, es gibt viele. Viele haben die menschliche Form gewählt, um diesem Planeten bei seinen Vorbereitungen für den Wandel zu helfen. Sie haben ihren eigenen Plan unterbrochen, um in eurer Wirklichkeit akzeptiert zu werden. Manche von ihnen leben immer noch unter dem Schleier und erinnern sich noch nicht einmal daran, wer sie sind. Dazu könntest auch du gehören!

Frage: Gibt es Mitglieder der galaktischen Bruderschaft und des galaktischen Rats, die immer noch die gleichen sind wie damals in Lemurien?

Kiraël: Es gibt auf jeden Fall Wesenheiten in den Räten, deren Energien bis zu Lemurien und anderen verlorenen Gesellschaften zurückreichen. Sie gehören auf dieser Reise zu den höchsten Quellen der Belehrung.

Frage: Ist die galaktische Bruderschaft das Gleiche wie der galaktische Rat?

Kiraël: Die galaktische Bruderschaft ist das Kollektiv aller galaktischen Energien. Der galaktische Rat hat darin eine »Führungsrolle«. Wenn ich von Führung spreche, assoziiert ihr automatisch eine Befehlshierarchie. In Wirklichkeit gibt es hier jedoch keine übergeordnete Rolle. Wie ihr wisst, kann sich nichts ohne die Gesamtheit entwickeln.

Frage: Könntest du die magnetischen Gitternetze erläutern? Warum ist es so wichtig, sie zu erkennen?

Kiraël: Die magnetischen Gitternetze halten euer planetarisches System auf seiner Umlaufbahn und in der richtigen Rotation. Sie können auch den Übergang der Erde in die Photonen-Energie sanfter gestalten.
Bei der Harmonischen Konvergenz wurde deutlich, dass eine winzige Verschiebung in der Erdachse nicht von einer entsprechenden Verschiebung in den Gitternetzen begleitet worden war. Ohne die vollständige Übereinstimmung dieser beiden mussten die Jahrtausende alten Landungsberechnungen der Außerirdischen verändert werden. Das behindert die Außerirdischen in ihren Möglichkeiten, euer Bewusstsein in der Zeit vor dem Wandel zu unterstützen. Die Gitternetze müssen repariert werden, damit die Außerirdischen dieses wichtige Werkzeug wieder nutzen können. Aber seid guten Mutes. Alle arbeiten daran.
Die Außerirdischen haben das Gefühl, dass sie ein bisschen sichtbarer werden können, deswegen ist an eurem Himmel zurzeit so viel los. Sie lernen, wie wichtig es ist, so vielen wie möglich, die sich dem Wandel unterziehen wollen, zu helfen.

Frage: Wie kann ich wissen, ob ich in einem Gitternetzbereich wohne und was kann ich dann tun?
Wie kann ich helfen, die Gitterlinien auszurichten?

Kiraël: Es geht nicht darum, die Gitterlinien auszurichten, sondern zu erkennen, wie groß die Abweichung ist. Habt ihr das festgestellt, können vielleicht die Außerirdischen etwas tun. Ich habe von einer etwas höheren Quelle erfahren, dass ihr einfach durch das Tönen von »OM« eine Schwingung erzeugen könnt, die allen Kräften hilft, die zurzeit an diesem Projekt arbeiten. Das ist eine Hilfe, selbst wenn ihr dadurch das Gitternetz nicht wieder vollständig in Einklang bringen könnt. Durch Wahrheit könnt ihr herausfinden, wie groß die Abweichung ist und durch das OM könnt ihr diese Information an die Außerirdischen weitergeben. Dann können sie möglicherweise ihre Frequenzen darauf einstellen. Das Problem ist, dass sich die Erde bereits im Wandel befindet. Jedes Mal, wenn wir glauben, einem Verständnis des Gitternetzes näher gekommen zu sein, scheint es sich wieder zu bewegen. Aber wir wissen, dass diese Bewegung korrigiert werden kann.

Frage: Vor kurzem kam der Hyakutake-Komet an der Erde vorbei. In dieser Zeit beobachteten die Wissenschaftler, dass er Röntgenstrahlen auszustrahlen schien. Viele Wissenschaftler sagen, das ist unmöglich, weil ein Komet eine kalte Kugel aus Eis und Staub ist. Sie haben keine plausible Erklärung finden können. Hat er wirklich Röntgenstrahlen ausgestrahlt? Und wenn ja, welche Bedeutung hat das?

Kiraël: Es waren keine Röntgenstrahlen, sondern »freie« Strahlen. Ein anderes planetarisches System hat ihm einen Transmitter eingesetzt, als er bei ihnen vorbeigeflogen ist. Nun sendet er Informationen zu ihnen zurück. Diese Übertragungen werden »freie« Strahlen genannt, weil sich jeder in sie einklinken kann. Er ist schon an euch und eurer irdischen Zivilisation vorbeigeflogen. Die Wissenschaftler haben die Daten bereits gesammelt, aber sie können sie noch nicht auswerten.

Frage: Haben die »freien Strahlen« des Hyakutake etwas mit dem Rat der Außerirdischen zu tun?

Kiraël: Der galaktische Rat hat Zugang zu ihnen und kann Informationen hinzufügen. Mitte des 18. Jahrhunderts hat jemand aus der Bruderschaft falsche Informationen in die »freie Strahlung« hinein gegeben. Das hatte Auswirkungen auf die Erde und hat ein paar eurer Wissenschaftler auf einen schlimmen Weg geführt. Die Sirianer haben hart gearbeitet, um diese Informationen wieder zu entfernen. Die meisten der außerirdischen Räte stehen jedoch weit über all dem und haben nichts mit den »freien Strahlen« zu tun.

Frage: Du hast erwähnt, dass die Andromedaner eine Art Sicherheitsdienst für unseren Planeten bilden. Wenn die Andromedaner, Plejader, Sirianer und all die anderen galaktischen Wesenheiten so viel höher entwickelt sind als wir, warum gibt es dann immer noch Konfrontation? Ich verstehe nicht, wie so hoch entwickelte Wesen in eine Konfrontation geraten können, bei der sie einander auslöschen können.

Kiraël: Drei oder vier Blocks weiter von hier hockt eine Bande von Jugendlichen zusammen, die keine Probleme damit haben, einen Mitmenschen zu ermorden, und doch gehören sie genauso zu dieser fortgeschrittenen Zivilisation wie ihr. Würdet ihr jemandem ein Messer in die Brust stoßen? Wahrscheinlich nicht. Diese Art von Menschen wird noch eine Weile unter euch sein. Sie sammeln Kräfte – die Schwäche nährt sich von Schwäche.
Denkt daran, dass sich die Außerirdischen genau wie ihr entwickeln mussten und ihnen in der Vergangenheit viele Irrtümer unterlaufen sind. Aber jene, die in der Lage sind, Dimensionen und Galaxien zu überwinden, verstehen die Liebe und was nötig ist, um eine Ebene von reiner Wahrheit, reinem Vertrauen und reiner Leidenschaft zu erreichen.
Während andere Gruppen viele andere Bereiche der Evolution vervollkommnet haben, haben die Andromedaner das Reisen perfektioniert. Deswegen haben sie bei euch eine Schutzrolle übernommen. Ihre Evolutionsebene ist mit Abstand die höchste und es gibt kaum etwas, was euch mehr Sicherheit geben könnte.

Frage: Wenn alle von uns hier intergalaktische Verbindungen haben, sind einige oder alle von uns Aspekte von galaktischen Wesenheiten, Präsenzen oder Energien. Was können wir tun, um unsere Erinnerung an diese Aspekte zu stärken?

Kiraël: In der dritten Dimension könnt ihr da nicht viel tun. Es geht weniger um das Ankommen als um die Reise, die ihr wählt. Wenn ihr in die dritte Dimension geht, ist euer Schleier des Vergessens meistens so dicht, dass ihr euch von allen anderen Wirklichkeiten trennt, auch von den galaktischen. Erst wenn ihr euch für diese Möglichkeiten öffnet, beginnt tief in euch das Wissen zu erwachen, dass es eine Verbindung gibt.

Eine diesbezüglich nicht ganz so weit entfernte Gesellschaft ist die Gemeinschaft der Delfine. Sie existieren in dieser Dimension, beschränken aber ihre Wirklichkeit nicht auf die verschleierte Erfahrung der Menschen. Delfine verwenden bis zu hundert Prozent ihrer Gehirnkapazität, während die Menschheit auf der Erde acht bis zehn Prozent der ihren benutzt. Man könnte meinen, dass sich die Delfine überlegen fühlen. Das ist jedoch nicht der Fall und tatsächlich verbringen sie einen guten Teil ihrer Zeit damit, dies durch ihre Liebe zu zeigen.

Die Menschen brauchen sich nicht auf ihre fünf Sinne zu beschränken. Ich schlage vor, dass jene von euch, die Zugang zu diesen wunderbaren Geschöpfen haben, die Kommunikation mit ihnen suchen. Das ist nicht so schwierig, wie ihr vielleicht denkt. Fangt einfach mit Gedankenübertragung an. Mit einem Wesen, welches hundert Prozent seines Gehirns verwendet, ist das leichter als mit fast jedem anderen Lebewesen. Versucht es.

Nach dem Wandel wird der eigentliche Austausch mit ihnen beginnen und ich will es sie selbst erklären lassen, warum sie es so großzügig zugelassen haben, gefangen genommen zu werden. Ihr werdet überrascht sein. Im Augenblick sollt ihr nur wissen, dass sie mit dem Wandel in Einklang stehen und eine große Hilfe dabei sein werden, eine Brücke zwischen den Außerirdischen und den Menschen zu bilden.

Frage: Gibt es irgendwelche andere Arten, die uns spirituell ähnlich sind?

Kiraël: Viele. Es gibt zahllose unterschiedliche Ebenen, doch allen zivilisierten Welten ist klar, dass die Wahrheit in der spirituellen Evolution liegt. Die Suche nach *der* Quelle ist nicht auf die Dritte Dimension oder die auf Kohlenstoff beruhende Evolution beschränkt. Sie wird von allen seelengetriebenen Wesen geteilt, die das »ICH BIN« zu begreifen suchen. Jede Zivilisation arbeitet auf die eine oder andere Art an allen vier Körpern, daher erscheint es der Evolution gegenüber unfair, das spirituelle Niveau einer Zivilisation zu beurteilen.

Frage: Kannst du mir sagen, aus welchem System die Verfasser der Filmreihe »Der Krieg der Sterne« waren?

Kiraël: Sirius. Aber sie waren nicht wirklich die Verfasser. Sie waren eingeladen, bei diesem Projekt zu assistieren. Ihr Einfluss ist offensichtlich, da das Fahrzeug, das ihr dort seht, ein genaues Abbild der sirianischen Delta-Klasse ist. Die Autoren haben sehr gut zugehört, denn sie haben ausgezeichnet manövriert. Nicht nur das, sondern auch manche der Charaktere sind sehr originalgetreu. Der ganze erste Film beruht tatsächlich auf einer wahren Geschichte, die in einer Wirklichkeit geschah, die der euren sehr ähnlich ist. Wie so viele eurer Superstars, die eine dreidimensionale Rolle spielen, wird auch der Regisseur von diesem Projekt eines Tages eine Art humanitärer Auszeichnung erhalten. Irgendwann werden alle erkennen, dass er nicht einmal ein Mensch im eigentlichen Sinne ist.
Wie schon gesagt sind viele von euch eigentlich nicht von diesem Planeten. Zum Beispiel wird ein Basketballspieler, der scheinbar durch die Luft fliegen und übermenschliche Dinge vollbringen kann, eines Tages seine wahre Herkunft offenbaren. Viele, viele werden erkennen, dass jemand, der andersartig erscheint, wahrscheinlich ein Außerirdischer ist. Oh, was für ein Spaß das sein

wird, wenn zur Zeit des Wandels alle anfangen, ihre wahren Identitäten zu zeigen.

Frage: Zwei Nächte hintereinander hatte ich Träume, dass die Ankunft von UFOs unmittelbar bevorsteht.

Kiraël: Ja, das stimmt. Und du bist nicht allein. Bei vielen werden solche Träume immer häufiger und immer klarer werden. Dies ist ein Weg, wie die galaktische Bruderschaft beginnt, sich mit den Wesen hier auf Erden in Einklang zu bringen. Sie versuchen, sie alle an ihr Aussehen und an ihr Handeln zu gewöhnen, damit die Bevölkerung nicht in Panik gerät, wenn sie sich manifestieren.

Frage: Zu welchen Zeiten sollen wir Ausschau nach ihnen halten und in welchen Nächten?

Kiraël: Die logische Zeit, sie zu sehen, ist nachts. Vor allem in den frühen Morgenstunden, wenn es weniger atmosphärische Störungen oder Interferenzen gibt. Die starken Strahlen der Sonne beeinflussen das magnetische Gitternetz, deswegen sind sie selten am Tage sichtbar.
Ungewöhnlich starke vulkanische Aktivitäten weisen darauf hin, dass die Erde in einer höheren Frequenz schwingt und sich dadurch die Energien verschieben. Diese Art von Erdverschiebungen erhöht die Energie, was manchmal die Energiemuster stört, welche die Fahrzeuge tarnen. Helle Objekte helfen, Raumfahrzeuge zu verbergen. Da der Vollmond die stärkste Essenz des Gitternetzes bildet, sind die Fahrzeuge zu dieser Zeit weniger sichtbar.
Manchmal nehmen sie auch das Aussehen einer Wolkenformation an. Das gehört nicht zu ihren besten Tricks, weil sie die Formation oft auflösen müssen und dann erwischt werden.

Einmal befand sich eine ganze Armada von Andromeda in eurer Atmosphäre auf einem Übungseinsatz. Diese Art von Einsätzen ist recht häufig – sie bleiben gern in Übung. Sie reden scherzhaft darüber, dass sie gar nicht hier sind, um euch zu schützen, sondern um sich selbst vor euch zu schützen. Jedenfalls, als sie über Hawaii flogen, hat euer Radarsystem sie entdeckt und sofort wurde euer ganzes Militär in »defcon 3« versetzt. Als die Kampfjäger sie umdonnerten und anfingen, ihre Geschütze auszufahren, dachten sie, dass es an der Zeit sei zu verschwinden.

Frage: Ich habe im südsüdöstlichen Himmelsbereich etwas gesehen, was ich ein »Raumschiff« nenne. Manchmal bewegt es sich. Wenn ich es mit bloßem Auge betrachte, glitzert es grün, rot, blau und weiß. Ich habe es durch das Fernglas beobachtet und dann sieht es aus, wie ein Wurm. Ich habe es stundenlang beobachtet. In diesen Zeiten haben sich die Sternbilder weiter bewegt, aber dieses Objekt blieb an Ort und Stelle. Es scheint mich jedes Mal zu rufen, wenn es dort steht. Kannst du erklären, was es sein könnte?

Kiraël: Natürlich. Es ist ein unbemannter Lauschposten, den die Andromedaner dort in ungefähr zweitausend Lichtjahre Entfernung aufgestellt haben. Sie werden immer offensichtlicher für die Menschen werden und doch könnte jemand neben dir stehen und es nicht sehen. Es hängt ganz davon ab, mit welcher Schwingung du in Resonanz bist.

Frage: Ich habe gelesen, dass eine Gruppe von Außerirdischen versucht hat, hier auf die Erde zu kommen, um Menschen zu kidnappen und zu sezieren, um so an das Liebes-Element aus ihrer DNS zu kommen.

Kiraël: Ich kenne keinen Außerirdischen, der den Liebes-Aspekt nicht hat. Auf jeden Fall würden sie sich euch individuell nähern, um zu versuchen, Liebe zu gewinnen. Ironischerweise wissen die meisten von euch gar nicht wirklich, was Liebe ist. Tut mir leid, aber das ist wahr. Ihr versucht Liebe zu lernen. Niemand hier versteht Liebe wirklich, deswegen kann ich mir nicht vorstellen, warum Außerirdische hierher kommen sollten, um sie aus eurer DNS zu saugen.

Zu den Hauptaufgaben, um deretwillen ihr hier seid, gehört es, euer emotionales System zu verstehen. Der emotionale Körper ist die Nummer eins im Vier-Körper-System, nicht der physische Körper. All jene unter euch, die mit ihren Emotionen kämpfen, sie anstauen oder diejenigen, die versuchen durch das Leben zu kommen, indem sie emotional auf Sparflamme leben, verschwenden höchstwahrscheinlich ihre Lebenszeit!

Ihr seid in eurem Vier-Körper-System hier, um die emotionalen Aspekte des Selbst zu lernen. Habt ihr gelernt, die emotionalen Zentren zu aktivieren, wird die Liebesessenz Wirklichkeit. Wenn ihr das verstehen würdet, könnten wir das ganze Gespräch hier und jetzt beenden. Ihr seid hier, um zu lernen, was Liebe ist und Liebe zu erfahren.

Das Thema der Entführung durch Außerirdische erregt bei vielen Menschen Angst. In Wahrheit kann nicht ausgeschlossen werden, dass so etwas irgendwann einmal stattgefunden hat. Es hat hier auf eurem Planeten natürlich viele Besucher gegeben und nicht alle von ihnen waren so hoch entwickelt wie jene, die zurzeit im Dienst sind. Es gab eine Zeit, da waren die Energien, die in Kontakt mit der Erde standen, einseitig in der Geistesbeherrschung hoch entwickelt, aber es mangelte ihnen in anderen Systemen, wie zum Beispiel Emotionen. Einige von ihnen hatten sogar die Vorstellung, dass sie die Evolution abkürzen könnten, indem sie Gene der emotionaleren Erdwesen verwendeten. Es dauerte nicht lange, bis sie entdeckt haben, dass der Aufstieg eine Reise ist, bei der es keine Abkürzungen gibt.

Frage: Welche Außerirdischen lebten während der lemurischen Zeit auf der Erde?

Kiraël: Die lemurische Kultur beruhte vorwiegend auf dem plejadischen Wissen, während die atlantische von sirianischen Schwingungen geprägt war. In einem anderen Teil dieses Buches wird gezeigt, wie die Verbindung zwischen diesen beiden Schwingungen dazu geführt hat, dass die Menschheit mit Angst zu arbeiten begann. Seid also auf Erklärungen gefasst, die viele Fragen aufwerfen und viele eurer Überzeugungen infrage stellen werden.

Frage: Du hast erwähnt, dass die Wale Signale von dem Hale-Bopp Kometen erhalten haben. Warum brauchen sie diese Signale, wenn sie doch Hüter so vieler Informationen sind?

Kiraël: Den Walen wurde mitgeteilt, dass es an der Zeit ist, ihre Informationen freizusetzen. Hale-Bopp hat viele Auswirkungen gehabt – unter anderem diente er den Walen als Wecker.
Alle großen Kometen haben Einfluss auf die Gestaltung der Geschichte. Sie dienen als Koordinationspunkte für die Abstimmung planetarischer Ereignisse. Die Außerirdischen verwenden diese Ereignisse als Tarnung für ihre Aktivitäten, aber mit der euch heute verfügbaren Technologie werden sie oft entdeckt. Daher gab es so viele Kontroversen und genaue wissenschaftliche Untersuchungen zu Hale-Bopp.

Frage: Wie steht Hale-Bopp in Beziehung zum Christus-Bewusstsein und zu den Außerirdischen?

Kiraël: Christus stand mit der galaktischen Bruderschaft in Kontakt. Das Christus-Bewusstsein wusste um die galaktische Natur der großen Pyramide und der Sphinx. Den Ägyptern jener Zeit wurde gesagt, was sie aufschreiben und dass sie die »Flugmenschen« nicht erwähnen sollten. Einige Überreste sind trotzdem noch auf den Wänden zu erkennen. Die Christus-Energie wird zur gleichen Zeit hier sein wie die Außerirdischen. Das ist die Wahrheit eurer Schöpfer-Energie. Nicht nur die so genannten Außerirdischen werden zu euch kommen, sondern auch die Christus-Energie. Zur Zeit des Wandels werden sich auch viele der großen Meister zu euch gesellen, denn aus ihrer Weisheit werdet ihr all den Rat empfangen, den ihr braucht.

Die Beziehung zwischen dem Kometen und den Außerirdischen hat nicht viel mit Hale-Bopp selbst zu tun, sondern mit der dahinter stehenden Energie. Hale-Bopps »Fracht« bestand aus Hunderten von Raumschiffen. Wenn Hunderte von Fahrzeugen auf eurer Erde landen, die größer sind als alles, was ihr bislang gesehen habt, das wird wirklich der Weckruf für euch sein.

Frage: Was ist die wahre Bedeutung der Korn-Kreise?

Kiraël: Sie sind Kommunikationsmuster, deren vielschichtige Botschaften nicht nur an die Erdenwesen gerichtet sind, sondern auch an viele andere Lebensformen, die den Wandel beobachten.
Die frühen Erscheinungen dienten dazu, den evolutionären Stand der Erde zu verifizieren. Die neuesten sind komplexe Diagramme, Analogien zur Umstrukturierung von Teilchen, um solche Muster wie eure DNS zu entwickeln.

Frage: (Kiraël wird ein Foto gezeigt) Was bedeutet dieser Korn-Kreis?

Kiraël: Es gibt eine ganze Reihe von Bedeutungen, doch eine ist besonders interessant. Sie bezieht sich auf »Zehn Jahre nach der Ankunft der verdunkelten Zeiten auf diesem Planeten.« Damit ist eine Zeit gemeint, die noch kommen wird. Dieser Prozess wird »doktorianisch« genannt und hängt möglicherweise mit einer Gesellschaft zusammen, die der alten Zivilisation von Mu ähnelt. Diese Periode ist auch auf den Wänden der großen Pyramiden sowohl in Ägypten als auch auf dem Mars gut dokumentiert.
Auf diesem Bild gibt es Hinweise darauf, dass der Große Wandel sich kurz nach der Jahrtausendwende ereignen wird. Seine Symbole bieten den Wissenschaftlern die Möglichkeit, in Dialog mit Energien zu treten, die nicht aus dieser Dimension sind. In einem nächsten Buch wird es um dimensionale Übergänge gehen. Durch ihre Ignoranz gegenüber dem Kornkreis-Phänomen verpasst die Menschheit unglaubliche Möglichkeiten zum Verständnis.

Frage: Hat Mutter Natur die Viren erschaffen, um die Population niedrig zu halten, weil die Menschen sonst keine natürlichen Feinde mehr haben?

Kiraël: Lasst uns nicht an Mutter Natur herumnörgeln. Viele eurer Viren kommen aus dem Weltall und mindestens genauso viele wurden leider von Menschen erschaffen, als sie versuchten, etwas anderes zu verbessern.
Die meisten Impfungen bestehen aus Strängen der eigentlichen Krankheit. So sind Dinge entstanden, die außer Kontrolle geraten sind. Verschwörungen haben Regierungen dazu verführt, Heilmittel für Krankheiten wie Syphilis zurückzuhalten, um zu sehen, wie sie sich ohne Behandlung entwickeln. Es gab keine Notwendigkeit für die Menschen, so zu leiden. Nach dem Wandel werden solche Spiele und Verschleierungen nicht mehr nötig sein.

Frage: Wie bereiten sich die Außerirdischen auf diesen Großen Wandel vor?

Kiraël: Vor kurzem griff eine Gruppe Außerirdischer sehr schnell und entschieden bei einem Geheimprojekt namens Boom-Box ein, bei welchem ein Empfänger in die Nähe der hawaiianischen Inseln und ein Sender kurz vor die Westküste Amerikas platziert wurde. Auf dieser Distanz von etwa 2.500 Meilen sollte eine Klangwelle verlaufen, mit deren Hilfe die Wissenschaftler die Temperatur auf dem Meeresgrund messen wollten.
Stellt euch nur einmal vor, welch intensiver Ton dafür notwendig gewesen wäre! Dieses hochfrequente Signal hätte kilometerweit alle Fischpopulationen vernichtet. Und was hätte es erst den so klangempfindlichen Walen und Delfinen angetan.
Sie riefen um Hilfe und sie haben sie erhalten. Ein außerirdisches Fahrzeug sandte drei Energiestöße in die Atmosphäre der Erde. Der erste warnte die Lebensformen in diesem Bereich vor dem Schiff, welches die Ausrüstung an Bord hatte. Der zweite durchtrennte die Kabel, welche das Gerät mit dem Schiff verbanden,

woraufhin das Gerät in einen der tiefsten Bereiche des Ozeans sank. Der dritte beschädigte bestimmte Teile des Geräts, so dass es als irreparabel galt.

Diese Aussagen werden viele Fragen aufwerfen. Wenn ihr nachforscht, wer dieses Projekt finanziert und abgesegnet hat, werdet ihr begreifen, was es bedeutet, gegen eine Betonwand zu laufen. Ich erzähle euch das, weil es solche Projekte gibt. Es ist an der Zeit, dass sich die Öffentlichkeit dessen bewusst wird, denn die galaktische Allianz wird nicht immer, so wie in diesem Fall, eingreifen können. Dieses forsche Eingreifen war höchst außergewöhnlich und die Andromedaner wollen dafür sorgen, dass eine solche direkte Intervention bis zum Höhepunkt des Wandels nicht wiederholt wird.

Also noch einmal: Warum erzähle ich euch das, meine Freunde? Weil ihr mir wichtig seid.

Frage: Welche Rolle werden die Außerirdischen nach dem Wandel spielen?

Kiraël: Freundet euch schleunigst mit ihnen an, denn nach dem Wandel werden euch fossile Brennstoffe nichts mehr nützen und sie kennen Alternativen.

Kurz gesagt werden die Andromedaner, die jetzt für eure Sicherheit sorgen, nach dem Wandel die Trümmer wegräumen. In ihrem neuen Fahrzeug haben sie Technologien, mit denen sie viele Dinge entfernen können, die der Erde nichts mehr nützen. Die Sirianer werden ihre Technologie einsetzen, um der Erdbevölkerung beim Überleben zu helfen, und als nächstes werden wahrscheinlich die Plejader euch spirituelle Lehren anbieten und zeigen, wie ihr mit den Räten zusammenarbeiten könnt. Denkt daran, dass die galaktische Bruderschaft nur etwas beiträgt, wenn sie dazu eingeladen ist. Daran kommen sie nicht vorbei.

Frage: Kannst du erklären, wie wir uns und andere auf das baldige Kommen der galaktischen Bruderschaft vorbereiten können?

Kiraël: Als Erstes macht euch keine Sorgen. Wenn sie kommen, dann erscheinen sie in solch riesigem Umfang, dass alle nur mit offenem Mund zuschauen werden. Ihr werdet davon so in Bann geschlagen sein, dass sich nach dem Erscheinen der ersten Welle erst einmal eine große Ruhe ausbreiten wird. Ihr werdet auf keinen Fall Konflikte mit ihnen erfahren. Sie kommen nicht, um euch irgendwie zu schaden, wie es in manchen Filmen dargestellt wird. Sie kommen, um euch in einer Zeit zu helfen, zu der ihr diese Hilfe dringend benötigt.

Frage: Du hast gesagt, dass manche Sirianer nach dem Wandel zu ihren Schiffen zurückkehren werden. Meinst du mit diesen »Schiffen« den Tod oder tatsächlich ein sirianisches Raumschiff?

Kiraël: Diejenigen von euch Sirianern, die zu ihren Schiffen zurückkehren, werden das im buchstäblichen Sinne tun. Manche werden dabei nicht auf die physische Erdenebene zurückkehren wollen. Die Antwort, mein Freund, ist, dass all diejenigen von euch mit direkten Verbindungen zu Außerirdischen, sich zum größten Teil dafür entscheiden werden, zu ihren jeweiligen Fahrzeugen zurückzukehren.

Frage: Die Andromedaner sagen, dass alle Schwarzen Löcher seit dem 23. März 1994 gleichzeitig eine bestimmte Frequenz ausstrahlen. Hat diese Frequenz Bedeutung für die Heilung der Erde? Hat sie Auswirkungen auf die Bewegung des planetarischen Systems in den Photonengürtel? Gibt es eine Möglichkeit, Zugang zu dieser Frequenz zu bekommen?

Kiraël: Du bist auf dem richtigen Weg, mein Freund. Sie wurde eingerichtet, um euch zur Verfügung zu stehen, aber das Massenbewusstsein ist noch nicht soweit. Sobald das Massenbewusstsein erwacht, werdet ihr Zugang dazu haben.

Frage: Seit kurzem höre ich jedes Mal, wenn ich meditiere, eine Stimme, die zu mir spricht und Fragen beantwortet. Ich bin nicht in der Lage, mich an das, was sie sagt, zu erinnern. Ich weiß nicht, was es mit dieser Stimme auf sich hat. Wenn die Zeit der Fragen und Antworten vorbei ist, gerät mein Körper in Schwingung. Ein Freund sagt, es sei ein Geistführer. Vielleicht mein Höheres Selbst. Kannst du mir das erklären?

Kiraël: Du hörst einen Todesgesang, eine Botschaft von einem Planeten, der vor Lichtjahren gestorben ist. Dein bewusster Verstand schaltet ab, weil er die Informationen nicht versteht. Diese Zivilisation versucht euch zu erzählen, wie sie ihren Planeten auf ähnliche Art zerstört hat, wie ihr es jetzt mit der Erde tut und wie ihr das gleiche Schicksal vermeiden könnt. Ich sage nicht, dass du die Verantwortung dafür übernehmen musst, solche Informationen zu empfangen, aber wenn du sie in Liebe und Schönheit annehmen kannst, werden sie dich nicht belasten.
Versuche es mit automatischem Schreiben. Durch die Übersetzung mag ein wenig verloren gehen, aber dann kannst du es in Englisch lesen. Höre gut zu und schreibe die Worte auf das Papier. Gib sie jemandem aus der Inward Healing Center Organization. In den Botschaften geht es nicht so sehr um den Tod eines Planeten, sondern um das Recht des Lebens auf eurem Planeten.

Ich schließe nun dieses Kapitel und hoffe, dass es weitgehend klar geworden ist. Das ist nicht so einfach, denn um das Thema der Außerirdischen ranken sich immer noch viele Geheimnisse und es erheben sich sofort Bedenken.
Es wird gesagt, dass es Lichtjahre dauert, um auch nur das nahe gelegenste planetarische System zu erreichen. Bei euren konventionellen Brennstoffen kommen da astronomische Zahlen zusammen. Deswegen stellen viele die Glaubwürdigkeit von interstellaren Reisen infrage. Doch unsere fernen Freunde verwenden solche Brennstoffe schon seit Jahrtausenden nicht mehr. In ihrer Wirklichkeit haben die Erfindungen sie weit über diese

Energiequelle hinaus zum Antrieb durch energetische Ausrichtung gebracht. Indem sie die Beschränkungen der linearen Masse überwunden haben, sind sie auch nicht mehr durch die Lichtgeschwindigkeit gebunden.

Sie haben bereits viel von ihrer Technologie an diese Welt weitergegeben und hoffen immer noch, dass die Menschheit sie nicht mehr für zerstörerische Zwecke einsetzen wird, so wie sie es in der Vergangenheit getan hat.

Befindet sich die Erde schließlich in der Essenz des Wandels, werdet ihr wissen, dass ihr euch alle gemeinsam entwickeln müsst und dass eure Brüder und Schwestern aus fernen Wirklichkeiten euch dabei zur Seite stehen, um mit euch zu teilen, was ihr bereits seit vielen Leben wisst. In Resonanz mit dem Herzen und unter Überwindung des Egos werden alle neu beginnen – mit der Evolution zu dem EINEN.

SIEBEN

Die vergessenen Ursprünge der Erde

Eure Geschichte beruht auf Fakten, die von einer Generation zur nächsten weitergegeben werden. In diesem Kapitel will ich euch Tatsachen mitteilen, deren Quellen von euren Historikern nicht unbedingt anerkannt sind. Um die Existenz von Orten wie Lemurien und Atlantis anzuerkennen, müsst ihr akzeptieren, dass eure selbstauferlegten Schleier kein Grund mehr sind, euer Leben so weiterzuführen wie bisher.
Die Geschichte dieses Planeten geht viel weiter zurück, als eure Aufzeichnungen euch erzählen. Derzeit beschäftigen sich die Archäologen mit Fundstücken, die hunderttausende von Jahren alt sind und auf uralte, aber hoch entwickelte Zivilisationen hinweisen.
Ich will hier zeigen, dass sich die Menschheit schon viele, viele Male vom so genannten Höhlenmenschen zu einem hochintellektuellen modernen Menschen entwickelt hat. Ihr könnt euch das vielleicht nicht vorstellen, doch es gibt Beweise dafür, dass die Erde schon mehrfach solche großen Wandlungen durchlaufen hat, wie sie euch jetzt bevorsteht.
Allerdings gibt es zwei wesentliche Unterschiede. Erstens wird dieser Wandel keine ganze Zivilisation auslöschen und zum Zweiten geben euch Informationen wie in diesem Buch die Möglichkeit, euch auf dieses Ereignis vorzubereiten. Vorbereitung

bedeutet nicht, sich vor dem Wandel zu verstecken, sondern sich mit Begeisterung in die Veränderungen hineinzustürzen und das innere Selbst in ein ganz neues Jahrtausend reisen zu lassen.

Vor sehr langer Zeit lebte in Lemurien eine äußerst hoch entwickelte Gesellschaft auf der Erde. Ihre Mitglieder hatten sich so weit entwickelt, dass ihnen nur noch wenig zu erfahren blieb. Durch ihre eigene Entscheidung brachte diese Zivilisation das Opfer, ihre DNS-Strukturen so zu reduzieren, dass die menschliche Evolution Erfahrungen meistern konnte, an denen sie immer noch arbeitet.

Weil die Evolution in Lemurien weiter fortgeschritten war als in anderen Bereichen der Erde, wurde die Notwendigkeit von Anpassungen deutlich, um so völlig andere Erfahrungen zu ermöglichen. Das Folgende steht in keinem Geschichtsbuch, doch es wird bald durch archäologische Funde bestätigt werden.

Über Atlantis gibt es viel mehr Material als über Lemurien, weil es eine deutlich jüngere Kultur ist. Ich habe gehört, dass 1998 Taucher vor der Küste einer kleinen Atlantikinsel Goldkanister mit schriftlichen Aufzeichnungen über Atlantis und Lemurien gefunden haben sollen. Sie sind in einer uralten Sprache verfasst. Die Archäologen und Regierungen haben in ihren Archiven viele verschlüsselte Sprachen als Vorlagen, die sie von der galaktischen Bruderschaft erhalten haben und die sie nicht verstehen. Wenn die Aufzeichnungen gefunden werden, wird man sie auch sehr schnell dekodieren können.

Es gibt viele Informationen über Atlantis. Wir wollen uns hier auf die Zeit konzentrieren, als die Bevölkerung von Lemurien kam. Unsere Enthüllungen werden viele Fragen nach dem dahinter liegenden Sinn aufwerfen. Viele werden sich über die Wirklichkeit der irdischen Evolution Gedanken machen. Jener möglicherweise erste Große Wandel steht in Verbindung mit der Schwingung, welche die Erde heute durchdringt. Das hilft uns zu zeigen, was jetzt geschehen muss.

Lemurien: Der Himmel auf Erden

Legt ihr eine Karte von Lemurien über eine vom heutigen pazifischen Ozean, seht ihr, dass das hawaiianische Inselgebiet aus den Bergspitzen Lemuriens besteht.
Die Lemurier hatten in ihrer Entwicklung die fünfte Dimension, eine Ebene reiner Liebe, erreicht. Sie verstanden die Reinheit der Liebesessenz. Zum Beispiel hatten sie keine Regierungen, sondern lebten in einer Kultur, in welcher jeder Mensch das ganze Potential seiner Lernfähigkeit auskosten konnte. Es wurden Räte gebildet, die der Sammlung von Informationen über die Evolution dienten und deren vornehmste Aufgabe in der Verteilung dieser Informationen an die gesamte Bevölkerung lag.
Die ganze Gesellschaft beruhte auf dem Miteinander-Teilen. Niemand verfügte über Wissen, welches ihn oder sie besser machte als jemanden anderes. Einen Mitmenschen auf dem Evolutionsweg zurückzulassen galt als schädlich für das Wachstum aller. Daher war es ein Werk der Liebe, allen zu helfen, auf das gleiche Niveau zu kommen.

Das Ziel war, alle in die dem Schöpfer entsprechende Schwingung zu bringen. Kein einziges Wesen sollte ohne die Unterstützung aller lernen müssen. Dies geschah, indem die Räte universale Informationen sammelten und durch die entsprechenden Mitglieder verteilten.
Ein Rat bestand aus zwölf Mitgliedern, denen jeweils ein Unterrat von zwölf zugeordnet war. Jedem dieser hundertvierundvierzig Mitglieder war ein achtköpfiger Rat zugeordnet, dessen Mitglieder dafür verantwortlich waren, die entsprechenden Informationen zu sammeln. Jedes Ratsmitglied konnte jederzeit, eine einfache Bitte genügte dafür, durch eine sich entwickelnde Seele ersetzt werden. Dies war eine Ehre für dieses Ratsmitglied, zeigte es doch, dass das System intakt war. Auf diese Weise wurde sichergestellt, dass jedes Wesen genug wusste, um jede Position ausfüllen zu können. Dadurch gab es keine Autoritäten. Wer eine Position

in dem so genannten Hohen Rat verließ, wurde damit belohnt, jetzt an seinem weiteren Aufstieg arbeiten zu dürfen.

Lasst uns über die Lemurier selbst reden. Sie verwendeten ungefähr neunzig bis vierundneunzig Prozent ihres Gehirns. Sie beherrschten die Umwandlung von Masse in Energie und konnten so auf Arten reisen und kommunizieren, die euch heute unvorstellbar sind.

Sie atmeten Prana durch das Kronen-Chakra und verwendeten den Mund hauptsächlich zum Essen. Sie aßen nur, um etwas zu feiern. Sie fanden jedoch beinahe täglich einen Grund zum Feiern. Essen war also mehr Zeremonie als Notwendigkeit. Es gab weder Unter- noch Übergewicht – tatsächlich wählten sie ihr Aussehen und gestalteten es dementsprechend.

Die Lemurier lebten so lange wie sie wollten. Ihre Lebensdauer war sehr anders als eure heutige. Ihr lebt mehrere Leben, um verschiedene Erfahrungen zu machen – sie packten so viele wie möglich in ein Leben. Ein Leben dauerte bei ihnen sechshundert Jahre und mehr und sie durchlebten selten mehr als drei oder vier davon.

Beruhte ihre Körperstruktur auf Kohlenstoff? So kann man das, glaube ich, nicht nennen, weil sie Energien aus der fünften Dimension hatten. Sie konnten zum Beispiel willentlich erscheinen und verschwinden, einfach indem sie ihre Schwingungen erhöhten oder senkten. Sie konnten ihre Schwingung senken, um einen bestimmten Aspekt der Evolution noch einmal zu durchleben und sie danach wieder erhöhen. Es gab also nur wenig niedrig schwingende Wesen in Lemurien.

Die Intervention des Schöpfers

In gewissem Sinne hatten sich die Lemurier zur perfekten Zivilisation entwickelt. Für das, wozu die Erde eigentlich erschaffen worden war, waren sie viel zu fortgeschritten. Es musste etwas geschehen, um Rahmenbedingungen für Seelen zu schaffen, die

mit ihrer Entwicklung am Anfang der Menschheit begannen.
Der Plan des Schöpfers wollte es neuen Seelen ermöglichen, jede Erfahrung vollständig zu erleben und auf diese Weise zu lernen und Wissen zu erwerben. Es entsprach dem Weg der Evolution, jeden einzelnen Aspekt von Allem zu erfahren. Der Schöpfer benutzte die Tatsache, dass der lemurische Kontinent seit seiner Entstehung am Sinken war, um die Entwicklung auf der Erde wieder anzupassen. Denkt daran: Dies war nicht das einzige planetarische System, in dem Evolution stattfand. Die anderen Systeme wurden aktiviert, wodurch der Weg der Erde verändert und sie wieder zu der evolutionären Schule werden konnte, als die sie vorgesehen war. Viele mögen darin vielleicht einen Rückschritt sehen, doch es war genau das, was zu jener Zeit nötig war.

Die Evolution auf der Erde ging in völlig veränderter Form weiter und die Lemurier hatten die Wahl, sich entweder in nicht-irdischen Körpern weiter zu entwickeln oder sich an einen neuen Zeitpunkt zu begeben, was einen großen Rückschritt für sie bedeutete.

Ihr fragt euch vielleicht, warum ein so hoch entwickeltes Wesen bereit sein sollte, auf das Minimum menschlicher Existenz zu regredieren. Ihnen ging es vor allem um den Wunsch des Schöpfers, dass die Menschheit sich in dem gleichen physischen Körper entwickeln sollte, um nicht noch einmal ganz von vorne anzufangen. Denkt daran, die Lemurier kannten nur Liebe und vertrauten daher völlig dem Plan des Schöpfers.

In Bezug auf die Einwohner von Atlantis hatte der Schöpfer den Plejadern und Sirianern Anweisungen gegeben, wie der Regressions-Plan abzulaufen habe. Daher haben die Außerirdischen so großes Interesse an dem Ausgang dieses Wandels.

Die Lemurier waren mehr reine, gotterschaffene Wesen. Die Atlanter stammten größtenteils aus eurer Galaxie, waren sich jedoch der Gottes-Energie bewusst. Deswegen sind die anderen Wesen dieser Galaxie genauso Kinder Gottes wie die Erdenwesen oder die Lemurier. Sie alle sind Geschöpfe Gottes.

Das bedeutete, dass die galaktischen Energien einen Teil eurer Bevölkerung bildeten, während der andere Teil direkt aus der

Schöpferkraft stammte. Diese auf Kohlenstoff basierende, humanoide Kombination erzeugt bis zum heutigen Tag das menschliche Element auf eurem Planeten. Inzwischen sind die galaktischen Energien mit den direkt vom Schöpfer abstammenden so vermischt, dass man sie kaum noch unterscheiden kann.

Der evolutionäre Prozess der Atlanter ist sehr interessant. Sie entwickelten sich aus einer sehr mentalen, beinahe maschinenähnlichen Form, in welche die galaktischen Wesen Lichtmuster einpflanzten, was ihnen eine neue evolutionäre Reise ermöglichte. Diese beiden Abstammungslinien haben sich über Jahrtausende hinweg vermischt und eine Gesellschaft entstehen lassen, die inzwischen so hoch entwickelt ist, dass sie nur noch anderen Zivilisationen in ihrer Entwicklung dienen möchte. So verschmolzen zwei verschiedene Energietypen zu einem, der seinen eigenen Aufstiegsweg begann.

Reduktion der DNS

Die ersten Ankömmlinge auf dem, was einst Atlantis sein würde, wurden in die neue humanoide Gestalt der sich entwickelnden Art verwandelt. Als Erstes erlebten sie eine Reduktion des ihnen verfügbaren Gehirns auf acht bis zehn Prozent und eine Veränderung ihrer DNS von zwölf Strängen auf die euch heute bekannten zwei Stränge. Denkt daran, all dies geschah freiwillig. Eine Umkehrung der Evolution war die einzige Möglichkeit, den Seelen Entwicklung und Wachstum zu ermöglichen.

Wenn ihr den Großen Wandel vollendet, werdet ihr wieder zu der Lebensart des lemurischen Zeitalters zurückkehren. Sie begann ganz ähnlich mit Energien der vierten Dimension. Dann verschob sie sich mehr zur fünften Dimension hin. Der jetzige Wandlungsprozess schließt den Kreis, weil ihr endlich aufwacht und eure Ursprünge erkennt. Die Zeiten von Lemurien und Atlantis waren Teil einer spiralförmigen Evolution.

Der Widerhall zellulärer Erinnerungen

Große Meister wie Jesus haben im evolutionären Kontext des Großen Wandels eine höchst bedeutsame Rolle gespielt. Eigentlich hätte der Große Wandel schon zu Lebzeiten des Meisters Jesus stattfinden sollen. Weil es jedoch nicht geschah, wurde Meister Jesus zu einem wichtigen Fokus der Menschheit. Zum Teil wurde der Aufstieg erst durch das, was mit Meister Jesus und seinen Lehren geschah, möglich. Er lehrte die Reinheit der Liebe und Heilung, doch die Welt war noch nicht bereit, die Liebe in ihrer ganzen Fülle zu leben. Der Wandel wurde um zweitausend Jahre nach hinten verschoben. Es war eine Frage von zu viel Licht und zu viel Liebe, meine Freunde.

Warum entsteht bei vielen Menschen Furcht, wenn wir von den Landungen Außerirdischer sprechen? Weil dieses Szenario zu einem früheren Zeitpunkt der Geschichte eine massive Umkehrung der Evolution mit sich gebracht hat. Auch wenn es dem großen Plan des Schöpfers entsprach, tragen viele Erdenwesen in ihren Zellerinnerungen immer noch das Gefühl mit sich herum, dass diese Umkehr nicht richtig war. Ein UFO zu sehen, löst daher auf zellulärer Ebene immer noch Angst aus. Das wird so bleiben, bis das gegenwärtige Körpersystem seine Schwingung erhöht.

Die Umkehrung war auch ein Großer Wandel – wahrscheinlich wird es so etwas hier nie wieder geben, doch es gehörte zum großen Plan. Viele der heutigen Erdbewohner tragen die zelluläre Erinnerung an den großen Umbruch noch in sich, der mit dieser massiven Veränderung einhergegangen ist. Deswegen verweigern sich viele in ihrem Bewusstsein dem kommenden Wandel. Die Erinnerung ist einfach zu bedrohlich.

Der Unterschied besteht darin, dass es diesmal keine Umkehr, sondern eine Rückkehr zur ursprünglichen Ebene ist. Lasst euch also nicht entmutigen. Denkt daran, dass ein großer Teil dieser Furcht so tief in den Zellen sitzt, dass es fast unmöglich für euch ist, Zugang dazu zu bekommen. Denkt daran, dass eure Gesellschaft auf Angst aufgebaut ist und mit jeder Bewegung zur Klarheit hin das Erwachen aller gefördert wird. Liebe ist die Antwort, meine Freunde.

Pyramiden

Wir wollen jetzt die Pyramiden in Ägypten betrachten. Auch hier gibt es einen Unterschied zwischen der historischen Überlieferung und der Wirklichkeit. Die Pyramiden sind erheblich älter als das Zeitalter der Pharaonen vor etwa sechstausend Jahren. Die Wasserspuren an der Sphinx beweisen das. Langsam aber sicher bestimmen die Wissenschaftler das wahre Alter der Pyramiden. Dabei werden sie Interessantes erfahren.
Die drei großen Pyramiden wurden vor Äonen erbaut. Sie entsprechen den Pyramiden auf dem Mars und stehen in Übereinstimmung mit den drei Sternen aus dem Gürtel des Orion. Jede dieser Pyramiden, die nicht nur auf der Erde und auf dem Mars, sondern auch auf dem Pluto und anderen Planeten zu finden sind, wurde von hoch entwickelten Zivilisationen erbaut. Die Wissenschaftler meinen, sie wurden erbaut, indem ein Steinblock auf den anderen gesetzt wurde. So war es jedoch nicht. Sie wurden mit Hilfe von Klang errichtet. In gewissem Sinne wurden sie in Existenz vibriert. Die alten Ägypter konnten das nicht. Wie sollte eine Kultur, die mit ihren Sklaven und Booten begraben werden wollte, über solche Technologien verfügen?
Die Ägypter lernten jedoch, die Pyramiden in kleinerem Maßstab zu kopieren. Auf den Inschriften gibt es Hinweise auf Raumschiffe und Personen mit übermäßig großen Köpfen, aber sie werden nicht veröffentlicht.
Die Große Pyramide in Ägypten ist bis zum heutigen Tag ein wichtiger Orientierungspunkt auf der Erde. Zusammen mit den Großen Pyramiden auf Mars und Pluto zeigen die genauen Orte eine galaktische Verbindung zwischen den drei Planeten. Jedes

Mal, wenn der Schöpfer mit galaktischen Wesen und dem Engelreich zusammengearbeitet hat, wird eine Pyramide als Zeichen errichtet, dass bedeutende Ereignisse hier begonnen haben. Außerdem dient die Pyramide den Außerirdischen zur Orientierung bei ihren Landungen. Deswegen haben alle größeren Planeten mit lebensfreundlichen Bedingungen mindestens etwas Ähnliches, wenn nicht sogar den gleichen Fokussierungspunkt.

Vor kurzem wurde vor der Südspitze von Big Island, Hawaii, eine neue Pyramide entdeckt. Sie ist fast genauso groß wie die Große Pyramide und besteht größtenteils aus Kristallen.

Die Unterwasserbeben in der Nähe von Big Island werden von Außerirdischen ausgelöst, die versuchen, die Pyramide von vulkanischem Schutt zu befreien, um ihr Signal klarer empfangen zu können. Denkt daran, dies war auch ein Teil von Lemurien. Im Laufe der Zeit wird die wahre Bedeutung von Lemurien erkannt werden.

Sowohl die Große Pyramide in Ägypten als auch die Pyramide bei Big Island stehen auf 19.50 nördlicher Breite. Nehmt die Große Pyramide, dazu jene, die nur um Haaresbreite verschoben ist und die neue vor der Südspitze von Big Island und verbindet sie zu einem Dreieck, so werdet ihr etwas Faszinierendes entdecken, was ich in einem zukünftigen Buch genauer beschreiben werde.

Wale und Delfine

Ein wichtiges Stück in dem Puzzle um die Ursprünge der Erde sind die Hüter des Wissens, die Wale und Delfine. Im Laufe der Jahrtausende haben die Wale Informationen über die Geschichte der Erde gesammelt und gespeichert. Der größte Teil ihrer Informationen stammt aus dem, was wir die »magnetischen Resonanzfelder« nennen, die durch das kristalline Fundament der Erde aufgeladen werden. Mutter Erde absorbiert und speichert jeden Gedanken in Hinblick auf zukünftige Verwendbarkeit. Sie speichert sie in ihrem kristallinen Fundament, von wo sie an jeden ausgestrahlt werden können, der empfangsbereit ist – in diesem Fall zu den Walen, weil sie über die notwendige Gehirnkapazität verfügen. Der größte Teil der in den Kristallen gespeicherten Geschichte wurde bereits in das Bewusstsein der Wale übertragen, weil die Kristalle Informationen nur ein paar Jahrhunderte lang speichern können. Außerdem werden die Kristalle bei den Erdveränderungen stark beansprucht und es besteht die Gefahr, dass dabei Informationen verloren gehen könnten. Daher wird alles an die Wale weitergeleitet, die es ihrerseits von Generation zu Generation weitergeben. Als Menschen denkt ihr vielleicht, dass sie dabei etwas in ihrem eigenen Interesse verändern könnten. Sie haben aber keinerlei Motivation dafür, sie wollen nur in Einklang mit dem Schöpfer sein.

All die Informationen, welche die Wale hüten, stehen jedem offen, der sie braucht, und zwar genauso viel davon, wie er benötigt. Ihr mögt der Ansicht sein, dass ihr alles wissen solltet. Könntet ihr, als durchschnittliche, dreidimensionale, auf Kohlenstoff aufgebaute Wesen, jedoch durch die Augen der Wale sehen, wie das Leben in der Vierten Dimension ist, hättet ihr keinerlei Verlangen mehr eure jetzige Reise fortzusetzen. Die Schönheit würde euch überwältigen. Wir müssen vorsichtig sein, deshalb gebe ich euch diese Informationen auch nur nach und nach. Würde ich euch alles zeigen, so würdet ihr keine Lust mehr haben eure Evolution fortzusetzen – aber ihr würdet auch alle damit verbundenen Erfahrungen verpassen und all den Spaß.

Die Wale stehen in starker Resonanz mit der galaktischen Energie – die Delfine dagegen schwingen in der lemurischen Essenz. Die Wale führen die Chronik dieser Dimension auf einer sehr mentalen Ebene, während die Delfine mit der menschlichen Evolution in Austausch stehen. Sie versuchen, den Menschen zu zeigen, wie ihr unstillbares Verlangen nach »Mehr von Allem« ihnen einen Zustand der Harmonie unmöglich macht. Viele Delfine sind gestorben, um euch zu zeigen, dass alle diesen Planeten gemeinsam bewohnen können. Dass immer noch so viele von ihnen bei eurer Ausbeutung der Meere in euren Fischernetzen ums Leben kommen zeigt, dass sie nicht sehr erfolgreich waren. Ich sage das nicht, damit ihr euch schlecht fühlt, sondern um euch die Treue dieser sanften Wesen, die euch so sehr lieben, bewusst zu machen.

Fragen und Antworten

Frage: Sind jene, die in der Genforschung arbeiten, Reinkarnationen von Atlantern? Waren sie damals für die Reduktion der DNS verantwortlich?

Kiraël: Das stimmt, doch es ist wichtig zu wissen, warum. Sie wirkten damals zwar im Sinne des Schöpfers, doch sie glauben immer noch, dass die Erfahrung unvollständig war, weil sie die Wahrheit des Plans immer noch nicht begreifen. Die Lektion geht jedoch weiter und viele versuchen, ihre Rolle darin zu begreifen. Geduld, meine Freunde, Geduld.

Frage: Könntest du mir mein Bedürfnis erklären, nach Südamerika reisen zu wollen?

Kiraël: Einer der Gründe ist, dass du eine Verbindung aus einem vergangenen Leben dorthin hast. Während des so genannten Exodus aus Lemurien nach Atlantis gab es in Mittel- und Südamerika eine Gesellschaft, die ihr jetzt die »Roten« nennt (die Indianer). Es wird nicht viel darüber geredet, aber sie haben großartige Heiltempel errichtet und das »Heilen durch Berührung« gemeistert. Ihre Tempel hatten monumentale Ausmaße, einer davon erstreckte sich über sechzehn Hektar!

Eure Archäologen entdecken zurzeit Straßensysteme, die zu dem verzweigtesten Handelsnetz der Menschheit gehören. Ihr könnt das in neueren wissenschaftlichen Veröffentlichungen nachlesen.
Du fühlst dich dorthin gezogen, weil es um deine Heilfähigkeiten geht. Du wirst dort erkennen, dass es beim Heilen um noch viel mehr geht, als darum, wo du deine Finger hinlegst. Keine Heilung gleicht je der anderen und oft sind viele verschiedene Formen nötig, um einen Menschen zu heilen. Sobald die Heiler das ganze Vier-Körper-System begreifen, werden neue, außergewöhnliche Heilweisen auftauchen. Ihr habt nicht nur die Fähigkeit zu berühren. Ihr

seid auch bereit für »geistige Chirurgie«*. Dabei geht ihr einfach mit eurer bewussten Energie in das Innere des Körpers.

Frage: Kannst du etwas über die Informationen sagen, die in der Großen Pyramide enthalten sind?

Kiraël: Ihr wisst ja bereits, dass die Wissenschaftler in der Großen Pyramide einen besonderen Raum geöffnet haben. Manche Leute glauben, dass der größte Teil der wichtigen Informationen darin bereits gestohlen worden sei. Vielleicht haben die Diebe tatsächlich ein paar weniger bedeutsame Dinge entwendet, doch bislang war niemand in der Lage, mit dem magnetischen Material in Resonanz zu treten, welches die wahren Geheimnisse enthält, die so genannten »Geheimnisse des Lebens«. Ihr könnt mir glauben, dass zum rechten Zeitpunkt die richtige Person die Menge an Material buchstäblich aufrollen wird. Diese Informationen werden die Quelle sein, aus welcher das Verständnis erwachsen kann, mit dem sich die Energie der Dritten Dimension auf den Plan der Vierten und Fünften Dimension einschwingen kann – ein Plan, der euch in das nächste Jahrtausend und darüber hinaus tragen wird. Deswegen kann nicht jeder damit in Resonanz treten. Nach dem Erwachen wird auch die Mehrheit der Bevölkerung die Inhalte verstehen und wissen, wie sie anzuwenden sind.

Frage: Wie weit reicht die Akasha-Chronik zurück? Wie alt ist sie?

Kiraël: Diese Chronik ist jedem Energiemuster zugänglich, das reine Liebe ausstrahlt und die Absicht in sich trägt, mit der gesuchten Information niemandes Lebensweg zu stören. Einfach ausgedrückt, diese Chronik ist eher für jene hoch entwickelten Wesen zugänglich, die sich auf dem Weg von einer Ebene zur nächsten befinden.

---

* Chirurgie, wie sie beispielsweise die Geistheiler auf den Philippinen praktizieren. Anmerk. der Übersetzerin

Oft werden Geistführer gebeten, Informationen aus dieser Quelle zu holen. Haben sie das Muster gefunden, so müssen sie herausfinden, ob diese Informationen eine Erfahrung stören werden oder nicht. Nur wenige lineare Gedankenmuster bestehen diesen Test. Es sind noch weitere Läuterungen nötig. Wenn du also das nächste Mal einen Geistführer bittest, dir durch Informationen aus der Akasha-Chronik deine Erfahrungen zu entwirren, sei nicht enttäuscht, wenn du weniger erfährst, als du erwartet hast.
Es wird gesagt, dass in dieser Chronik die Zeit enthalten sei – in Form aller Gedanken, die je waren oder sein werden. Diese Essenz in linearer Weise messen zu wollen wäre so, als wolle man die Gott-Energie selbst datieren. Das ist natürlich unmöglich, denn die Zeit existiert erst innerhalb dieser Wirklichkeit.

Frage: Ich habe in einem Artikel gelesen, dass die Erde kurz nach der Errichtung der Pyramiden eine Katastrophe erlebte, die die ganze Bevölkerung vernichtet hat.

Kiraël: Nun, dieser Zeitbezug ist nicht ganz richtig, aber ja, es gab eine große Katastrophe – die Sintflut. In eurer Geschichte klingt es allerdings so, als hätte nur ein Mensch sie so erlebt. Dies ist einer der Gründe, weshalb so viele von euch in Furcht leben.
In diesem Kapitel über die vergessenen Ursprünge wollte ich auf die einfache Wahrheit hinweisen, dass alle, die hier auf der Erde sind, diesen Wandel erleben werden. Wie viel Angst ihr dabei habt hängt davon ab, wie verschleiert euer Bewusstsein ist. Der Schleier kann nur dünner werden, wenn ihr bereit seid, von der Angst zur Liebe überzugehen und die größeren Zusammenhänge zu erkennen.
Bitte begreift eins: In der Zeit des Meisters Jesus gab es die Gelegenheit, sich für den Wandel zu entscheiden. Sie ist verstrichen. Dieses Mal spielt Mutter Erde mit großer Kraft mit und sie wird sich nicht verdrängen lassen. Sie wird all die Zerstörung auf ihr nicht mehr länger zulassen.

Eure Ursprünge sind nicht vergessen. Sie beginnen mit der alles Bewusstsein durchdringenden Erinnerung zu leuchten. Was vergessen schien, drängt sich in den Vordergrund und wer bereit ist sich zu bewegen, wird alles haben, was er dafür braucht.

Es wird in ferner Zukunft eine Zeit kommen, in der eine Seele die großartige Vergangenheit betrachten und auf diese Zeit stoßen wird, in der ein ferner Planet namens Erde einen großen Bewusstseinswandel durchlebte. Sie wird sehen, dass sich ungefähr sechs Milliarden Wesen in diesen Wandel hineinbegeben haben und nach der Verbindung aller Aspekte ungefähr zwei Milliarden Energiemuster entstanden waren.

Ihr braucht nicht lange zu rechnen: Ungefähr vier Milliarden werden den Planeten verlassen wollen. Bevor sich jetzt Angst ausbreitet, will ich das mit den »Aspekten« näher erklären. Die meisten von euch sind Teil einer Seelengruppe, von der jeweils zwei oder drei Aspekte oder Inkarnationen des Selbst gleichzeitig hier auf der Erde leben. Wenn der Wandel seinen Höhepunkt erreicht, werden die sich hier entwickelnden Aspekte miteinander zu einer Essenz verschmelzen (zu dem Wesen mit der höchsten Schwingung), um das neue Verständnis zu verarbeiten.

ACHT

Drei Tage Dunkelheit

Ich will dieses Kapitel damit beginnen, mich schon gleich zu entschuldigen, falls es irgendwelche Ängste auslösen sollte. Das ist auf keinen Fall meine Absicht und ich will es unbedingt vermeiden. Bei den drei Tagen Dunkelheit geht es nicht um Angst und Panik, sondern um den Aufstieg in die Vierte Dimension. Falls doch Furcht aufsteigt, entschuldige ich mich zutiefst. Ich will euch nur auf den Aufstieg vorbereiten, nichts anderes. Es geht in dem Großen Wandel um Liebe – wenn ihr euch fürchtet, dann nur, weil ihr euch dafür entschieden habt. Wählt weise, meine Freunde, denn der Wandel wird der Anfang eines großen Erwachens sein.

Die drei Tage Dunkelheit hängen mit dem Eintritt der Erde in den Photonengürtel zusammen. Sie sind der Anfang des Wandels oder des Aufstiegs in die Vierte Dimension. Ich will euch kurz erklären, was in dieser Zeit geschehen wird. Insgesamt wird es sieben bis zehn Tage dauern, d.h. etwa drei Tage Vorbereitung, dann die drei Tage echte Dunkelheit und dann noch zwei bis drei Tage Dämmerung nach dem Wandel.

Der erste Tag der Vorbereitung

Zu diesem Zeitpunkt werdet ihr das Gefühl haben, dass alles drunter und drüber geht. Das soll euch keine Angst einjagen. Der Schöpfer lässt die Angst zu, aber ihr müsst euch nicht darauf einlassen. Alle, die dieses Buch lesen, wissen, was da auf sie zukommt und können sagen: »Dies ist genau das, was Kiraël uns angekündigt hat.« Ihr werdet trotzdem mit der Angst zu kämpfen haben, weil sie die ganze irdische Ebene durchdringen wird. Tiefe zelluläre Erinnerungen werden erwachen und sollen ins Bewusstsein treten. Die Lichtwesen haben das so ersonnen, um sicherzustellen, dass es jeder durch den Wandel schafft, indem er wirklich seine Ängste heilt. Ihr lebt so viel in Angst, dass ihr auch viele, eigentlich gute Dinge aus Angst tut. Es ist ein Teil des göttlichen Plans, dass ihr eure Ängste heilt.
Es gibt noch einen weiteren Grund, warum ihr versuchen solltet, mit euren gegenwärtigen Ängsten umzugehen. Seid ihr nämlich darin geübt, mit euren Ängsten umzugehen und sie aufzulösen, so tut ihr euch leichter mit dem Wandel. Heute habt ihr Ängste wie: »Kann ich meine Rechnungen bezahlen?«, »Wird meine Ehe halten und wenn nicht, was mache ich dann?«, »Wird mich diese Investition mein ganzes Geld kosten?« All diese Ängste sind natürlich sehr real, doch im Grunde müsst ihr nur bereit sein, euch mit dem Problem auseinanderzusetzen, bis es sich ganz klar zeigt. Und dann zeigt sich, dass es gar nicht das Schreckgespenst ist, das ihr am Anfang darin gesehen habt. Meistens stellt ihr fest, dass ihr durchaus damit umgehen könnt. Deswegen betone ich immer wieder, dass ihr hier so viel lernen sollt wie möglich. Wenn ihr gelernt habt, so gut wie möglich mit euren Ängsten umzugehen, wird der Wandel ein Abenteuer für euch sein und kein Albtraum. Übung macht den Meister.
Am ersten Tag werdet ihr die Schwingung der Illusion massenhafter Zusammenbrüche und scheinbar verheerender Verwüstungen erleben. Ihr werdet die Dritte Dimension buchstäblich verlassen und in die Vierte Dimension geraten, wo die Photonen-Energie mit

ins Spiel kommt. Ihr werdet spüren, wie die Erde durch so massive Verschiebungen geht, wie ihr sie noch nie erlebt habt. In den ersten zwölf Stunden dieses Tages werdet ihr kaum umhergehen können. Ihr werdet gezwungen sein, an Ort und Stelle zu bleiben.
Mutter Erde kommt auf diese Weise abrupt zum Halten. Sie schüttelt sich und bringt viele ihrer Aspekte wieder in Einklang. All dies ist bereits vorgezeichnet und sie weiß genau, wie weit sie gehen kann, ohne sich ganz aus der Bahn zu werfen. Das werden also die ersten Zeichen sein: Massive Unruhen und darauf folgend ein großes Rumpeln der Erde.
Eine Reihe von Erdbeben wird dem vorausgehen. Erdbeben werden zu jener Zeit bereits zur Tagesordnung gehören. Damit meine ich keine Beben der Stärke acht oder neun auf der Richter-Skala, sondern fünf, sechs oder weniger. Daran könnt ihr erkennen, dass sich Mutter Erde bereit macht. Doch sobald sie sich in die richtige Ausgangsposition für den Wandel begibt – die Energie verschiebt sich dann von der Dritten Dimension zur Vierten und die Photonen-Energie umgibt bereits die Erde –, wird sie sich mit ein paar letzten Drehungen vorbereiten. Deshalb werdet ihr in den ersten zwölf bis sechzehn Stunden des ersten Tages Schwierigkeiten haben, aufrecht stehen zu bleiben. Nur keine Angst! Wisst ihr, wie oft ihr daran erinnert werden müsst? Bitte keine Panik! Wenn ihr in diesen ersten Stunden nicht in Panik geratet, werden sich die Dinge beruhigen und das Rumpeln und Wackeln wird nachlassen.
Als nächstes werdet ihr ein Sinken der Temperaturen und ein Abnehmen des Sonnenlichts erleben. Die nächsten zwei Tage wird es dämmerig sein. Ihr werdet die Sonne erst wieder sehen, wenn ihr diesen Teil des Wandels hinter euch habt.
In dieser Zeit wird sich ein unglaubliches Erwachen manifestieren. Sofern ihr sensitiv genug dafür seid, werden verstorbene Freunde oder Verwandte mit euch kommunizieren können. Ihr werdet Dinge erleben, die den meisten in dieser Verkörperung bislang unbekannt waren. Dies ist ein weiterer Grund, weshalb die Geistführer, die von dem Wandel wissen, in den letzten Jahren

immer wieder MEDITATION empfohlen haben. Dieses Wort muss groß geschrieben werden, so wichtig ist es mir.

Der zweite Tag der Vorbereitung

Eine immer tiefere Dunkelheit wird die irdische Ebene durchdringen. Damit einher geht eine euch bislang unbekannte Kälte, die euch bis ins Mark dringt. Zu diesem Zeitpunkt werdet ihr Kontakt mit Wesen aufnehmen, deren Körper nicht auf Kohlenstoff aufgebaut sind. Und das ist ein weiterer Grund, weshalb ihr euer Leben nicht weiter in Angst leben könnt: Ihr werdet euren größten Prüfungen ausgesetzt sein. Ihr braucht allerdings nur zu wissen, dass es Prüfungen sind und euch an das Licht zu halten, denn wenn ihr Weißes Licht verwendet, erwacht ihr zu höchster Aufmerksamkeit und die Prüfungen werden verschwinden.

Der dritte Tag der Vorbereitung

Am dritten Tag wird die Erde ganz in den Photonen-Gürtel eintreten und den Übergang zur Vierten Dimension vollziehen. Die Photonen-Energie wird die Erde ganz einhüllen und die drei Tage Dunkelheit beginnen. Der äußere Bereich der Photonen-Energie ist sehr dicht, um alle Essenz der Dritten Dimension wegzuwischen und die Energie der Vierten Dimension zu aktivieren. Es wird dunkel sein, weil die Lichtteilchen so dicht sind, dass sie wie »kein Licht« wirken. Es wird ungefähr drei Tage dauern, um durch diesen äußeren Bereich zu gehen. In dieser Zeit werdet ihr das Gefühl haben, in absoluter Dunkelheit zu sein. Ihr werdet nicht einfach 72 Stunden später aufwachen, nach draußen gehen und sagen: »Prima, das war's, ich hab's geschafft.« Ihr werdet aufmerksam sein müssen und dürft euch nicht an euer Zeitgefühl klammern, da würdet ihr einem Täuschung aufsitzen. Es könnte auch noch länger dauern, bis die Energie wieder zur Ruhe kommt.

Wenn ihr in die Photonen-Energie kommt, wird alles Sonnenlicht abgeblockt. Das ist echte Dunkelheit, meine Freunde. Die Essenz der Photonen-Energie kann Sonnenlicht einfach abblocken – Dunkelheit bedeutet hier also reine, absolute Dunkelheit. Die thermische Energie der Sonne wird jedoch ein wenig durchdringen, ihr braucht also nicht zu fürchten, eine neue Eiszeit zu erleben. So schlimm wird es nicht sein, aber ihr könnt mir glauben, dass es sehr kalt sein wird. Euer Körper wird seine Schwingung verändern, um den Mangel an Bewegung zu kompensieren.

Es wird nicht sinnvoll sein, zu versuchen rauszugehen und irgendwas tun zu wollen. Es wird nicht sinnvoll sein, zu versuchen, zu dem Laden an der Ecke zu gehen, um zu schauen, ob ergeöffnet hat. Ihr werdet nicht verhungern – niemand verhungert in diesen drei Tagen. Als Erstes wird sich euer Stoffwechsel verändern, so dass ihr keine Nahrung braucht. Ihr werdet nur ganz leichte Dinge zu euch nehmen. Am Anfang wird es nur das sein, was der Schöpfer aus Licht in der Pflanzenwelt in Form gebracht hat. Dies hat der Schöpfer immer für euch vorgesehen. Ihr habt es bislang nicht weise verwendet, aus welchem Grund auch immer. Jetzt werdet ihr die Pflanzen nicht nur weise verwenden, ihr werdet auch die wahre Essenz ihrer Schwingung kennen lernen. Ich bin sicher, dass manche von euch sich erst daran gewöhnen müssen, aber die meisten werden diese neue Nahrungsquelle schnell genießen.
Wie können sich die Menschen in warmen Klimazonen auf diese Zeit vorbereiten? Auf jeden Fall nicht, indem sie zehn Wolldecken kaufen oder sich einen kälteisolierten Raum bauen. Das Medium hat mir aus seiner Jugend erzählt, wie die Leute sich Schutzräume in die Erde bauten und mit Dosennahrung vollstopften, weil irgendjemand eine gigantische Bombe abwerfen könnte. Ich will euch versichern, dass solche Dinge diesmal nicht notwendig sind. Wenn die Ereignisse eintreten, werden alle, deren Bestimmung es ist sie ganz zu durchleben, genug über die Übertragung ihrer Körperschwingung und Abstimmung von Bewegungsabläufen gelernt haben, dass die Essenz geschützt bleibt.

Die Energie des Körpers wird euch durchtragen. Deswegen ist es so wichtig, eure Brüder und Schwestern liebevoll anzunehmen. Ihr werdet nicht erfrieren, weil ihr etwas über Meditation und die Übertragung körperlicher Schwingungen gelernt haben werdet. Alles, was ihr auf dieser alltäglichen Ebene lernt, dient der Vorbereitung für eine Zeit, die gar nicht so fern ist.
In der Mitte dieser drei Tage völliger Dunkelheit und Kälte wird der größte Teil der Weltbevölkerung bewegungslos geworden sein. Ihr werdet immer langsamer werden, bis sich euer Zeitgefühl verändert. Dadurch verschwindet auch die Angst ein wenig. Ihr werdet euch kaum noch daran erinnern, durch diese Dichte gegangen zu sein. Am ersten der drei Tage werdet ihr in so eine Art inneren Winterschlaf verfallen.

Nach dem Wandel

Was ihr erleben werdet, sobald ihr durch diese drei Tage Dunkelheit hindurch seid, übersteigt eure kühnsten Erwartungen. Wenn die Dunkelheit nachlässt, dauert es noch zwei oder drei Tage, bis es wieder richtig hell ist. Erst wird es dämmerig sein. Bei euren ersten Schritten werdet ihr feststellen, dass ihr die Erde nicht mehr so berührt, wie ihr es gewohnt seid. Ihr werdet in die Luft hüpfen und dort eine Weile verharren können, bevor ihr wieder zu Boden schwebt. Die Energie wird noch nicht ganz gleichmäßig sein, daher kann es am Anfang etwas trickreich werden.
Ihr werdet spüren, wie etwas Neues durch eure Körper fließt und feststellen, dass ihr eure Körper von Kopf bis Fuß mit dieser neuen Energie füllen könnt. Ihr werdet dieses neue Gefühl lieben und es wird euer neues Selbst ganz überwältigen.
Die meisten von euch werden zwei bis vier Jahre brauchen, um sich unter der Anleitung von Lehrern an diese neue Wirklichkeit zu gewöhnen. Diese Lehrer werden für das, was sie weitergeben, hoch geachtet sein und ihr werdet alle diejenigen zu schätzen wissen, die schon in dieser Wirklichkeit die Kunst der Manifesta-

tion erlernt haben. Beginnt ihr zu begreifen, warum es so wichtig ist, alle Lektionen schon vor dem Wandel hier zu beenden? Dann braucht ihr sie danach nicht mehr zu durchleben.
Ich will euch vorsichtshalber daran erinnern, dass ihr alle unerledigten Erfahrungen in diese neue Wirklichkeit mitnehmt. Bereitet euch also so gut wie möglich vor, damit ihr keine kostbare Zeit damit verschwenden müsst, während die anderen schon mit neuem Tempo weitergehen.

Ihr werdet euch wahrscheinlich wundern, warum ihr nach all den Tagen nicht hungrig seid. Ihr werdet nicht nur keinen Hunger verspüren, sondern euer ganzes Körperfett wird verschwunden sein. Wenn ihr dann irgendwann Hunger verspürt, werdet ihr erkennen, dass ihr etwas zu euch nehmen müsst, was Gott erschaffen hat. Ihr werdet die Pflanzen betrachten, die schon immer da waren, die ihr nur nie bemerkt habt. Ihr werdet eine davon pflücken, in euren Mund stecken und spüren, wie sie sich auflöst. Ihr werdet spüren, wie ihre Energie in euer System fließt. Dann werdet ihr plötzlich bemerken, dass ihr anders atmet. Euer Atem wird durch euer Kronen-Chakra oben auf dem Kopf in euch fließen und euren Körper auf eine Weise erfüllen, an die ihr nicht so recht gewöhnt seid. In diesen ersten Tagen nach dem Wandel werdet ihr lernen, wie ihr mit all diesen neuen Dingen umgehen könnt.
Euer neuer, erleuchteter Denkprozess wird viel zu tun haben. Euer Denken wird äußerst klar und euer Gedächtnis besser sein als alles, was ihr je erlebt habt. Ihr habt dann ungefähr zweitausend Jahre lang Zeit, die Herrlichkeit der Vierten Dimension zu genießen.
Letztendlich ist das, was zunächst ziemlich aufwühlend und verunsichernd wirken wird, der Anfang einer Zeit der totalen Erleuchtung. Die meisten von euch bereiten sich seit vielen Leben darauf vor, den Aufstieg zu erfahren. Nichts davon war vergebens, ihr braucht also nicht zu fragen: »Warum habe ich nicht einfach darauf gewartet, wozu die ganzen Schmerzen?« Lernt

begierig, um keinen alten Ballast in diese neue, aufregende Zeit mitzunehmen.
Dies ist erst der Anfang. Beurteilt nicht die ganze Erfahrung auf Grund dieser kurzen Zeitspanne und vor allem:
HABT KEINE ANGST!

Fragen und Antworten

Frage: Wie viel lineare Zeit ist noch übrig? Ich meine, wir müssen unsere Schwingungen doch schleunigst auf Trab bringen. Kannst du uns sagen, wann der Wandel stattfinden wird?

Kiraël: Wie ich bereits erklärt habe, spielt der genaue Zeitpunkt keine Rolle. Es geht nicht um das *Wann*, sondern um die *Reise*. Sehr viel hängt von Mutter Erde und ihrem Schwingungssystem ab.
Erhöht sich die Schwingung von Mutter Erde, so verlangsamt sich ihre Geschwindigkeit bis auf Null. In dieser Zeit können sich die Massen intensiver auf den Aufstieg vorbereiten. Ironischerweise wird es so sein, dass ihr euch umso schneller darauf zubewegt, je mehr eure Vorbereitungen von Angst geprägt sind. Eure Aufgabe wird es daher sein, diese Dinge ohne Angst zu lehren.
Meister Jesus kam hierher, um Angstfreiheit zu lehren. Buddha kam hierher, um Gleichgewicht und Furchtlosigkeit zu lehren. Alle Meister haben versucht, euch zu lehren, ohne Angst zu erzeugen. Doch der menschliche Denkprozess und das Fehlen der zwölf DNS-Stränge hat es einigen Menschen ermöglicht, die Massen durch Angst unter ihre Kontrolle zu bringen und davon zu profitieren. Das Licht kann niemandem aufgezwungen werden. Es kann nur angenommen werden. Solltet ihr die Absicht haben, diese Photonen-Energie zu bewegen und in Schach zu halten, bis größere Teile der Bevölkerung besser vorbereitet sind, dann muss ich euch eines Besseren belehren. Seid furchtlos. Die Photonen-Energie kommt und ihr könnt sie nicht aufhalten. Doch je mehr Brüder und Schwestern ihr auf den Wandel vorbereiten könnt, desto mehr Schönheit und Licht wird euch allen in der Vierten Dimension zuteil werden.

Frage: Ich habe in einem Buch über die »Null-Zone« gelesen. Kannst du mir etwas darüber sagen und wie sie mit dem Wandel und den drei Tagen Dunkelheit zusammenhängt?

Kiraël: Während der drei Tage Dunkelheit wird das Magnetfeld der Erde auf Null gehen und alle elektromagnetischen Aktivitäten werden aufhören. Das ist die »Null-Zone«. Sie kennzeichnet den Übergang von der Dritten in die Vierte Dimension. Während wir uns in die Vierte Dimension begeben, wird die Zeit bereits kompakter. Das bedeutet auch, dass die planetarischen Systeme kompakter werden und die Landmassen der Erde auf einen anderen Raum zusammengepresst werden. Das bewirkt eine Verschiebung der Kontinente, Meere und Flüsse. Mutter Erde wird sich also sowohl durch eine energetische als auch durch physische Veränderungen reinigen.

Frage: Das klingt nach einer furchtbaren Zeit, nach Erdbeben und dergleichen. Wenn ich das jetzt weiß, werde ich keine Angst haben, weil ich weiß, was geschehen wird, stimmt's?

Kiraël: Leicht gesagt, aber es gibt auch das zelluläre Gedächtnis. Es geht hier nicht um die Art von Angst, mit der ihr täglich umgeht. Auch wenn viele bewusst sein werden – der größte Teil der Bevölkerung wird einfach reagieren. Wir haben schon das Massenbewusstsein erwähnt. Ihr erkennt jetzt vielleicht, wie wichtig es ist, nicht zum Opfer der Gedanken anderer zu werden. Klarheit wird von höchster Bedeutung sein und jene, die sich der Vorgänge bewusst sind, können anderen helfen, sie zu begreifen. Habt keine Angst. Ich kann es gar nicht oft genug sagen: Habt keine Angst!

Frage: Wird der Wandel überall auf der Erde in gleicher Weise stattfinden?

Kiraël: Aber sicher. Dies ist ein Wandel der ganzen Erde. Kein Ort ist davon ausgenommen. Warum sollte ihn irgendjemand verpassen wollen? Diese Zeit der Unruhe ist nur das Vorspiel für all die wunderbaren Energien der Vierten Dimension. Die Essenz der Erde wird die höchste Schwingung seit Jahrtausenden erreichen.

Frage: Wie werden wir ohne Elektrizität und Erdöl, ohne Kochen, warme Duschen, Radio oder Fernsehen überleben?

Kiraël: Aus unserer Sicht gehört das zu den wirklich interessanten Fragen dieser Ereignisse. Die meisten von euch sind von diesen Bequemlichkeiten so abhängig geworden, dass sie sich überhaupt nicht vorstellen können, wie sie ohne sie überleben könnten. Es gibt dabei zwei Aspekte: Zum einen wird die Photonen-Energie eure Elektrizität ersetzen. Denkt daran, dass eure Abhängigkeit vom Erdöl zu den Dingen gehört, die euch zu Geiseln eurer Kartelle macht. Schon bald werdet ihr den Wert der Reinheit eines Lebens ohne all diese Fallen verstehen.
Zum Zweiten wird die galaktische Bruderschaft euch bei der Umwandlung der Energie behilflich sein. Sie wird sich rasch darum kümmern, dass für eure wichtigsten Bedürfnisse gesorgt wird. Ihr könnt euch gar nicht vorstellen, mit welcher Geschwindigkeit sie den auf dieser Ebene verbleibenden Wesen helfen werden.

Frage: Kannst du etwas über die anderen Ebenen sagen, die mit diesem Wandel zu tun haben?

Kiraël: Wie alle anderen ist auch Mutter Erde ein lebendiges, atmendes Wesen. Euer physischer Körper mag im Vergleich zu der Gesamtheit eures Seins klein erscheinen, aber er ist lebendig und atmet. Der Aufenthalt in der »Null-Zone« wird für alle nicht »erleuchteten« physischen Körper unangenehm sein. Es gibt zwei Energien, mit denen ihr beim Eintreten in die Null-Zone arbeiten könnt: Klang und Licht, denn euer dreidimensionaler Körper besteht aus Molekülen und daher ebenfalls aus Licht.
Euer physischer Körper und das menschliche Element gehören zu den niedrigeren Schwingungen dieses Universums. Das ist nichts Negatives, es ist einfach die Wahrheit. Dafür habt ihr euch entschieden, als ihr an der Reduktion der DNS teilgenommen habt. Mit eurer Dichte befindet ihr euch also am unteren Ende des Spektrums. In den höheren Bereichen des Spektrums

gibt es andere Daseinsformen, zum Beispiel das Engelreich und das Reich der geistigen Führung. Ich komme aus dem Bereich der geistigen Führung, genauso wie der Meister Jesus und viele der anderen Melchisedeks und Großen Meister, die in ihren Lichtkörpern manifestierten. Jenseits des Reichs der geistigen Führung gibt es Lichtwesen, die die lebendige Essenz aller Wesen in allen Universen durchdringen.

Über den Lichtwesen ist das, was wir den »äußeren Lichtbereich« nennen. Hier existieren konzentriertere Formen von Lichtwesen und die Akasha-Chronik. Jenseits dessen finden wir das Christus-Bewusstsein und die Totalität der Schöpfer-Energie.

Frage: Bedeutet das, dass ich immer noch das Auto kaufen kann, von dem ich träume, und auch das Haus?

Kiraël: Dies ist eine der wichtigsten Lehren dieses Buches. Wenn ihr sonst nichts davon behaltet, möge es wenigstens dies sein.

Wenn ihr bei der Lektüre dieses Buches irgendwann denkt: »Ich brauche mir nichts mehr anzuschaffen oder mich in langfristige Verpflichtungen zu begeben, weil das nach dem Wandel ohnehin keine Bedeutung mehr haben wird«, dann passt gut auf. Diese Art des Denkens ist gefährlich. Euer Lebensplan verlangt bestimmte Erfahrungen. Jede davon birgt ein neues Verständnis in sich. Jedes Mal, wenn ihr beschließt, eine Lektion abzukürzen, werdet ihr sie in der neuen Wirklichkeit wiederholen müssen. Was auch geschieht, versagt euch nicht die Gelegenheiten, etwas zu erleben.

Stellt euch nur vor, ihr erwacht in einer Energie, in der alles so ist, wie ihr es euch immer erträumt habt. Ihr schaut euch um und seht das Potential eines atemberaubend schönen Lebens. Ihr beginnt, euren neuen Körper mit seinen neuen Fähigkeiten zu begreifen. Doch weil ihr noch unvollendete Lernsituationen mit euch herumschleppt, ersinnt euer Höheres Selbst einen Plan, bei dem ihr diese Erfahrungen wiederholen müsst. So sehr euer ganzes Sein nach dieser neuen Energie lechzt – ihr kommt erst vorwärts, wenn alles erledigt ist. Lasst also keine Möglichkeit des Lernens aus. Lasst euch leidenschaftlich auf alles ein, was euer Höheres Selbst in euren Weg legt, denn das bringt euch in die neue Zeit.

Frage: Ich weiß, dass ich das Licht in mir habe, aber wie kann ich es anschalten?

Kiraël: Diese Frage kann auf vielerlei Art beantwortet werden, doch alles läuft auf drei grundlegende Erkenntnisse über die inneren Prozesse der menschlichen Existenz hinaus. An allererster Stelle steht die Meditation, gefolgt von automatischem Schreiben und dann dem, was ich »Programmierung des Schlafzustandes« nenne. Mit diesen drei einfachen Techniken kannst du alle Schwierigkeiten meistern, die dir auf dieser Reise begegnen könnten.
Wie du dein Licht anschalten kannst? Es ist bereits angeschaltet. Du musst nur herausfinden, wie du sein ganzes Potential entwickeln kannst. Verwende eine oder alle oben erwähnten Techniken, um anzufangen.

Frage: Ich wusste nicht, dass es verschiedene Ebenen von Lichtwesen gibt. Ist Meister Jesus das Christusbewusstsein?

Kiraël: Meister Jesus und die anderen Meister dienen in gewissem Sinne dem Christusbewusstsein. Die Christus-Energie befindet sich oberhalb des Bereichs der Niederen Lichtenergie. Darüber gibt es noch die Höhere Lichtenergie und dann die Energie des Schöpfers. Diese verschiedenen Ebenen gibt es jedoch nur in einem dreidimensionalen Verstand. Wenn ihr nach dem Wandel die Dritte Dimension hinter euch gelassen habt, werden euch die Lichtwesen in das Lichtkörper-System geleiten.

Frage: In gewissem Sinne sagst du doch, dass wir mit unseren verschiedenen Disziplinen der Dritten Dimension – Yoga und anderen Lehren – unseren Körpern helfen, ihre Schwingung zu erhöhen. Wir öffnen in uns einen Raum. Wenn diese Praktiken in ihrer Tiefe verstanden werden, öffnen wir uns für das Licht, welches unser Gefäß erfüllen kann. Je mehr wir uns öffnen, desto mehr Licht kann herein. Wenn wir es zu schnell und ohne rechte Vorbereitung machen, kann dieses Licht jedoch auch überwältigend oder gar schädlich sein. Es geht also auf unserer Reise darum, mit Hilfe der Lehren der Meister uns sanft und allmählich mit der Absicht zu öffnen, dass das Licht uns so wirksam wie möglich erfüllen möge. Während wir dies schrittweise tun, ermöglicht uns der Wandel, uns ein wenig schneller als bisher leer zu machen. Stimmt das so?

Kiraël: Du hast vollkommen Recht. Ich will dem noch ein paar Dinge hinzufügen, die dir weiter helfen werden. Du hast Recht, wenn du sagst, dass ihr nicht das ganze Licht auf einmal hereinlassen könnt, weil ihr es nicht halten könntet. Wenn ihr mit so viel Licht erfüllt seid, wollt ihr als Erstes zurück zu eurem Schöpfer. Das ist schon in Ordnung, aber es stört den evolutionären Plan der Erde. Ihr seid mit eurem Zeitplan zweitausend Jahre hinterher, denn der Wandel war eigentlich für die Zeit des Meisters Jesus vorgesehen, doch der irdische Bereich war nicht annähernd reif dafür. Die meisten Menschen waren nicht bereit, sich weiter zu entwickeln – der Wandel hätte katastrophale Auswirkungen gehabt. Damit wäre der evolutionäre Plan des Schöpfers weitgehend fehlgeschlagen, weil die Schöpfer-Essenz ihren eigenen Gedanken-Prozess nicht in ihrem evolutionären Sinne hätte weiterentwickeln können. Du hast also vollkommen Recht, aber in der Praxis musst du vorsichtig sein, weil wir weder jemanden abbremsen noch jemanden abrupt beschleunigen wollen.
Menschen wie du sind hier verkörpert, um zu lehren. Lehrer sind all jene, die bereit sind, sich zu verändern, sich vor die Menge zu stellen und zu sagen: »Das ist das Beste, was ich euch dazu bieten kann. Nehmt, was ihr davon mögt, und legt den Rest so lange zur Seite, bis ihr etwas damit anfangen könnt.«

Was du hier eben gesagt hast, ist die Wahrheit. Wenn der Wandel kommt, müssen die Menschen bereit sein, denn die Dichte, in der ihr jetzt lebt, wird nicht zu der Energie auf der anderen Seite passen.

Frage: Wie hängt der Wandel mit der Christus-Energie zusammen?

Kiraël: Der Meister wird diesen ganzen Prozess mit einem Strahlen in Seiner Resonanz überwachen, denn dies ist seit Anbeginn der Zeit Seine wahre Wirklichkeit. Mit Seiner Energie wird alles wieder geläutert werden. Wenn über Seine Wiederkehr gesprochen wird, dann ist dies damit gemeint. Seine Energie hat nie das Bewusstsein dieses Planeten verlassen, doch die meisten haben sich dafür entschieden, dieses wunderschöne Licht nur in der Entfernung zu betrachten. Glaubt mir, Er ist nicht nur da, wenn ihr Ihn braucht – Er IST.
Beginnt einfach damit, das »Ich weiß« zu üben. Die Wahrheit wird euch auf einen Weg führen, der euch erkennen lässt, was Meister Jesus meinte, als Er sagte: »Alles, was ich tue, werdet ihr auch tun.«

NEUN

Der Aufstieg

Dies ist nicht das letzte Kapitel, sondern eher der Anfang eurer Bekanntschaft mit dem Wissen über den Aufstieg. Letztendlich geht es in dem Großen Wandel um den Aufstieg in seiner reinsten Form. Seit Jahren reden die Leute über diesen spannenden Prozess, weil sie hoffen, ihn noch zu Lebzeiten erfahren zu können. Nun, meine Freunde, die Zeit dafür ist näher als ihr denkt. Nachdem ihr euch jahrtausendelang im Schneckentempo entwickelt habt, könnt ihr jetzt anfangen, die Vierte Dimension in ihrer Totalität zu erfahren.

Es gehört zu dem Prozess des Aufstiegs, dass ihr all die Ängste, die noch in eurem zellulären Gedächtnis gespeichert sind, ans Tageslicht kommen und heilen lasst. Das wird kein besonders sanfter Prozess werden. Viele werden sich davon überwältigt fühlen. Jene, die nicht bereit sind, sich zu verändern, wollen ihre Lieben bei sich behalten und werden deshalb versuchen, sie davon zu überzeugen, dass all dies nur ein hohler Traum ist. Sie liegen damit gar nicht so falsch, wie ihr vielleicht denkt. Der neue Zustand, in den ihr euch begebt, ist tatsächlich traumhaft, allerdings ohne hohl zu sein. Jener Traum, den ihr schon so lange in euch tragt und zu begreifen sucht, wird sich euch endlich offenbaren. Ihr werdet verstehen, was euch noch von dem Zustand der Gnade

trennt. Diese neuen Erkenntnisse sind das, wonach die meisten in all ihren irdischen Inkarnationen gesucht haben.
Die Verheißung, dass ihr eines Tages in der Lage sein werdet den Abgrund zu transzendieren, der euch von eurem Schöpfer zu trennen scheint, wird sich endlich erfüllen. Es gibt keinen Abgrund – es gibt keinen Abstand. Es war alles eine Illusion, die euch diese Reise des Erfahrens von Allem-Was-Ist ermöglichte.
Jeder von euch konnte jedes nur denkbare Programm beginnen und erfahren, doch der Plan war von Anfang an vorgezeichnet. Alles, was an dem Plan nicht verstanden wurde, konnte in einer zukünftigen Inkarnation weiter verfolgt werden.
Jetzt ist die Zeit um. Warum habt ihr das Glück, an dieser letzten Reise teilnehmen zu können? Weil ihr euch, bevor ihr in diese Dritte Dimension gekommen seid, darauf eingelassen habt, viele Lektionen gleichzeitig zu bearbeiten.

Es war von Anfang an klar, dass ihr, um hier teilzunehmen, das Tempo eurer Erfahrungen beschleunigen und sie weitestgehend vervollständigen musstet. Der Aufstieg stellt letztlich die göttliche Bestätigung dafür dar, dass ihr das geschafft habt.
Dies soll der Anfang eurer Reise zum Selbst sein.

Die Vierte Dimension

Die Vierte Dimension ist die Essenz des reinen Gedankens. Alles, was in der Dritten Dimension existiert, muss aus der Vierten Dimension hervorgegangen sein. So bildet sie eine Brücke zwischen dem Lernbereich der Menschen und allen anderen Wirklichkeiten. Alle sich entwickelnden Wesen haben Zugang zur Vierten Dimension. Hier können sie kommunizieren und ihre Lernerfahrungen miteinander teilen, während sie noch den Luxus des Selbst-Lernens genießen. Wenn der Wandel an Momentum gewinnt und den Menschen einen neuen und spannenden Raum zur Entwicklung bietet, wird die Vierte Dimension zu einer Art

von neuem, aufregendem Klassenzimmer, welches in keiner Weise dem ähnelt, welches ihr hinter euch lasst.
Der Zusammenbruch der Dritten Dimension erzeugt ein Vakuum, welches automatisch Energie aus der Fünften Dimension anzieht. So werdet ihr die Dimension der Liebe entdecken. Eure Reise in der Vierten Dimension wird relativ kurz sein. Ihr werdet sehr schnell lernen und dann bleibt euch nur noch, in den Zustand zurückzukehren, in dem ihr einst in Lemurien gelebt habt.
Seid ihr auf der Vierten Ebene angekommen, spielt die Angst, welche die Dritte Dimension durchdrungen hat, keine Rolle mehr. Das Fortschreiten zur Fünften Dimension geschieht daher ganz von alleine. Bald nach eurem Erwachen in der Vierten Dimension werdet ihr euch an euer Leben in Lemurien erinnern. Die galaktischen Energien, die ihr in euch tragt, werden erst einmal beiseite gelegt und die Liebesenergie wird zur Regel. Die Vierte Dimension bietet euch eine Fülle neuer Erfahrungen und ihr werdet lange dort bleiben wollen.

Portale

Portale sind kreisförmige Energiemuster. Wenn ihr durch sie hindurchgeht, reinigen sie euch und transportieren euch in die neuen Gedankenmuster der Vierten Dimension. Die Portale erlauben euch ein tieferes Verständnis über eure eigene Verkörperung, denn sie sind Eingangstore zum Wandel. An den Portalen wird es Wesen geben, die euch beim Eintritt in die neue Dimension behilflich sind.
Sobald ihr durch das Portal geht, beginnt die Reinigung. Alle Energien, die ihr nicht mehr benötigt, werden abgestreift. Angenommen, ihr habt Krebs oder Tuberkulose oder sonst irgendeine Krankheit, dann wird sie in den meisten Fällen entfernt werden und ihr könnt neu anfangen. Da all eure Krankheiten der Dritten Dimension den dreidimensionalen Lernerfahrungen dienten, werdet ihr in der Vierten Dimension keine Krankheiten mehr

entwickeln wollen. Zu neunundneunzig Prozent werdet ihr all das hinter euch lassen. Eure Molekularstruktur und euer physischer Körper werden in eine andere Übereinstimmung kommen. Euer Metabolismus und euer Herzschlag werden sich verändern und eure Gehirnkapazität wird sich erweitern. Euer ganzer Körper wird sich verwandeln – eure Nieren werden größer, der Blutdruck stabiler etc.

Wenn ihr zum Zeitpunkt des Wandels fünfzig Jahre alt seid, könnt ihr mit hundertdreißig bis hundertfünfzig weiteren Jahren rechnen. Die durchschnittliche Lebenserwartung kann sich weit in die Hundert hinein erstrecken. Die Wahl liegt ganz bei euch.

Die Portale werden schon vor den drei Tagen Dunkelheit ganz offen sein, aber ihr werdet es nicht bemerken. Nach den drei Tagen Dunkelheit werden sie offensichtlich sein. Auch die galaktische Bruderschaft wird sich dann gezeigt haben.

Interne Portalarbeiter sind jene, die sich bereits in die Vierte Dimension hinein entwickelt haben und von dort aus andere unterstützen können, sich auf sanfte, liebevolle Art weiter zu entwickeln. Das wird auch helfen, die restlichen Ängste zu zerstreuen.

Externe Portalarbeiter werden den Wandel von seinem höchsten Element aus erfahren. Das ist schwierig in dreidimensionalen Begriffen zu erklären. Solltet ihr euch entschieden haben ein externer Portalarbeiter zu sein, dann fiel diese Entscheidung schon, bevor ihr hierher gekommen seid. Diese Verpflichtung hat euch wahrscheinlich zehn bis zwölf Leben in der Vierten und Fünften Dimension erspart. Ihr werdet durch das Licht des Meisters Jesus und all der anderen Großen Meister entlohnt werden, die dort auch unterstützend wirken. Ihr alle werdet Lichtwesen sein und die Liebe der Fünften Dimension spüren, wenn ihr erst in dem Portal angekommen seid.

Die galaktische Bruderschaft

Nach den drei Tagen Dunkelheit wird die galaktische Bruderschaft zu eurem Schutz da sein. Denkt daran, dass sie schon seit urvordenklichen Zeiten in eurer Dimension ein- und ausgehen. Wenn ihr nach den drei Tagen Dunkelheit aufwacht, werdet ihr von Chaos umgeben sein. Die galaktische Bruderschaft wird dafür sorgen, dass sich alle sicher fühlen und beruhigen können. Sie werden euch mit Rat und Tat zur Seite stehen, damit ihr die neue Kraft begreifen lernt, die ihr erfahrt.

Ihr werdet eine Weile brauchen, um euch an eure neuen, erweiterten Rollen zu gewöhnen. Eure Brüder und Schwestern aus dem All werden euch dabei eine große Hilfe sein. Denkt daran, dass die meisten entwickelten Seelen galaktische Energie in sich haben. Ihr werdet also leicht in Resonanz mit ihnen treten können. In gewissem Sinne wird es wie eine Heimkehr sein. Nach der Auflösung von Atlantis wurde deutlich, dass die Bruderschaft das Wissen entwickeln konnte, welch immens große Rolle dem Herzen zukommt. Wenn sie helfen können, möchten sie daher alles tun, was ihnen möglich ist.

Veränderungen nach dem Großen Wandel

Alles verändert sich, meine Freunde, wenn wir in die neue Dimension gehen. Alles! Ihr werdet die irdische Ebene kaum wiedererkennen. Eure Körper werden sich verändern. In euch werden Talente und Fähigkeiten erwachen, die zurzeit kaum vorstellbar sind. Habt ihr zum Beispiel das Bedürfnis, eine weit entfernt lebende Freundin wieder zu sehen, so braucht ihr nur zu denken: »Ich will dort sein«, und schon verschwindet ihr hier und taucht dort auf. Diese Fähigkeit mag vielen von euch fremd und unvorstellbar erscheinen, aber wenn ihr eurem Großvater in seiner Jugend erzählt hättet, dass eine Raumsonde auf dem Mars landen und in 44 Sekunden Bilder zur Erde senden würde, hätte er auch abgewunken. Es gibt viele wunderbare Dinge, die sich nach dem Wandel ereignen werden, aber erst müsst ihr dort ankommen.

Die Wiedergeburt eurer Kräfte wird euch in Erstaunen versetzen, denn euer Körper wird sich nach dem Wandel sehr verändern. Das Cranium wird sich erweitern, um dem Gehirn mehr Aktivität zu ermöglichen. Manche von euch erleben das schon. Euer Gehirn braucht mehr Platz, um seine ungenutzten Teile auf der Ebene der Vierten Dimension zu aktivieren. Euer Kopf sieht dann vielleicht so aus wie bei manchen Außerirdischen, über die ihr bislang gelacht habt. Wenn ihr euch nach dem Wandel Bilder von früher anschaut, werdet ihr nicht mehr so lachen. Eure Urenkel werden sich irgendwann vielleicht Bilder von euch heute anschauen und euer Aussehen höchst merkwürdig finden.

Auch eure Augen werden sich auf wunderbare Art verändern. Eure Sehfähigkeit wird wieder so sein wie vor langer, langer Zeit, als ihr direkt in die Molekularstruktur blicken konntet. Auch die Molekularstruktur wird in der Vierten Dimension anders sein, doch es wird eine bestimmte Art geben, wie die Struktur durchschaut werden kann, ohne die Teilchen zu stören.

Durch den Aufstieg wird sich auch eure Atmung verändern. Prana-Atmung wird zur Haupt-Energie-Quelle eures Körpers werden. Denkt daran, dass ihr auch damals in Lemurien von Prana gelebt habt. Das Atmen diente nur dazu, euren Körper mit Sauerstoff zu versorgen. Euer Energiemuster wurde durch Prana aufrechterhalten. In der Vierten Dimension wird das Prana der Photonen-Energie eure wichtigste Lebensquelle sein. Übt also fleißig die Prana-Atmung, denn sie wird eure Zellen erfrischen und euer Zellbewusstsein reinigen. Das ist einer der Gründe, weshalb sich eure Lebenserwartung so verlängern wird.

Auch euren Körperumfang werdet ihr einfach durch euren Willen regulieren können. Dünn oder dick wird eine Sache der Entscheidung sein. Nach dem Wandel wird es keine Rolle mehr spielen. Dann ist euch nur noch wichtig, dass euer Körper zu der Reise passt, auf der ihr euch befindet.

Ihr werdet auch weniger Hautpigmente haben. Das wird einige erschrecken. Eure Stimmbänder werden schrumpfen, da ihr sie nur noch zum Summen, Chanten und Singen verwenden werdet. Die übrige Kommunikation wird telepathisch erfolgen. Telepathie ist keine Zauberei. Jeder von euch hat diese Fähigkeit jetzt schon. Die meisten von euch setzen sie auch regelmäßig ein, aber ihr wehrt das ab. Es kann sein, dass ihr die Gedanken von jemandem auffangt, dann denkt ihr vermutlich: »Das ist jetzt aber ziemlich verrückt«, doch es ist nicht verrückt – nein, das ist die Art, wie ihr eigentlich kommunizieren solltet. Vielleicht sagt ihr aber auch: »Da habe ich jetzt nur zufällig richtig geraten.« Lasst uns diesen glücklichen Zufall einmal hinterfragen. Wie oft am Tag könnt ihr so viel Glück haben?

Angenommen, in einem Raum wären fünfzig Personen, von denen fünfundzwanzig ihre telepathischen Fähigkeiten einsetzen können. Würde das euer Denken verändern? Würdet ihr euer Denken nicht sofort bereinigen wollen? Was wäre, wenn ein Achtel der Weltbevölkerung telepathisch wäre? In Afrika gibt es Stämme, die kaum sprechen. Sie kommunizieren fast vollständig telepathisch.
Eure mentale Telepathie und euer intuitives Verständnis werden durch die Klarheit verstärkt, die sich in euch einstellen wird. Erfolgt der größte Teil eurer Kommunikation durch Gedanken, so ist es sehr sinnvoll, möglichst klar zu sein. Zurzeit ist das noch nicht der Fall. Tatsächlich versuchen die meisten ganz bewusst, andere davon zu überzeugen, dass sie anders seien, als sie eigentlich sind. Das soll erst mal einer verstehen!

In dem Prozess des Aufstiegs wird sich euer Gedächtnis auf unvorstellbare Weise verbessern. Ihr werdet euch an alles erinnern, was in all euren Leben stattgefunden hat. Ihr werdet euch an alles erinnern, was ihr damals in Ägypten oder China erlebt habt und begreifen, wie es euer jetziges Leben beeinflusst hat. Ihr werdet all die kleinen Fragen beantworten können, die ihr schon so lange in euch herumtragt und genau verstehen, warum euer Leben so ist, wie es ist. Ihr werdet euch verändern, meine Freunde, und dies ist nur ein kleiner Teil all der aufregenden neuen Möglichkeiten, die euch erwarten.

Nach dem Wandel wird den Menschen vor allem auffallen, dass sie sich ihrer Emotionen bewusst sind. Wenn ihr endlich in der Vierten Dimension angekommen seid, werden euch eure Emotionen vor allem zur Unterhaltung dienen. Ihr werdet eure Emotionen so umfassend verstehen, dass ihr jedes Gefühl in euch aktivieren könnt, das ihr wollt. Ihr werdet keine unkontrollierten emotionalen Hochs und Tiefs mehr durchmachen wie jetzt. Als Lichtwesen werdet ihr euch nach dem Wandel von den meisten, vielleicht sogar allen unterdrückten Emotionen der Dritten Dimension befreit haben. Denkt daran, das grüne Herzzentrum wird zu eurem neuen Basis-Chakra werden. Das bedeutet, dass ihr eure Erfahrungen mehr vom Herzen als vom Ego aus erleben werdet, was einfach wundervoll ist! Eure Emotionen werden Ausdruck der Essenz bedingungsloser Liebe der Fünften Dimension sein.

Sex wird die körperliche Ebene transzendieren. Daraus wird die »Kunst des Liebens« hervorgehen. Nach dem Wandel werdet ihr bei dieser Kunst des Liebens die gesamte Bewegung, die Körperrhythmen, Pulsationen und alle Farbschattierungen der Ekstase genießen und Muster auf noch höheren Ebenen erforschen können. Es wird beim »Liebe machen« Momente geben, in denen kein Körperkontakt nötig ist und doch Gefühle entstehen, die weit über das hinausgehen, dem ihr euch in diesem Zeit-/Raumgefüge hingeben konntet.

Ich versichere euch, meine Freunde, dass ihr noch keine Ahnung von den sinnlichen Möglichkeiten eurer physischen Körper habt. In der spirituellen Essenz der Liebe werdet ihr himmlische Glückseligkeit erfahren, die ihr euch in dieser Wirklichkeit nicht vorstellen könnt. Einige von euch können es jetzt wahrscheinlich kaum noch erwarten.

Auch das Klima wird sich radikal verändern. Ihr werdet weiterhin vier Jahreszeiten haben, doch ihr könntet sie innerhalb weniger Tage genießen, denn ihr werdet euer Klima von innen heraus kontrollieren. Wenn es draußen kalt ist und ihr friert, erhöht ihr einfach eure Schwingung und spürt keine Kälte mehr. Genauso könnt ihr eure Schwingung senken und abkühlen. Daher wird es kein Klima im heutigen Sinne sein.

In dieser neuen Wirklichkeit werden die Offenheit und Freiheit, sich von Ort zu Ort bewegen zu können, einen großen Raum einnehmen. Viele werden einfach dasitzen und die wundervollen Sonnenuntergänge, die Schönheit der Meere der Mutter Erde oder die Herrlichkeit ihrer Berge bewundern.

Es geht darum, das Leben zu genießen – alles andere ist passé. Um das Leben zu genießen, müsst ihr im Jetzt sein. Wenn ihr im Jetzt seid, werdet ihr all die Gaben und Segnungen erkennen, die das Universum für euch bereithält. Wenn euch jemand umarmt, dann genießt die Umarmung!

Alles wird eine Frage der Entscheidung sein, aber ohne den Ballast der Dualität. Alles ist Gedanke. Was immer ihr denkt, wird im Jetzt erzeugt. Wenn ihr die höheren Ebenen des Aufstiegsprozesses erreicht, wird das Reisen größtenteils ätherisch stattfinden, es sei denn, ihr möchtet etwas anderes erfahren. Alles ist möglich.

Zu den aufregendsten Aspekten dieses neuen Zustands gehört die Fähigkeit, die inneren Gefühle der Liebe mitzuteilen. Alle erhalten ein klareres Verständnis der verschiedenen Ebenen der Liebe und nehmen sie auch deutlicher wahr. Ihr werdet euch der Talente und Fähigkeiten bewusst werden, die euch der Schöpfer verliehen hat. Eure Essenz wird der Erde dienen wollen und ihr werdet entdecken, wie ihr sanft und anmutig weiter wachsen und gleichzeitig anderen ihr eigenes Tempo erlauben könnt. Bitte versteht, dass ihr euch dann immer noch weiter entwickelt. Das Ziel eurer Forschungsreise wird die Fünfte Dimension sein. Während ihr euch darauf zubewegt, wird es eine Fülle von Lektionen geben, denn es gibt noch viele Selbst-Lern-Projekte, die zu vollenden sind.

Eure Arbeit wird ein Werk der Liebe werden. Es geht nicht mehr um Autoritätspersonen, die durch Angst bewirken, dass etwas fertiggestellt wird, sondern um die Perspektive, dass alle gemeinsam dafür verantwortlich sind, ein Projekt nicht nur zu Ende zu bringen, sondern es so gut zu machen wie es nur irgend möglich ist, so dass alle Beteiligten zufrieden sind. So kann eine neue Gruppenresonanz entstehen und eine kollektive Möglichkeit, in die Fünfte Dimension einzugehen. In jenen, die sich an die Schönheit Lemuriens erinnern, werden die Räte wieder erwachen. Es gibt in der Vierten Dimension mehr zu tun, als ihr euch vorstellen könnt. Ihr habt zweitausend Jahre Zeit dafür – seht zu, dass ihr sie genießt. Ihr habt für die Dritte Dimension viele Jahrtausende gebraucht – vielleicht habt ihr dabei ja wenigstens Geduld entwickelt.

Im Vergleich zur Dritten Dimension werdet ihr eine Fülle von Informationen verarbeiten müssen. Ihr habt Jahrtausende gebraucht, um an diesen Punkt zu kommen, nehmt euch also Zeit, die Vergangenheit zu erkennen, damit ihr die Lektionen nicht wiederholen müsst. Denkt daran, dass jeder, der den Wandel durchmacht, eine Art Lehrer sein wird. Ihr werdet eure Brüder und Schwestern um Hilfe bitten, um die Lektionen zu verstehen, die ihr hier in der Dritten Dimension nicht gelernt habt. Ich liebe das! Alle haben die Fähigkeit, als Lehrer zu fungieren. Stellt euch nur vor, wie ein paar Milliarden Lehrer herumlaufen und sich fragen, wen sie denn belehren sollen.

In dieser Dimension habt ihr zwar Gehirnkapazität und Computer, doch euer Wissen über die nicht-physischen Wirklichkeiten ist ziemlich gering. Nach dem Wandel werdet ihr sie verstehen und die technologische Entwicklung wird eine radikale Wende erfahren. Am Anfang wird eure Technologie mit Photonen-Energie funktionieren, doch ihr werdet mehr lernen wollen, zum Beispiel das »Demolekularisieren«. All dies sind nur Schritte auf dem Weg zurück – in die Fünfte Dimension.

Auch das Wachstum wird sich nicht so wie hier in dem Zeitraum zwischen eurer Geburt und dem Zeitpunkt eures »Heimkehrens« abspielen. Das, was ihr »ein Leben« nennt, ist der Wachstumsweg, den ihr gewählt habt, mit all seinen Erfahrungen. Nach dem Wandel könnt ihr einfach durch euer Denken verschiedene Erfahrungen wählen. Stellt euch einmal vor, wie es wäre, wenn jeder Gedanke mit anderen in Resonanz treten könnte. Was für eine wunderbare Art, eine Dimension in ihrer Totalität zu erfahren, in der die Liebe alles durchdringt und die Möglichkeiten endlos sind!

In der Vierten Dimension geht es um die Wonnen des Lernens. So wird das Sterben oder Sich-weiter-Bewegen ein Grund zum Feiern sein. Ihr werdet euch fragen, ob es noch irgendetwas gibt, was diese Erfahrung fördern könnte und wenn nicht, sagt ihr euren Lieben ein warmherziges Lebewohl. Es wird keine Beerdigungen mehr geben, keine Holzkisten mit Seidenkissen, die in der Erde vermodern. Die meisten werden einfach dematerialisieren. Ihr werdet euch an den Händen halten und eure Energien verbinden und wer bereit ist zu gehen, wird gehen. Die Freude wird größer sein, als ihr euch träumen lassen könnt.

Im Laufe der Geschichte wart ihr immer Teil der Essenz des göttlichen Schöpfers. Jetzt kommt die herrliche und lichtvolle Zeit der Erinnerung der Liebe. Der Aufstieg ist die Schwingung des Alles-Was-Ist. Wenn das Massenbewusstsein sich ernsthaft darauf einlässt, wird eine gemeinsame Schubkraft entstehen, die den Weg bahnt, so dass sich jeder wieder an die Wahrheit erinnern kann, »das Alles des Ganzen« zu sein.

Fragen und Antworten

Frage: Was bedeutet »nach Hause gehen«?

Kiraël: Habt ihr alle Erfahrungsmöglichkeiten dieser Reise ausgeschöpft, so durchlebt ihr meistens einen im Voraus geplanten Prozess, der mit dem Tod beginnt. Das spielt in dem Plan oft eine wichtige Rolle, denn ein großer Teil dieser Existenz ist von Angst durchdrungen. Das Drama des Todes wird die zelluläre Angst klären und befreien. »Nach Hause gehen« bedeutet also einfach die Rückkehr zur Quelle oder die Freiheit von Angst.

Frage: Muss die DNS vier oder sechs Stränge haben, damit wir auf den Wandel vorbereitet sind?

Kiraël: Deine Wortwahl ist ein wenig ungeschickt. Wenn dieses Werk gedruckt wird, findet bei vielen ein Wachstum in der DNS statt, das ihr jedoch erst bemerken werdet, wenn der Wandel stattfindet. Um in der Vierten Dimension optimal zu funktionieren sind mindestens sechs Stränge nötig. Damit diese Stränge in dieser Existenz schwingen können, müsst ihr eure Ängste überwinden. Der Sinn der Dritten Dimension besteht unter anderem darin, die zelluläre Angst zu begreifen. Wenn das klar wird, beginnt die eigentliche Evolution der DNS in den Aufstieg. Denkt daran, dass diese DNS genannte Kodierung jener Aspekt von euch ist, der euch durch all eure Inkarnationen trägt.

Frage: Wird sich die Familienstruktur verändern?

Kiraël: Verändern ist noch harmlos ausgedrückt. Wenn sich die einzelnen Familienmitglieder auf diese neue Energie einschwingen, werden alle Schleier fallen. Damit finden die Spiele ein Ende. Im Augenblick spielt jedes Familienmitglied eine bestimmte Rolle. Der Vater verdient vielleicht den Lebensunterhalt, während das jüngste Kind am meisten Schutz und Aufmerksamkeit braucht. In dem Prozess des Aufstiegs fallen solche Regeln weg. Vielleicht ist dann zum Beispiel das jüngste Familienmitglied dasjenige, welches die Weisheit besitzt, die Familie in ihrem Wandel zu führen.

Da die meisten aufgestiegenen Wesen als ausgeglichen männlich/weiblich gelten, wird die Familie in jedem ihrer Mitglieder Einheit fördern. Keiner wird in seiner Entwicklung allein gelassen. Wenn einer in seinen Erfahrungen zurückbleibt, eilen die anderen herbei, um gemeinsam dafür zu sorgen, dass alle auf ein miteinander verträgliches Niveau kommen.

Ihr werdet eure Seelenfamilie (nicht zu verwechseln mit eurer biologischen Familie) viel deutlicher erkennen. Es wird nichts Ungewöhnliches sein, dass jemand in seiner kleinen Schwester seine Mutter aus einem vergangenen Leben erkennt. Am Anfang mag das ein wenig verwirrend sein, doch wenn ihr die Hintergründe begreift, wird euch alles klar sein.

Frage: Werden sich die Ehen verändern?

Kiraël: Es wird keine Papiere mehr geben und alle Zeremonien und alles, was mit Beziehungen verbunden ist, wird auf der Dreiheit von Wahrheit, Vertrauen und Leidenschaftlichkeit beruhen. Die Vereinigungen werden keinen anderen Gesetzen unterliegen. Ihr werdet zusammenbleiben, solange Zusammensein gleich Wachstum ist. Wenn das vorbei sein sollte, wird es keinen offiziellen Beendigungsprozess geben, das Wachstum wird einfach in einer anderen Richtung weitergehen. Wesen, die sich entscheiden, gemeinsam zu reisen, werden als »in Beziehung« angesehen und als solche spirituell gesegnet werden und es wird heißen, sie befinden sich in der Gnade der Liebe.

Frage: Was geschieht mit den Eltern-Kind-Beziehungen?

Kiraël: Bereits jetzt wird deutlich, dass von den Kindern ein größerer Beitrag ausgeht, als ihr bislang angenommen habt. Ich möchte die Eltern daran erinnern, die Fähigkeiten ihrer Kleinen nicht zu unterschätzen. Behandelt sie wie Führungsseelen und ihr werdet über ihre Reaktionen erstaunt sein. Alle Neugeborenen haben ausnahmslos ein besonderes Wissen über den Wandel und die neuen Energien. Achtet darauf, sie in ihrem Wachstum nicht zu behindern und vor allem: HÖRT ZU!

Frage: Werden die Eltern bei einem Neugeborenen immer noch eine nährende und fürsorgliche Rolle spielen?

Kiraël: Da es in dieser neuen Wirklichkeit immer noch um das Erinnern der Liebe geht, werden die Kinder das ganze alte Erziehungssystem auf den Kopf stellen. Sie werden mit den alten, auf Angst beruhenden Lehren nichts mehr anfangen können. Die Erwachsenen müssen sich daher auf Kräfte beziehen, die lange Zeit im Verborgenen geruht haben. Das Nähren wird zu einer Lektion für Eltern und Kinder werden. Wenn ihr jetzt schon lernt, liebevoll zu kommunizieren, wird alles glatt gehen.
Manche der Möglichkeiten werden gleich aussehen, doch die Schwingung wird eine andere sein. Zum Beispiel kann eine Seele sagen: »Ich habe in der Dritten Dimension keine Geburtserfahrung erlebt, ich wüsste gerne, wie es ist, durch den Geburtskanal zu kommen.« Und die erwählte Mutter sagt dann vielleicht: »Aber gerne. Ich habe das Mutterwerden dort auch verpasst, also lass es uns ausprobieren.«
In der Vierten Dimension ist das Gebären frei von Schmerzen. Ihr könnt wählen, welche Erfahrung ihr machen wollt. Der Unterschied zwischen jetzt und nach dem Wandel liegt vor allem darin, dass ihr die Seele, die ihr mit eurer Zustimmung in diese Dimension bringen werdet, und ihren ganzen Lebensplan kennt. Ihr werdet jedoch nicht das Endergebnis des Plans kennen. Es wird also immer noch Liebe und Gemeinsamkeit geben. Denkt daran, Liebe ist immer die Antwort.

Frage: Kannst du erklären, was mit »Kinder des Wandels« gemeint ist?

Kiraël: Die »Kinder des Wandels« fingen ungefähr zur Zeit der Harmonischen Konvergenz an, hier zu inkarnieren. Jedes von ihnen bringt der Essenz der Erdmutter eine besondere Gabe. Falls ihr das Glück habt, in dieser Zeit Eltern geworden zu sein, könnt ihr auch sicher sein, dass ihr einen ganz besonderen Beitrag für die neue Zeit in eurer Obhut habt.

Die »Kinder des Wandels« könnte man als Regulatoren ansehen, denn durch das erstaunliche Wissen, welches sie mitgebracht haben, können sie sich schon vor dem Großen Wandel auf die Vierte Dimension einschwingen. Je näher am Wandel sie geboren werden, desto spezieller sind die Informationen, die sie mit sich bringen. Seid euch bewusst, dass ihr mit diesen Kindern auf besondere Art umgehen müsst. Sie werden oft erwachsener erscheinen als ihre Eltern – einfach weil sie es sind.

Frage: In welcher Funktion wirst du nach dem Wandel uns Menschen unterstützen?

Kiraël: Ich werde keine bestimmte Position haben, denn meine Aufgabe, die Wirklichkeit der Großen Meister schon vor diesem Prozess bekannt zu machen, wird erfüllt sein. Natürlich werde ich weiter jene begleiten, die mit meiner Essenz in Kontakt waren, denn sie haben in meinem Wesen einen besonderen Platz. Ich werde ihnen immer mit meinem Rat zur Verfügung stehen. Da ich in der neuen Wirklichkeit zur Kommunikation kein Medium mehr brauchen werde, kann ich auch mit mehr Menschen in Interaktion treten.

Frage: Wie wird sich die Rolle der Lehrer und Erzieher verändern?

Kiraël: Dramatisch. Wie sieht es denn jetzt aus? Heutzutage spielen die Lehrer im Umgang mit den Kindern oft eine größere Rolle als die Eltern. Das wird sich insofern ändern, als die Rollen auf andere Weise zum Ausdruck kommen werden. Die

Erzieher werden endlich lehren können. Jene, die zu den Lehrern kommen, werden wirklich weiterkommen wollen, während sie jetzt gezwungen sind, sich in dem gleichen Tempo vorwärts zu bewegen wie alle vor ihnen.
Das Lehren wird in etwa so aussehen: Ihr bittet Meister wie Jesus um Informationen und gebt diese Informationen dann an eine Gruppe von Menschen weiter. Dann kehrt ihr zu den Meistern zurück, um euch neue Informationen zu holen. Ein wunderbares Beispiel für die neue Art des Lehrens wird sein, die Menschen dazu zu inspirieren, ihre Hände an Bäume zu legen und mit diesen zu kommunizieren. Sie sind Geschöpfe Gottes, genau wie ihr. Sie sind schon seit vielen, vielen Jahren hier und voller Weisheit. Ihr müsst bloß verstehen, wie ihr ihnen zuhören könnt. Falls einige von euch jetzt Lehrer sind: Stellt euch einmal vor, wie es sein wird, eure Informationen direkt von den Meistern zu erhalten und sie dann an andere weiterzugeben.

Frage: Wird es in der Erziehung um die Erfahrung der Einheit gehen?

Kiraël: Es wird darum gehen, wieder euer göttliches Selbst zu sein. Wie wunderbar! Nur jene, die in einem Zustand des Gebens sind, werden diese Erfahrung wirklich wünschen. Man könnte es so sehen: Wahrheit ist, sich zur Klarheit des Einsseins zu entwickeln.

Frage: Wie werden sich unsere Regierung und unsere Gesellschaft verändern?

Kiraël: Die Struktur der Regierung wird sich komplett verändern, denn sie wird zu dem Wissen zurückkehren, dass Liebe die Wirklichkeit ist und nicht Angst. Es wird keine Regeln mehr geben, denn es geht nicht mehr um die Durchsetzung von Regeln. Es wird darum gehen, in Spiritualität zu leben.
Die Ureinwohner Hawaiis und Amerikas sowie andere Naturvöl-

ker haben zum großen Teil nach den Regeln des Herzens gelebt. Es ging nur darum, das eigene Herz zu verstehen. Die Führer waren Heiler und Gebende, die nichts für selbstverständlich nahmen. In der Art der Nahrungsversorgung kam dies am deutlichsten zum Ausdruck. Nichts wurde genommen, ohne vorher um Erlaubnis zu bitten, denn in ihren Augen konnte die Evolution sich nur so auf diesen goldenen Zustand hin bewegen.

Frage: Werden die Heiler die Vier-Körper-Heilung durchführen?

Kiraël: Nach dem Wandel werden Heilungen eine andere Wirklichkeit haben. Es wird immer noch nötig sein, die vier Körper miteinander in Einklang zu bringen, doch die Kunst, dies zu tun, wird sich verändern. Die Heiler der Dritten Dimension werden auch dann noch anerkannt werden, denn wenn der Große Wandel stattfindet, werden sie in der Lage sein, den Energiefluss aufrechtzuerhalten, so dass ihr euch mit so wenig Getrenntheit wie möglich an den neuen Zustand anpassen könnt. Nach dem Wandel wird sich ihre Essenz auf noch höheren Ebenen bewegen und sie werden einen großen Teil ihrer Liebe darauf verwenden, die abschweifenden Kräfte in Übereinstimmung zu bringen.

Frage: Wird die Liebesenergie den Menschen helfen, ihre Erfahrungen besser zu verstehen und somit ihre Emotionalkörper von der Angst zu heilen?

Kiraël: Ja! Wir ermutigen euch immer wieder, an euren Emotionalkörpern zu arbeiten, weil ihr in der Vierten Dimension damit so gerne spielen werdet. Deswegen arbeiten wir so hart daran, euch alle auf die Reihe zu kriegen! Das wird so wunderschön!

Frage: Was ist mit den Führern, die auftauchen werden?

Kiraël: Noch einmal: Es wird keine Führer geben! Ihr werdet auf eure Kanäle hören, doch ohne sie als etwas über euch Stehendes anzusehen. Ihr werdet anerkennen, dass jene, die ihr channelt, einen bestimmten Weg gewählt haben, um euch zu unterstützen. Alles wird in den Äthern aufgezeichnet werden und jene, die channeln, werden all das sammeln, was geschieht. Sie werden eine Rolle spielen, aber ohne Hierarchie. Aus der Perspektive der Dritten Dimension sähe das so aus, als hätten sie einen höheren Zustand erreicht, aber dem ist nicht so. In der Vierten Dimension gibt es keine Getrenntheit mehr. Jene, die sich mit dem Lehren befassen, werden Räte bilden, deren wesentliches Ziel darin besteht, durch andere Räte ersetzbar zu sein.

Frage: Wird es eine Trennung zwischen den Ländern geben?

Kiraël: Es wird weder reale noch vorgestellte Grenzen geben. Alle Wesen, die sich in die Evolution hineinbegeben haben, werden als Einheit im Dienst an dem Alles-Was-Ist angesehen werden. Wer sich anders entscheidet, wird auch gewürdigt werden, denn darin sind Lektionen für alle enthalten.

Frage: Wird die Liebe Gesetz werden?

Kiraël: Gesetze dienen dazu, Unwillige durch die Androhung von Strafe dazu zu bringen, sich für das Wachstum zu entscheiden. Da sich niemand gegen Wachstum entscheiden wird, wird es kaum einen Bedarf für Gesetze geben. Die Liebe wird vorherrschen und wenn sich irgendwo eine Frage der Rechtmäßigkeit auftun sollte, wird die am hellsten im Licht der Liebe strahlende Essenz der anderen helfen, eine Antwort zu finden, die zu dem »Alles« passt.

Prinzipien der bewussten Erschaffung

Seit der ersten Veröffentlichung von »Der Große Wandel« hat Kiraël viel über die »Zehn Prinzipien der bewussten Erschaffung« gesprochen.

Diese zehn Prinzipien sind höchst wirksame Wege zum Erwachen. Werden sie richtig verstanden und angewendet, könnt ihr mit ihnen das Leben erschaffen, nach dem ihr euch sehnt. Kurz gesagt: Ihr könnt alles haben. In jedem dieser Prinzipien liegt ein Schlüssel zu einem höheren Bewusstsein und zu deinen eigenen Schöpfungskräften.

Die Prinzipien stehen alle auf magische Art miteinander in Verbindung. Sie lauten:

Wahrheit, Vertrauen und Leidenschaftlichkeit (die drei Schlüssel). Sie verankern die Liebe des Schöpfers im Selbst.

Klarheit, Kommunikation und Vervollständigung. Sie leiten eure Gedanken und Taten in eurem Alltag.

Gebet, Meditation, Programmierung des Schlafzustandes und Masterminding (die vier Säulen). Mit ihrer Hilfe könnt ihr eure Träume und Herzenswünsche manifestieren.

In dem Buch »The Ten Principles of Concious Creation« (bald auch auf deutsch erhältlich) werden diese Themen ausführlich behandelt. An dieser Stelle wollen wir nur auf die beiden letzten Prinzipien näher eingehen.

Programmieren des Schlafzustandes

Die Programmierung des Schlafzustandes bedeutet, dass ihr euer Höheres Selbst auffordert, während eures Schlafes mit dem Höheren Selbst einer anderen Person Kontakt aufzunehmen und zu kommunizieren.

Im Durchschnitt verbringen die Menschen sechs bis acht Stunden am Tag im Schlafzustand. Die meisten halten das für Zeitverschwendung. Die Essenz eures Bewusstseins ist jedoch reine Energie und ständig in Bewegung. Tatsächlich hat dein Höheres Selbst die Freiheit, sich überallhin zu begeben. Dazu gehören interdimensionale Reisen, Reisen in andere Wirklichkeiten, in die äußeren Bereiche dieses Sonnensystems und dazu gehört auch, sich einfach in den Traumwelten zu vergnügen. Euer Höheres Selbst kann sich selbst überlassen werden und sich nach Belieben in irgendwelche Räume und Zustände begeben oder es kann den Bereich der Führung zur Mitarbeit bewegen. Interessanterweise verstärkt sich eure Fähigkeit, euch an diese Reisen zu erinnern, deutlich, je höher euer Bewusstsein schwingt.

Das Höhere Selbst unterliegt nicht den Beschränkungen des dreidimensionalen Körpers und kann daher darauf programmiert werden, Dinge durchzuführen, die dem physischen Körper unmöglich sind. Denkt daran, dass dieses ganze »Lebenserfahrung« genannte Abenteuer auf Wachstum ausgerichtet ist. Alles, was ein Potential für Wachstum enthält, dient also dem höheren Ziel.

Die Einfachheit des Programmierens des Schlafzustandes ist wahrscheinlich sein größter Nachteil, denn die meisten glauben immer noch, dass etwas kompliziert oder teuer sein muss, um von echtem Wert zu sein.

Es geht folgendermaßen: Bevor ihr einschlaft – idealerweise nachdem ihr meditiert habt – atmet ihr ein paar Mal tief durch, um euren Verstand und euren Körper zu entspannen, und beginnt dann einen Dialog mit eurem Höheren Selbst im Sinne von:

»Ich weiß, du hattest bislang die Freiheit zu tun und zu lassen, was du wolltest. Heute Abend fordere ich dich auf, genau meinen Anweisungen zu folgen, bevor du dich auf deine üblichen Reisen begibst.«

Das gibt dem Ganzen die richtige Richtung. Sei freundlich zu deinem Höheren Selbst, damit es nicht so wirkt, als wolltest du es in seiner Freiheit einschränken. Das ist schließlich erst einmal für euch beide etwas Neues. Hast du Probleme mit einer anderen Person, könnte dein Gespräch so weitergehen: »Ich mühe mich schon eine Weile erfolglos mit dieser Situation ab. Ich konnte bislang mit dieser Person kein gegenseitiges Verständnis finden. Deswegen bitte ich dich, mit dem Höheren Selbst dieser Person Kontakt aufzunehmen und folgendes Einverständnis herzustellen...« Es ist wichtig, dass du detaillierte Angaben machst. Dein Höheres Selbst ist absolut in der Lage, genau das von dir beschriebene Ergebnis zu bekommen.

Du kannst zum Beispiel mit den Worten schließen: »Übrigens möchte ich mich auch deutlicher an meine Träume erinnern. Bitte halte also meine Traumwirklichkeit bis zu meinem Erwachen im oberen Bereich meines Bewusstseins, damit ich sie dann gleich aufschreiben kann.« Je klarer und leidenschaftlicher deine Kommunikation mit deinem Höheren Selbst ist, umso wirkungsvoller wird es sein.

Ihr könnt diese Technik verwenden, um jene Zeit, die euch sonst verschwendet vorkam, effektiver zu nutzen. Ihr könnt damit überwältigende Erfolge erzielen, bereitet euch also auf ein paar angenehme Überraschungen vor. Sobald ihr euch mit dieser Technik vertraut gemacht habt, könnt ihr sie auf alle Bereiche eures Lebens anwenden – es gibt zahllose Möglichkeiten. Um damit wirklich befriedigend zu arbeiten und alle Möglichkeiten auszuschöpfen, ist jedoch auch die Anwendung der anderen neun Prinzipien des bewussten Erschaffens notwendig.

Als Letztes will ich noch erwähnen, dass der wichtigste Bestandteil dieser wunderbaren Reise deine Leidenschaftlichkeit ist. Lass deine Wirklichkeit ins Licht hinein explodieren und beginne die Früchte deiner Zusammenarbeit mit deinem Höheren Selbst zu genießen.

Masterminding

Ein Mastermind ist eine Gedankenform oder ein mentales Konstrukt, welches von mehr als einer Person unterstützt wird. Dabei kann es sich um zwei bis drei gleichgesinnte Personen oder um die Millionen Mitglieder einer ganzen Nation handeln.

Ein Mastermind, der jeden betrifft
Es gibt bereits Masterminds, die in eurer Dimension aktiv sind und auf jeden Einzelnen von euch wirken. Egal ob ihr es erkennt, ihr seid ständig mit Masterminds verbunden.
Ich will das an einem Beispiel erklären. Viele von euch waren vielleicht schon einmal in einem Spielcasino. Ihr habt dabei nicht nur an einer der stärksten Gedankenformen eurer Welt teilgenommen, ihr habt sie sogar noch unterstützt. Ihr braucht euch dessen nicht zu schämen, sondern ihr könnt es als gute Gelegenheit begreifen, etwas zu lernen.
Ich will euch das erklären. Wenn ihr Leute auf dem Weg ins Spielcasino ansprechen würdet, bekämt ihr wahrscheinlich folgende Aussagen zu hören – es sei denn, ihr würdet auf einen der wenigen außergewöhnlichen Menschen treffen, die die niedrige Schwingung dieses Masterminds überwunden haben:

- Ich nehme nur einen bestimmten Betrag mit, wenn der weg ist, höre ich auf.
- Ich erlaube mir nur, so und so viel pro Tag zu verspielen, dann ziehe ich mich zurück.

- Ich weiß gar nicht, warum ich hier noch hingehe. Ich gewinne sowieso nie etwas.
- Es klingt vielleicht komisch, aber mir macht es auch Spaß, wenn ich nichts gewinne.

Ihr habt sicher verstanden, was ich meine. Die meisten Leute gehen mit der Überzeugung ins Casino, dass sie sowieso nichts gewinnen.
Wie schafft es so ein Mastermind, die Wirklichkeit der meisten Casino-Besucher zu dominieren? Er wird durch das Massenbewusstsein angetrieben, in welchem die Überzeugung herrscht, dass der Durchschnittsbürger häufiger verliert als gewinnt.
Und Spielhöllen oder Casinos sind nicht die einzigen Orte, wo diese Überzeugung herrscht, auch wenn sie ein gutes Beispiel abgeben. Ich spreche dieses Thema an, weil sich zurzeit mit großer Geschwindigkeit ein sehr gefährlicher Mastermind bildet: Die Idee, dass diese Welt am Ende ist oder dass eine unermessliche Katastrophe über die Erde hereinbrechen wird. Der einzige Weg so einen Mastermind zu durchbrechen, liegt darin, Folgendes zu verstehen:

1. Die meisten Aktivitäten auf diesem Planeten beruhen auf Masterminds.
2. Jeder einzelne Gedanke eines Masterminds muss als ein Aspekt des ganzen Masterminds erkannt werden. Als Gesamtheit sind sie kaum zu entdecken, weil sie so eng mit euren Überzeugungen verwoben sind.
3. Es ist sehr viel einfacher und erscheint sicherer, ein Teil eines Masterminds zu sein als sich ihm entgegenzustellen.
4. Zum Durchbrechen eines Masterminds ist nicht die Mehrheit seiner Unterstützer nötig.

Die meisten Menschen würden wohl zugeben, dass sie unter den gegenwärtigen Umständen keine Kontrolle über den politischen

Aspekt ihres Lebens haben. Das Gleiche gilt für den medizinischen Aspekt. Aus Sicht der Medizin seid ihr nur eine »potenzielle Krankheit« und die Behandlung zielt meistens mehr auf Schadensbegrenzung als auf Vorbeugung. Außerdem gibt es noch den Mastermind des Mangels, der auch Armut genannt wird. Die Liste könnte noch lange weitergehen.

Es ist deutlich: Es gibt die Masterminds und die meisten Menschen leben nach ihren Spielregeln. Ein Mastermind kann durchbrochen werden, doch es braucht Willen und Leidenschaftlichkeit, um sie zu erkennen und dann im eigenen Sinne einzusetzen.

Der bewusste Einsatz von Masterminding
Als Erstes müsst ihr euch klar darüber sein, was ihr euch wünscht. Das klingt einfach, doch manchen gibt es unbewusst Sicherheit, sich nicht so ganz klar darüber zu werden. Der Abstand zwischen deinem Verlangen und seiner Erfüllung wird meistens durch deine Angst vor Veränderung bestimmt. Daher ist es wichtig, dir darüber klar zu werden, warum du bislang dein Verlangen nicht erfüllen konntest; ist dir das bewusst, kannst du deinen Mastermind entsprechend verändern.

Bist du dir über dein Ziel im Klaren, solltest du daraus eine Aussage formulieren, und zwar bezogen auf das Jetzt. Das ist wichtig, weil viele ihre Wünsche so formulieren, dass sie sich in der Zukunft erfüllen sollen. Das Unbewusste funktioniert auf merkwürdige Art: Wenn du willst, dass etwas in Zukunft geschehen soll, dann hält es eine Wirklichkeit aufrecht, in der das Erwünschte in der Zukunft bleibt – ohne dass du es also je erreichst. Dein Unbewusstes glaubt, dass das genau das ist, was du dir wünschst.

Der nächste Schritt besteht darin, dich mit Gleichgesinnten zusammenzutun, um gemeinsam leidenschaftlich und klar die Vision aufrechtzuerhalten. Indem ihr euch gemeinsam auf das Ersehnte konzentriert, wird es sich im Jetzt manifestieren statt in der Zukunft.

Habt ihr erst den Wert eines Masterminds, der zu euren eigenen

Bedürfnissen passt, erkannt, braucht ihr nicht mehr die Sicherheit der Masse. Damit fangt ihr an, euer Leben wahrhaft zu bestimmen und eure Wahrheit zu erleuchten.

Die Veränderung eures Lebens durch Masterminding
Ihr könnt eure Fähigkeit, eure bewusste Wirklichkeit voranzubringen, verbessern, indem ihr euch dafür entscheidet, euch mit anderen sich entwickelnden Wesen zu umgeben. Mit Hilfe von Wahrheit, Vertrauen und Leidenschaftlichkeit könnt ihr in eurer Gruppe eure Seelenmuster aufeinander einstimmen. Diese Übereinstimmung erzeugt dann ein fokussiertes Energiemuster, welches »Wirklichkeit« genannt wird – die Resonanz der Gedanken bewegt sich im Einklang auf eine bestimmte Manifestation hin. Durch Masterminding können sich eure Gedanken manifestieren, und indem ihr euch eindeutig fokussiert, können sie Wirklichkeit werden.

Glossar

A

Äther/ätherisch – Ein Begriff für die lebendige Geisteskraft, die alle Energiemuster (Wesen) umgibt und durchdringt. Der Äther ist ein nicht linear teilbarer Raum ohne Raum/Zeit-Kontinuum.

Agape – Die absolute, unvergleichliche Schwingung bedingungsloser Liebe jenseits des Konzepts von Yin und Yang. Agape ist die Essenz der Liebe in ihrer reinsten Form.

Akasha-Chronik – Eine Schwingung, in der Raum und Zeit übergreifend alle Ereignisse aufgezeichnet sind. Diese Chronik soll die Geschichte der Erde und aller anderen sich entwickelnden Systeme enthalten.

Alles-Was-Ist – siehe »Schöpfer«

Andromedaner – Ein Wesen aus dem Sternensystem Andromeda. Auf Beschluss des galaktischen Rates dienen die Andromedaner zurzeit der Erde als schützender Sicherheitsdienst.

Angst – Ein selbsterzeugter Glaube an Beschränkung, um das Selbst im Sinne einer bestimmten Lektion zu kontrollieren. Siehe auch »Ego«.

Aspekt – Ein Energiemuster des Essentiellen oder Höheren Selbst, welches sich auf einen bestimmten Bewusstseinsbereich fokussiert hat, um einen Lebensplan zu erleben. In der Regel inkarniert ein Essentielles Selbst gleichzeitig in drei Aspekten auf einer oder mehreren Ebenen der Existenz, wie zum Beispiel der Erde. Das Essentielle Licht kann jedoch auch Aspekte in anderen Dimensionen oder planetarischen Systemen manifestieren.

Astral-Körper – Die Energie des Selbst. Der Astral-Körper kann sich vorübergehend von der dreidimensionalen Schwingung befreien und zur ganzheitlichen Energie des Selbst werden. Er kann sich unabhängig von der Schwerkraft umherbewegen.

Astral-Reisen – Das ätherische, geistige Reisen ohne den physischen Körper. Dabei bewegt sich die geistige Energie auf der astralen Ebene des Bewusstseins.

Atlantis – Ein Kontinent der Erde und ein Abschnitt der Evolution, in dem vorwiegend Wesen galaktischen Ursprungs die Erde bevölkerten. Die atlantische Periode folgte auf die lemurische. Danach kam die ägyptische Ära.

Außerirdische – auch ETs genannt. Nichtmenschliche Energien, die von anderen Planeten oder Sternensystemen stammen.

B

Bewusstsein – Ein bestimmter Wahrnehmungszustand.

C

Chakra – Ein trichterförmiges Energiezentrum des physischen Körpers. Im Allgemeinen werden dem menschlichen Körper sieben Haupt-Chakren mit entsprechenden Nervenknotenpunkten und Farben zugeordnet: Wurzel-Chakra – rot; Sakral-Chakra – orange; Solarplexus-Chakra – gelb; Herz-Chakra – grün; Kehl-Chakra – blau; Stirn-Chakra – indigo; Kronen-Chakra – violett. Jedes dieser Chakren strahlt sowohl nach vorne als auch nach hinten.

Channeling – Der Fluss von Ideen und Informationen aus der nichtkörperlichen, nichtmenschlichen Wirklichkeit in den Bereich der menschlichen, bewussten Wahrnehmung. Siehe auch »Medium«.

Christus-Bewusstsein/Christus-Energie – Der Gedanke des Schöpfers. Zur Zeit Seiner Taufe wurde der Meister Jesus ganz vom Christuslicht erfüllt und erweckt.

D

Dimension – Eine Ebene der Existenz oder des Bewusstseins.

Dritte Dimension – Eine physische, materielle Dimension der Wirklichkeit wie zum Beispiel die Erdenebene, die auf der Dualität von Yin und Yang beruht. Hier scheint alles ein Gegenteil zu haben.

Drittes Auge – Das Zentrum für Hellsichtigkeit, welches in der Mitte der Stirn sitzt und auch Stirn-Chakra genannt wird.

E

Ego – Der selbstgewebte Schleier von Gedanken als Symbol für die Überzeugung, dass Menschen und andere evolutionäre Wesen von der schöpferischen Quelle getrennt seien. Dieser trennende Schleier lässt beschränkende Gedanken und Ängste aufkommen.

Energiemuster – Jedes Lichtwesen, welches in einem kohärenten Zustand existiert. Ebenfalls Gedanken-Energie.

Engelsreich – Die Dimension der Engel.

Erdenebene/irdische Ebene – Ein Begriff für die multidimensionale Ganzheit des Planeten Erde, die den Rahmen für den evolutionären Prozess bietet.

Erzengel – Eine hohe Ebene von Engeln, die sich entwickelnden Systemen wie der Erde zugeordnet sind. Es ist meist die höchste Form von Engeln, die menschliche Unternehmungen unterstützen.

Evolution – Der niemals endende Prozess der Schöpfung – das Erschaffen, das Erfahren und das Erweitern von Bewusstsein. Der Prozess, ein sich stetig erweiterndes Gewahrsein der Liebe des Schöpfers zu entwickeln. Zum Beispiel, sich durch unsere menschliche Erfahrung der Dritten Dimension in eine andere Bewusstseinsdimension zu bewegen.

G

Galaktische Bruderschaft – Ein Begriff für jegliche Formen evolutionären Lebens außerhalb des irdischen Sternensystems.

Galaktischer Rat – Vorläufer einer Föderation galaktischer Wesen, die dazu dient, Reibungen zwischen den sich entwickelnden Gesellschaften zu reduzieren.

Gebet – Die Kommunikation zwischen deinem menschlichen Selbst und deinem Höheren Selbst, dem Schöpfer und anderen unsichtbaren Lichtkräften. Dabei kannst du deine Lebensreise so gestalten, wie du es dir wünschst. Kiraël sagt: »Gebet ist Bitten und Fragen; Meditation ist das Empfangen der Antworten.«

Geistführer – Ein Lichtwesen, welches anderen sich entwickelnden Wesen, z.B. Menschen, hilft, sich durch ihre Reisen zu einem höheren Bewusstsein der göttlichen Liebe hin zu entwickeln.

Großer Wandel des Bewusstseins – Der evolutionäre Wandel des Bewusstseins der göttlichen Liebe auf der Erde und unter ihren Bewohnern, durch welchen sich die Erde von der Dritten Dimension auf eine neue Bewusstseinsebene erhebt.

H

Heilen – Ganz oder heil machen, Wiederherstellung der Gesundheit.

Heilung – Der Prozess der eigenen Ganzwerdung – das Wissen um das eigene Einssein mit dem Schöpfer. Eine vollständige Heilung muss alle vier Körper einbeziehen – den physischen, mentalen, emotionalen und spirituellen.

Heimkehren/nach Hause kommen – Ein Begriff für den menschlichen Tod. Viele glauben, dass sie in diesem Prozess einfach zum Licht des Schöpfers »heimkehren«.

Herz – Der Kern der Essenz des Schöpfers in dem Selbst. Die Wahrheit dessen, wer du bist.

Höheres Selbst – Deine Seele. Jener geistige Teil von dir, der sich ständig aller Wirklichkeiten bewusst ist, während er gleichzeitig eine kontinuierliche Verbindung mit deiner physischen Inkarnation aufrechterhält. Wird auch »Essentielles Selbst« oder »Essentielles Licht« genannt. Das Höhere Selbst ist ein Aspekt einer Seelenfamilie, welcher in verschiedenen Dimensionen in Prozesse eingebunden ist.

I

ICH BIN – Der biblische Name, mit dem die Schöpferquelle ihre Energie beschrieben hat. Diese Selbst-Identifikation wird von vielen Spirituellen als Schlüssel verwendet, um den Fokus auf die reine Absicht des Selbst zu lenken.

Illusion – Eine so genannte »Wirklichkeit«, die durch Gedanken erschaffen wurde, um einen bestimmten Prozess oder eine Reise zu erfahren. Die Dritte Dimension, erschaffen vom kollektiven Denken, ist eine Illusion.

Inward Healing Center – Der organisatorische Vorläufer der Honolulu Church of Light, der Kirche von Fred Sterling.

K

Kanal – Eine Verbindung zwischen einer menschlichen Wirklichkeit und den unsichtbaren Lichtkräften (z.B. Engeln, Geistführern), die dem Austausch von Informationen dient. Auch eine Person, die als »Kanal« für Energien oder Informationen dient.

Karma – Eine Reihe von Lebensthemen und/oder Lektionen, die ihr vor oder während einer Inkarnation in euer Leben einwebt. Wenn ihr euch dafür entscheidet, eine Lektion nicht mehr zu wiederholen, dann wird euch euer Höheres Selbst meistens eine Gelegenheit anbieten, dieses Thema zu heilen, indem es euch dieses Thema in den Weg legt. Meister Kiraël sagt: »Karma ist euer Recht, eure Fähigkeit zu verbessern und euren Lebensplan ganz im Bewusstsein des Christus-Gottes-Lichts zu halten.«

Kollektives Bewusstsein – Die Vereinigung der Wahrnehmung von zwei oder mehr Wesen. Siehe auch »Massenbewusstsein.«

L

Leidenschaft/Leidenschaftlichkeit – Die zentrale Energie, in der du die Gegenwart deines eigenen Schöpferlichts spürst. Leidenschaft ist die Erkenntnis, dass du ein unbegrenztes Lichtwesen bist. Ihre Kraft erlaubt dir, dich auf deiner evolutionären Reise ständig weiterzuentwickeln.

Lektionen/Lehrplan – Ein erster, grundlegender Entwurf dessen, was ein evolutionäres Wesen in seiner Inkarnation erfahren möchte. Dieser Plan entfaltet sich vielleicht nicht immer genauso wie geplant, doch er gibt der verkörperten Lebensform eine Richtung.

Lemurien – Ein Kontinent und eine evolutionäre Phase, in welche der Schöpfer so viel Energie fokussierte, dass sie die menschliche Evolution in Gang setzte. Lemurien war eine herzorientierte Gesellschaft, die in der Liebe der fünften Dimension lebte. Die Inseln von Hawaii und andere Landmassen am Rand der pazifischen Kontinentalplatte sind Überreste von Lemurien. Seit seinem Auftauchen auf der Erdoberfläche begann Lemurien zu sinken. Der Wandel wird die Inseln wieder nach oben drücken und ihnen Landmasse hinzufügen.

Licht/Licht des Schöpfers – Die Quelle und Substanz von Allem-Was-Ist. Die Energie des Schöpfers. Die Essenz der Liebe.

Lichtwesen – Ein evolutionäres, nichtphysisches Wesen.

Lichtkörper – Ein Begriff für die Erfahrung der menschlichen Inkarnation nach dem Großen Wandel. Der menschliche Körper wird dann auf molekularer Ebene weniger dicht sein, eben mehr »Lichtkörper«.

Liebe – Die Essenz des Schöpfers, welche alles Leben im Kosmos durchdringt. Die einzige Kraft, die, laut Kiraël, kein Gegenteil kennt. Liebe ist einfach.

M

Magnetisches Gitternetz – Die Energielinien, welche die Erde von Pol zu Pol überziehen. Da die Erde der Erfahrung der Dualität dienen sollte, musste sie zwischen gegensätzlichen Polen verankert werden.

Massenbewusstsein – Die gesammelte Bewusstheit aller Menschen der irdischen Ebene. Siehe auch »Kollektives Bewusstsein«.

Masterminding – Das Erschaffen eines kollektiven Bewusstseins, wobei man sich darauf fokussiert, eine bestimmte Erfahrung oder ein Ergebnis zu erzeugen. Dieses kollektive Bewusstsein kann von verkörperten Menschen, dem Höheren Selbst der Menschen, von Engeln, Geistführern oder anderen unsichtbaren Lichtkräften gebildet werden.

Mastermind (Aussage) – Eine Gedankenform oder ein mentales Konstrukt, welches von mehr als einer Person unterstützt wird. Eine Mastermind-Aussage bezieht sich auf ein Verlangen oder eine Überzeugung.

Mastermind (Gruppe) – Eine Versammlung von zwei oder mehr Personen, die um des Masterminding willen zusammenkommen. An Masterminds können einzelne Personen beteiligt sein, eine ganze Nation oder die Bewohner eines ganzen Planeten.

Materielle Ebene – Die Dritte Dimension, ein Beispiel eines physischen Erfahrungsbereichs. Eine dichte Form des evolutionären Lichts, die menschliche Erfahrungen, das Erleben durch die fünf

Sinne, ermöglicht. Auf dieser Ebene können sich Menschen durch eine Reise voller Erfahrungen entwickeln.

Meditation – Die Praxis der Beruhigung der Gedanken, um bewusst Informationen, Weisheit und Rat zu empfangen. In Kiraëls Worten: »Beten ist das Bitten (beziehungsweise Fragen) und Meditation ist das Zuhören«, um die Antworten auf die Gebete zu empfangen.

Medium – Ein Mensch, der sein Bewusstsein beiseite schiebt, um durch seinen Körper einem Geistwesen die Kommunikation mit der menschlichen Ebene zu ermöglichen. Fred Sterling ist zum Beispiel das Medium für Kiraël.

Metaphysik – Ein Bereich der Philosophie, der sich mit der zugrunde liegenden Natur der Wirklichkeit, des Seins und des Bewusstseins befasst.

N

Neunzig Prozent (des Gehirns, der Bewusstheit) – Laut Kiraël besteht das Bewusstsein der Menschen aus zwei Teilen: dem linearen, scheinbar begrenzten, dreidimensionalen Wachbewusstsein (10 Prozent) und dem größeren, unbegrenzten, nichtlinearen Bewusstsein des Höheren Selbst (90 Prozent). Getrennt werden diese beiden Bereiche durch den so genannten »Schleier«, das Ego. Im Laufe der spirituellen Entwicklung und damit Bewusstseinserweiterung haben wir mehr von den 90 Prozent zur Verfügung. Wer sich mit Hilfe von Gebet und Meditation für die 90 Prozent öffnet, kann durch die selbstauferlegten Beschränkungen des Egos/Schleiers hindurchgehen und bewusst Antworten und Führung empfangen. Die Kombination aus den 90 Prozent und den 10 Prozent bildet die Gesamtheit unseres möglichen Bewusstseins oder Essentiellen Lichts.

O

OM – Ein bei Meditationen und Heilungen verwendetes Mantra

P

Photonen-Gürtel – Der äußere Bereich spirituell aufgeladener Lichtteilchen, die Photonen-Energie genannt werden und im Begriff sind, mit dem Sonnensystem der Erde zusammenzutreffen. Dieser Gürtel ist so dicht mit Lichtpartikeln vollgepackt, dass man davon ausgeht, dass die Erde eine länger andauernde Dunkelheit durchleben wird, wenn sie in diese Energie hineingerät. Es wird gesagt, dass diese Dunkelheit drei Erdentage lang anhalten wird – daher spricht man von den »drei Tagen Dunkelheit«.

Plejader – Ein Wesen aus dem Sternensystem der Pleijaden. Das Plejaden-Reich umfasst sieben Planeten innerhalb des Sternenhaufens der Sieben Schwestern.

Portale – Ein energetischer Durchgang von einer Dimension zur nächsten. Beim Durchgang durch diese Portale werden der physische Körper gereinigt, die elektronische Ladung und der Stoffwechsel angepasst, das Herz in Übereinstimmung gebracht und die Gehirnkapazität erweitert.

Prana – In der hinduistischen und in der chinesischen Tradition gibt es den »Atem des Lebens«. Diese Energie kann mit Hilfe der Absicht als goldenes Schöpferlicht-Teilchen visualisiert und dann auf vielfältige Art gesteuert und verwendet werden, unter anderem zur energetischen Heilung des physischen Körpers.

Prana-Atmung – Die Vorstellung, diese goldenen Schöpferlicht-Teilchen in unser physisches Sein zu ziehen. Meistens erfolgt das durch das Kronen-Chakra und die Zirbeldrüse.

Programmierung des Schlafzustands – Die Aufforderung an das Höhere Selbst oder das Essentielle Licht, während des Schlafens Kontakt mit dem Höheren Selbst eines anderen Menschen aufzunehmen und mit diesem zu kommunizieren.

R

Reise – Die Erfahrung, die sich ergibt, wenn du einem gewählten Weg folgst. Eine Ansammlung von Erfahrungen oder Lektionen, die das Selbst auf Wunsch des Schöpfers hin entworfen hat, um sich selbst zu erfahren und zu entwickeln. Aus menschlicher Sicht besteht die Reise aus dem Prozess und der Erfahrung, durch Heilung immer mehr zu der Liebe des Schöpfers zurückzukehren.

S

Schleier – siehe Ego.

Schwingung – Die oszillierenden Frequenzen von Licht und Klang. Die gesamte Schöpfung besteht aus schwingenden Energiemustern. Alle Gedanken, Dinge und Emotionen sind Energien, die auf einer bestimmten Frequenz schwingen.

Schöpfer – Die Allgegenwart des gesamten Lichts in der Schöpfung. Die Essenz der Liebe. Das Alles-Was-Ist.

Sechster Sinn – Intuition und inneres Wissen. Das Einbeziehen der 90 Prozent des Gehirns durch Gebet und Meditation öffnet die Wahrnehmung des sechsten Sinns und macht den Weg frei für deine Kommunikation mit den unsichtbaren Lichtkräften. Die Menschen sind nicht auf ihre fünf Sinne beschränkt – alle haben Zugang zu dem sechsten Sinn.

Seele – Ein Lichtteilchen-Muster, welches aus der Schöpferquelle hervorgegangen ist und sich entwickelt.

Seelen-Familie – Eine Gruppe von Seelen mit ähnlicher Bestimmung. Diese Lichtwesen haben es gewählt, sich gemeinsam gleichzeitig auf mehreren Ebenen zu inkarnieren und so Informationen zu sammeln, die die Evolution der Schöpferquelle bereichern.

Sirianer – Ein Wesen aus dem Sternensystem Sirius

U

Über-Mastermind – Das Ego/der Schleier von Mutter Erde. Das Massenbewusstsein der gesamten Menschheit, vor allem all der beschränkten und beschränkenden Gedanken (z.B. Ängste) der irdischen Ebene. Dazu gehört auch die kollektive Überzeugung, dass Individuen keine oder nur wenig Kontrolle über ihre Lebensreise und deren Ergebnis haben. Wird manchmal auch »Geheim-Regierung« genannt.

Überseele – Die erste, als Antwort auf das Bedürfnis des Schöpfers nach Evolution gebildete Ansammlung geformter Energie. Aus dieser Ebene bilden sich dann die Seelen-Familien.

V

Vertrauen – Ein inneres Wissen, welches auf der Wahrheit beruht, dass du Teil des Schöpfers und mit allen Ebenen der Wirklichkeit verbunden bist. Beruht auch auf der Erkenntnis, dass sich alles im Leben in Vollkommenheit entfaltet.

Vier-Körper-System – Der physische, der emotionale, der mentale und der spirituelle Körper, aus denen eine Inkarnation in der Dritten Dimension besteht, z.B. ein menschliches Wesen oder Mutter Erde. Die ausgeglichene Integration (Heilung) dieser Körper bringt euch auf eine höhere Bewusstseinsebene.

W

Wahrheit – Die Essenz der Liebe, aus der heraus sich alle Wirklichkeit ausbreitet. Die Grundlage deines Lichts hier auf Erden. Die Integrität von Denken, Sprechen und Handeln, welche dir die Freiheit gibt zu sein, wer du wirklich bist.

Y

Yin und Yang – Das chinesische Konzept von zwei gegensätzlichen Prinzipien (Dualität), welche in der Dritten Dimension allem zugrunde liegen. Yin ist die weibliche Kraft, die Dunkelheit, Passivität und Kälte, während Yang die männliche Kraft symbolisiert, die Prinzipien des Lichts, der Aktivität und der Hitze. Ein Begriff für die Tatsache, dass in der Dritten Dimension alles einen Gegensatz hat, z. B. Mann/Frau; Warm/Kalt; Hoch/Tief; Richtig/Falsch; etc..

Z

Zelluläres Gedächtnis oder Zellbewusstsein – Das bewusste Gewahrsein und die Erinnerungen, die in den Körperzellen gespeichert sind.

Über Meister Kiraël

Kiraël ist ein liebevoller Geistführer aus dem Siebten Licht, der sich dazu verpflichtet hat, der Menschheit bei ihrer Heilung, Entwicklung und der Erfahrung dessen zu helfen, was er den »Großen Wandel des Bewusstseins« nennt. Er wurde schon König der Engel und Hüter der Reise genannt und spricht durch das Medium Reverend Fred Sterling.
In der jüngsten Geschichte haben großartige Energien die Erdenebene durchdrungen und ihr Informationen übermittelt, die der Menschheit sonst nicht zur Verfügung stehen würden. In den siebziger Jahren channelte Jane Roberts das bemerkenswerte Wesen Seth. Inzwischen gibt es viele tiefgründige, liebevolle Energiewesen, die gechannelt werden, um Mutter Erde und Ihren Bewohnern zu helfen, unter anderem

Kryon durch Lee Carroll
The Group durch Steve Rother
Abraham durch Ether Hicks
Gaia durch Pepper Lewis
Erzengel Michael durch Ronna Herman
und viele, viele andere.

Ende der achtziger Jahre tauchte eine neue Energie bei einer neuen Generation von Lichtarbeitern auf, die sich Kiraël nannte und Fred Sterling als ihr Medium auserkor. Wir reden dieses Wesen mit männlichem Pronomen an, weil er durch Fred Sterling kommuniziert. Kiraël hat jedoch klargestellt, dass sein Energiemuster weder männlich noch weiblich, sondern ein Lichtmuster einer anderen Dimension ist.
Kiraël ist im Rahmen einer Mission von monumentalem Umfang hier. Er ist zu diesem Zeitpunkt der Geschichte aufgetaucht, um eine uralte Prophezeiung zu erfüllen, deren Echo durch alle Zeitalter von einem Zyklus erzählte, der vor ungefähr 200.000 Jahren begann. Es ist kein Zufall, dass zurzeit so viele hervorragende

Energien hier erscheinen, denn dies ist eine Zeit außerordentlichen Wachstums und unerhörter Veränderungen.

Der Ratsmeister Kiraël, wie er offiziell genannt wird, ist zu uns gekommen, um Mutter Erde und ihre Bewohner beim Übergang in eine neue Zeit großer evolutionärer Umwälzungen zu unterstützen. Er nennt das den Großen Wandel. Diese Zeit wurde von den alten Mayas, den amerikanischen Ureinwohnern, den Ägyptern und den biblischen Quellen genauso prophezeit wie von Nostradamus und vielen zeitgenössischen Medien. Man bezeichnete sie mit »das Ende aller Zeiten«, der »Null-Punkt«, die »Nicht-Zeit« und anderen furchterregenden Namen. Dadurch wurden Bilder zwischen Apokalypse und Himmelfahrt provoziert.

Kiraël hat jedoch immer betont, dass es bei dem Großen Wandel nicht um den Weltuntergang geht, sondern dass es ein Anlass für große Freude sei, da Mutter Erde ihr Gleichgewicht wieder finden wird und sich auf eine große evolutionäre Bewegung in eine neue Dimension vorbereitet.

Kiraëls wichtigstes Anliegen ist die Heilung der menschlichen Welt. Er hat den Weltfrieden, die Harmonie und die Erleuchtung der Menschheit zu seiner höchsten Priorität gemacht. In seinen Büchern, Aufzeichnungen und Interviews gibt er effektive und praktische Hinweise und Techniken weiter. Es existiert auch eine reichhaltige Website voller Artikel und Archive.

Über den Autor

Fred Sterling ist ein erfahrenes Medium und ein Botschafter, ein Schamane der nordamerikanischen Tradition, der zwischen der dreidimensionalen Welt der Menschen und den grenzenlosen Welten des Geistes hin und her reist. Seit mehr als 15 Jahren channelt er in Büchern, Artikeln und Aufzeichnungen das Licht und die liebevolle Weisheit von Kiraël, einem großartigen Geistwesen. Als Begründer und Hauptprediger der nicht traditionell gebundenen spirituellen Honolulu Church of Light erstrahlen seine Liebe und sein Licht sowohl auf seine Gemeinde als auch per Internet auf die ständig wachsende internationale Gemeinschaft der Lichtarbeiter.

Zusammen mit Meister Kiraël hat er etliche Bücher verfasst. Davon ist auf Deutsch erschienen:
»Kiraël, Wegweiser zum unsichtbaren Selbst«,
Ansata Verlag, 2004

Vor allem ist Fred Sterling jedoch ein begnadeter und hingebungsvoller Heiler, der überall auf der Welt Suchenden hilft, ihren eigenen Weg der Heilung zur Liebe zu finden.
Fred Sterling durchlebte teilweise im Waisenhaus und unter sechs verschiedenen Stiefvätern eine sehr harte Kindheit. In seiner Jugend arbeitete er unter anderem als Krankenpfleger in einer Gefängnis-Psychiatrie. Er überlebte elendigste Armut und wurde zu einem erfolgreichen, wohlhabenden Geschäftsmann – nur um all das wieder aufzugeben, als er seinen spirituellen Ruf vernahm.
In der Honolulu Church of Light wirkt er als herausragender Heiler und viel beachtetes Trance-Medium. Seine Beziehung zu dem weisen und liebevollen Geistführer Kiraël hat durch seine Bücher, Tonbänder, Videos und Interviews überall auf der Welt Tausende von Menschen berührt. Unter der Anleitung von Kiraël

hat er Signature Cell Healing in die Welt gebracht, eine einzigartige Art der Fernheilung, welche auf ein weltweites Publikum wirkt. »Ich bin erst 57«, sagt er, »aber bei all den Erfahrungen, die ich bereits hinter mir habe, müsste ich eigentlich 190 sein.«
Fred Sterling hat sich mit großer Leidenschaft in das Abenteuer seines Lebens gestürzt. Gerade seine umfassende Lebenserfahrung macht seine Arbeit als Geistlicher, Heiler und Autor für uns so wertvoll. Er wurde dadurch zu einem außerordentlich ehrlichen, authentischen Menschen, der sich in jeder Lebenssituation gleich engagiert und spontan zum Ausdruck bringt. Seine Sonntags-Gottesdienste in der Honolulu Church of Light beruhen sämtlich auf persönlichen Erfahrungen. »Ich selbst brauche Erklärungen«, sagt er. »Ich glaube, das macht mich zu einem guten Geistlichen. Ich muss alles selbst überprüfen. Ich kann meinen Zuhörern nichts erzählen, was ich nicht in meinem eigenen Leben als sinnvoll erfahren habe.«
In all dem sieht sich Fred Sterling lieber als »Botschafter« denn als »geistiger Führer« oder »Heiler«. Die Botschaft sei wichtiger als der Überbringer. In seinen Augen blitzt die Kraft des erfolgreichen Geschäftsmannes, der er einmal war, doch sein ganzes Verhalten ist von Güte und Freundlichkeit und Menschenliebe geprägt.
»Meine Lebensreise dient an diesem Punkt der Geschichte dazu, die Menschen ihre Möglichkeiten erkennen zu lassen, damit sie sich nicht in ihren Ängsten und negativen Weltbildern verlieren. Ich wünsche mir, dass die Menschen anfangen, die Schönheit und das Licht in sich selbst zu erkennen und auf diese Weise zu heilen.«

Kryon – Lee Carroll
Die Reise nach Hause
In dieser faszinierenden Parabel wird die Geschichte von Michael Thomas erzählt, einem scheinbar gewöhnlichen Mann, der in Minnesota geboren wurde und nun in Los Angeles arbeitet. Er stellt den Prototyp des normalen – und unzufriedenen – Amerikaners dar. Nach einem Überfall, der ihn in Todesgefahr bringt, wird Michael von einem weisen Engel besucht und gefragt, was er sich in Wahrheit vom Leben wünscht. Michael antwortet, dass er eigentlich NACH HAUSE gehen möchte! Um sein endgültiges Ziel zu erreichen, muss Michael zunächst eine Reihe von Abenteuern und Prüfungen in einem erstaunlichen Land von Engelwesen, weisen Lehrern und finsteren Kreaturen bestehen. Michaels Suche ist ergreifend, humorvoll, faszinierend und spannend bis zum Schluss.
gebunden, 300 Seiten
€ 19,50
ISBN3-929512-71-8

Kryon – Lee Carroll
Kryon-Karten
In den letzten zehn Jahren hat ein Engel namens Kryon uns mehr als neun Bücher mit seinen tiefen Weisheiten und spirituellen Anleitungen für ein positives, heiteres Leben übermittelt. Durch Lee Carroll als Channel erzählt uns Kryon, dass wir sehr geliebt werden und dass wir durch unser Sein auf diesem geplagten Planeten Entscheidendes bewirken können.
Dieses 50 Karten umfassende Deck ist als tägliche spirituelle Hilfestellung und Inspiration gedacht. Kryon widmet sich der kontinuierlichen Manifestation des Friedens auf Erden. Dieser Frieden beginnt in jedem von uns.
50 Karten, vierfarbig im Kartonetui
€ 17,95
ISBN 3-936862-11-7

Reindjen Anselmi
Der Lichtkörper
Ein Überblick über den globalen Transmutations-Prozess
Mit praktischen Anleitungen
In diesem Buch geht es um die sich gegenwärtig verändernde Energiestruktur des Planeten und der Lebewesen. Dabei werden die physikalischen und biologischen Vorgänge sowie die symptomatischen Begleiterscheinungen des Lichtkörperprozesses ausführlich beschrieben. Wer jetzt inkarniert ist und inkarniert bleiben will, muss sich verändern.
gebunden, 240 Seiten
€ 19,00
ISBN 3-936862-22-2

Drunvalo Melchizedek
Aus dem Herzen leben
Verständigung ohne Worte, Schöpfung jenseits der Polarität
In der Tiefe unseres Herzens befindet sich jener heilige Ort, an dem wir mit Gott vereint sind, von dem aus wir uns erinnern können, wer wir wirklich sind. Wir sind mehr als nur menschliche Wesen, viel mehr.
Dieses Buch ist „aus der Tiefe des Herzens" geschrieben, um uns den Weg zu zeigen, auf dem wir selbst zu diesem vergessenen Ort in unserem Herzen zurückkehren können.
mit Meditations-CD
160 Seiten, gebunden
€ 24,95
ISBN 3-936862-16-8